BIBLIOTHÈQUE
SCIENTIFIQUE INTERNATIONALE

XIV

BIBLIOTHÈQUE SCIENTIFIQUE INTERNATIONALE

Volumes in-8° reliés en toile anglaise. — Prix : 6 fr.

VOLUMES PARUS.

J. Tyndall. LES GLACIERS et les transformations de l'eau, suivis d'une étude de M. *Helmholtz* sur le même sujet, et de la réponse de M. Tyndall. Avec 8 planches tirées à part sur papier teinté et nombreuses figures dans le texte.................... **6 fr.**

W. Bagehot. LOIS SCIENTIFIQUES DU DÉVELOPPEMENT DES NATIONS dans leurs rapports avec les principes de l'hérédité et de la sélection naturelle, 2e édition............................ **6 fr.**

J. Marey. LA MACHINE ANIMALE, locomotion terrestre et aérienne. Avec 117 figures dans le texte........................... **6 fr.**

A. Bain. L'ESPRIT ET LE CORPS considérés au point de vue de leurs relations, suivis d'études sur les *Erreurs généralement repandues au sujet de l'esprit*. Avec figures.......................... **6 fr.**

J. A. Pettigrew. LA LOCOMOTION CHEZ LES ANIMAUX. Avec 130 figures dans le texte.. **6 fr.**

Herbert Spencer. INTRODUCTION A LA SCIENCE SOCIALE, 2e édit. **6 fr.**

Oscard Schmidt. DESCENDANCE ET DARWINISME. Avec figures. **6 fr.**

H. Maudsley. LE CRIME ET LA FOLIE.......................... **6 fr.**

P. J. Van Beneden. LES COMMENSAUX ET LES PARASITES dans le règne animal. Avec 83 figures dans le texte............... **6 fr.**

Balfour Stewart. LA CONSERVATION DE L'ÉNERGIE, suivie d'une étude sur LA NATURE DE LA FORCE, par *M. P. de Saint-Robert*. Avec figures.. **6 fr.**

Draper. LES CONFLITS DE LA SCIENCE ET DE LA RELIGION...... **6 fr.**

Léon Dumont. THÉORIE SCIENTIFIQUE DE LA SENSIBILITÉ. Plaisir et peine.. **6 fr.**

Schutzenberger. LES FERMENTATIONS. Avec 28 figures dans le texte. .... **6 fr.**

Whitney. LA VIE ET LE DÉVELOPPEMENT DU LANGAGE........ **6 fr.**

Cooke et Berkeley. LES CHAMPIGNONS. Avec 110 figures dans le texte.. **6 fr.**

VOLUMES SUR LE POINT DE PARAITRE.

Vogel. LA PHOTOGRAPHIE ET LA CHIMIE DE LA LUMIÈRE, avec 100 figures.

Bernstein. LES ORGANES DES SENS, avec 100 figures dans le texte.

Claude Bernard. HISTOIRE DES THÉORIES DE LA VIE.

Émile Alglave. LES PRINCIPES DES CONSTITUTIONS POLITIQUES.

Luys. LE CERVEAU ET SES FONCTIONS, avec figures.

Stanley Jevons. LA MONNAIE ET LE MÉCANISME DE L'ÉCHANGE.

Friedel. LES FONCTIONS EN CHIMIE ORGANIQUE.

De Quatrefages. L'ESPÈCE HUMAINE.

A. Giard. L'EMBRYOGÉNIE GÉNÉRALE.

Berthelot. LA SYNTHÈSE CHIMIQUE.

COULOMMIERS. — Typ. A MOUSSIN.

LA VIE DU LANGAGE

PAR

W. D. WHITNEY

Professeur de sanscrit et de philologie comparée à Yale-College (États-Unis).

—————— ⋅●⋅ ——————

PARIS

LIBRAIRIE GERMER BAILLIÈRE

17, RUE DE L'ÉCOLE-DE MÉDECINE, 17

1875

PRÉFACE

Le présent ouvrage ne réclame que quelques mots d'introduction. Il n'est pas nécessaire de prouver que le sujet est un de ceux qui demandent à être traités, surtout à une époque où des opinions superficielles et inconsistantes tendent à se fixer dans les esprits. Des doctrines divergentes sur la base et la forme de la philosophie du langage, se disputent la faveur non-seulement du public, mais de savants profondément versés dans l'histoire linguistique et incertains seulement sur les principes qui l'expliquent. Les sciences naturelles d'une part, la psychologie de l'autre, s'efforcent de s'emparer de la science du langage qui, en réalité, ne leur appartient point. Les doctrines que nous professons dans ce volume sont de celles qui prévalent depuis longtemps chez les gens qui ont étudié l'homme et ses institutions. Elles n'ont besoin que d'être corroborées ou amendées par la science nouvelle pour se faire à peu près universellement accepter. Leurs défenseurs ont été, jusqu'à ce jour, trop dominés par les prétentions de ceux qui s'arrogent le privilége de la profondeur scientifique et philosophique.

Après avoir, comme je l'ai fait, dans mon ouvrage *Langage et Etude du langage* (New-York et Londres. 1867), étudié le sujet d'après un plan systématique et mûri, il n'est pas possible, en le traitant de nouveau devant le même public, de ne pas repasser quelquefois par les mêmes chemins : et les lecteurs du premier livre ne manqueront pas de trouver des répétitions dans celui-ci. Nous avons même quelquefois employé les exemples qui nous avaient déjà servi quand nous l'avons trouvé utile, car si l'on pose en principe qu'il est préférable de tirer les preuves de la vie et du développement du langage de notre propre langue, il y a des cas, surtout comme ceux des terminaisons formatives et des auxiliaires d'origine récente, où l'on doit se servir de la langue anglaise, parce que c'est elle qui fournit les meilleurs exemples. D'ailleurs, la base des faits et des classifications linguistiques n'a pas subi depuis huit ans des changements si considérables que l'on puisse les montrer dans une discussion aussi abrégée que celle-ci. En conséquence, je présente ici une esquisse de la science du langage qui ressemble beaucoup au tableau plus complet que j'ai antérieurement tracé. C'est le même récit fait avec des couleurs un peu différentes, des proportions changées, et une grande économie de détails et de citations.

Les limites qui m'étaient imposées par le plan adopté pour la *Bibliothèque scientifique internationale*, m'ont forcé d'abréger quelques parties de l'ouvrage que l'on souhaiterait peut-être avec moi de voir plus développées.

Ainsi j'aurais voulu faire entrer dans le dernier chapitre, un historique un peu plus complet de la science du langage et des opinions qui se sont produites et qui existent encore au sein de l'école linguistique. Je n'ai pu sur ce point citer même les auteurs auxquels j'ai fait des allusions ou des emprunts. Je l'ai regretté, bien que les bornes et la forme de ce livre pussent m'en dispenser. J'espère qu'aucun d'eux ne croira que j'ai voulu lui faire une injustice. Le fondement que j'ai donné à la discussion, ce sont les faits de langage qui sont accessibles à l'observation de tous, et qu'on ne saurait regarder comme la propriété d'un homme plutôt que d'un autre. Quant aux opinions opposées aux miennes, il m'a semblé peu nécessaire d'en nommer les défenseurs. J'ai eu ces noms présents à ma pensée; mais j'ai voulu éviter, avant tout, ce qui eût pu ressembler à une controverse personnelle.

New-Haven, avril 1875.

LA

VIE DU LANGAGE

CHAPITRE PREMIER

CONSIDÉRATIONS PLÉLIMINAIRES : LES PROBLÈMES DE LA SCIENCE ET DU LANGAGE.

Définition du langage. — Le langage est le privilége de l'homme. — Variétés de langages. — L'étude du langage est l'objet de ce livre.

D'une manière générale et sommaire, on peut définir le langage, l'expression de la pensée humaine.

D'une manière plus large encore, on peut dire que tout ce qui prête un corps à cette pensée, tout ce qui la rend saisissable, est un langage ; et nous avons raison quand nous disons, par exemple, que les générations du moyen-âge parlent aux générations modernes dans les grandes œuvres d'architecture qui expriment leur génie, leur piété et leur valeur. Mais, dans une étude scientifique, il faut restreindre davantage le sens du mot langage, puisqu'il pourrait, sans cela, s'étendre indifféremment à toutes actions de l'homme, à tous les produits de ses mains, lesquels sont toujours l'expression de sa pensée. Le langage proprement dit est un assemblage de signes par lesquels l'homme exprime sciemment et intentionnellement sa pensée à l'homme : c'est une expression destinée à la transmission de la pensée.

Les signes que l'on peut employer et qui sont plus ou moins en usage, sont divers : gestes et pantomime, caractères peints ou écrits, sons articulés ; les deux premiers s'adressent aux yeux, les derniers à l'oreille. Les premiers sont employés principalement par les muets ; cependant, comme ces infortunés sont ordinairement enseignés par des personnes qui jouissent de l'usage de la parole, les signes visibles dont ils se servent ne sont pas toujours représentatifs de la forme, mais restent souvent des signes conventionnels, comme le sont les signes articulés. Les seconds, quoique libres et indépendants à l'origine, sont, historiquement, liés et subordonnés à la langue parlée et trouvent dans cette subordination même leur perfection et leur utilité [1]. Les troisièmes sont, en l'état actuel des choses, de beaucoup les plus importants. Quand on parle du langage, on entend uniquement l'ensemble des signes articulés ; c'est ce que nous entendrons ici nous-même. Le langage, au cours de cette discussion, sera pour nous le corps entier des signes perceptibles pour l'oreille, par lesquels on exprime ordinairement la pensée dans la société humaine et auxquels se rattachent d'une façon secondaire les gestes et l'écriture.

Nous ne voyons pas une seule société qui ne soit en possession de cette sorte de langage. Depuis les races supérieures jusqu'aux plus barbares, tout homme parle, tout homme peut communiquer sa pensée, si faible et si bornée qu'elle soit. Il paraît donc évident que le langage est *naturel* à l'homme. Sa constitution, les conditions de son existence, son développement historique — une seule de ces choses ou toutes ces choses ensemble — en font son apanage certain.

De plus, le langage est le privilége exclusif de l'homme. Il est vrai que les animaux inférieurs ont aussi des moyens d'expression suffisants pour les besoins restreints de leurs rapports entre eux. L'aboiement du chien, son hurlement, ont des significations différentes et même graduées ; la poule exprime par son chant la jouissance paisible de la vie, par son gloussement, l'agitation, l'alarme ; elle a un cri particulier pour avertir ses poussins du danger, et ainsi de suite ; mais,

---

1. Voyez notre ouvrage : *Du Langage et de son Etude*, pages 448 et suivantes, et nos *Etudes sur l'Orient et la Linguistique*, tom. II, pages 193-196.

le langage des animaux n'est pas seulement inférieur à celui de l'homme, il en est si essentiellement différent qu'on ne peut guère donner à l'un et à l'autre le même nom. Le langage proprement dit est un des caractères fondamentaux de la nature humaine, une de ses facultés principales.

Cependant, bien que le langage de l'homme soit un, comparé au langage de la brute, il contient des variétés qu'on pourrait appeler des discordances. C'est un assemblage de langues distinctes, de corps séparés de signes audibles qui, pour ne parler que de ceux qui diffèrent tellement entre eux que les personnes qui s'en servent ne peuvent aucunement s'entendre, sont très-nombreux. Ces langues diffèrent cependant plus ou moins. Il en est qui ont assez de rapports entre elles pour qu'avec un peu de soin et de peine, ceux qui les parlent parviennent à se comprendre; d'autres, qui ont tant de ressemblances qu'on saisit leurs rapports à la première vue; d'autres encore, dont on ne peut découvrir les relations que par l'étude et la recherche. Il en est enfin un grand nombre qui sont complétement diverses, tant par les mots que par la grammaire, sans toutefois que leur diversité marque des différences de capacité intellectuelle chez les hommes auxquels ces langues appartiennent : des individus fort inégalement doués se servent — seulement avec plus ou moins de perfection — du même dialecte; et, pourtant, l'inégalité des facultés met obstacle à la communion des âmes. La diversité des langues ne s'accorde pas davantage avec les séparations géographiques, ni même avec l'apparente division des races. Il n'est pas rare de rencontrer plus de différences entre des peuples qui parlent une même langue ou des langues analogues, qu'entre ceux qui se servent de langues complétement distinctes.

Ces problèmes et d'autres semblables occupent l'attention de ceux qui se livrent à l'étude du langage ou de la linguistique. Cette science a pour objet de comprendre le langage d'abord dans son ensemble, comme moyen d'expression de la pensée humaine, ensuite, dans ses variétés, tant sous le rapport des éléments constituants que sous celui de la syntaxe. Elle se propose de découvrir la cause de ces variétés, ainsi que les relations du langage avec la pensée et l'origine

de ces relations. Elle recherche les raisons d'être du langage
dans le passé et dans le présent, et, autant que possible, ses
premiers commencements. Elle tâche de déterminer sa valeur comme auxiliaire de la pensée, et son influence sur le
développement de notre race. Enfin, elle poursuit indirectement une autre étude; c'est celle des progrès de l'humanité,
et celle de l'histoire des races dans leurs rapports et dans
leurs migrations, en tant qu'on peut les découvrir par les
faits de langage.

Il n'est pas un homme réfléchi qui ait pu dans aucun
temps méconnaître l'immense intérêt qui s'attache à de
semblables problèmes, et pas un philosophe qui n'en ait plus
ou moins cherché la solution. Cependant les progrès faits
dans ce sens par l'esprit humain ont été pendant longtemps
si faibles qu'on peut dire que la linguistique est une science
moderne comme la géologie et la chimie, et, comme elles,
appartient au dix-neuvième siècle. L'histoire de la science
linguistique n'entre pas dans notre sujet. Nous ne pourrions, dans le cadre étroit de ce volume, lui donner une
place suffisante et les quelques mots que nous devrons en
dire se trouveront dans le dernier chapitre. A peine née,
la science du langage est déjà un des grands points de départ de la critique moderne. Elle est aussi large dans sa
base, aussi définie dans son objet, aussi sévère dans sa méthode, aussi féconde dans ses résultats que n'importe quelle
autre science. Elle est solidement fondée sur l'étude analytique de plusieurs des langues les plus importantes et les
plus répandues, ainsi que sur la classification exacte de
presque toutes les autres. Elle a fourni à l'histoire de l'humanité et des différentes races des vérités précises et des
aperçus profonds qu'on n'eût jamais obtenus sans son secours. Elle prépare la refonte des vieilles méthodes appliquées
à l'enseignement de langues dès longtemps familières, telles
que le grec et le latin. Elle travaille à nous en enseigner
d'autres dont, il y a quelques années, nous savions à peine
le nom. Enfin, elle a aplani les obstacles entre des branches
de connaissances qui étaient séparées pouvant être réunies,
et elle a pénétré, pour ainsi dire, à l'intérieur de l'édifice de
la pensée moderne, de façon à devenir indispensable au

penseur et à l'écrivain. Il n'est personne, en effet, qui n'ait besoin de posséder, sinon cette science entière, du moins une idée claire de ses premiers rudiments.

L'objet de ce livre est donc de tracer et d'appuyer par des exemples les principes de la science linguistique, et d'établir les résultats obtenus d'une façon aussi complète que le permettra l'espace dont nous disposons. Le sujet n'est pas encore assez élucidé pour qu'il ne contienne pas plusieurs points controversés ; mais nous nous abstiendrons, quant à nous, d'entrer dans la controverse directe et nous tâcherons de résumer les opinions de façon à en faire un tout cohérent et acceptable dans les conclusions. Nous ne perdrons surtout jamais de vue que dans la série de traités à laquelle appartient cet ouvrage, la clarté et la simplicité sont des qualités nécessaires. En cherchant les points de départ dans des vérités familières, et les exemples dans des faits bien connus, nous espérons atteindre le but. Les faits primitifs du langage sont à la portée de tous et surtout de tous ceux qui ont étudié une autre langue que la leur propre. Diriger l'intelligente attention du lecteur vers les points essentiels, lui montrer le général dans le particulier, le fondamental dans le superficiel en matière de connaissances communes, est, croyons-nous, une méthode d'enseignement qui ne saurait porter que de bons fruits.

CHAPITRE DEUXIÈME

Le Langage ne se transmet point avec le sang et ne se crée point,
non plus, par l'individu; il s'apprend. — Comment l'enfant apprend
à parler. — Signification de ce fait, en dehors de l'étude des langues. — Origine de mots particuliers. — Caractère d'un mot comme
signe d'une conception. — L'esprit se développe en même temps
que le langage; formation du langage intérieur, par les perceptions
des sens; nécessité et avantage de ce procédé de la nature. — Acquisition d'une seconde langue ou de plusieurs autres; l'acquisition
même de sa propre langue est une opération sans fin. — Imperfection du mot, en tant que signe. — Le langage n'est que l'appareil de la pensée.

On ne saurait faire, au sujet du langage, une question plus
élémentaire et en même temps plus fondamentale que
celle-ci : Comment apprenons-nous à parler? comment
chacun de nous vient-il à posséder sa langue? Toute la
philosophie linguistique sera dans la réponse, si la réponse
est vraie.

On répondra généralement que nous apprenons notre langue ; qu'elle nous est enseignée par ceux au milieu de qui
s'élève notre enfance, et cette réponse, faite au nom de l'évidence et du sens commun, est aussi celle que la science nous
donne au nom de l'analyse et de l'étude. Examinons ce qu'elle
implique.

D'abord, elle exclut deux autres réponses possibles : la
première, que les langues sont inhérentes aux races et que
l'enfant en hérite de ses ancêtres comme il hérite de leur

couleur, de leur constitution physique, etc.; la seconde, qu'elles se produisent spontanément chez l'individu au fur et à mesure qu'il se développe corporellement et intellectuellement.

Les faits les plus communs, les plus nombreux, les plus irréfragables s'élèvent contre ces deux réponses. La théorie que la langue est caractéristique de la race est suffisamment réfutée par l'existence d'une nation comme la nation américaine, chez laquelle les descendants des Africains et des Asiatiques, des Irlandais, des Allemands et des peuples du midi de l'Europe parlent la même langue que les descendants des Anglais, sans autres différences que celles qui résultent de la localité et de l'éducation, sans apparence aucune de *langue maternelle* ou de *langue native*. Le monde est rempli d'exemples semblables, petits ou grands. Tout enfant né en pays étranger parle la langue du pays, à moins que ses parents seuls l'entourent, ou , s'ils ne l'entourent exclusivement, parlent deux langues avec une égale facilité. Les enfants des missionnaires le montrent de la façon la plus frappante. En quelque endroit du monde qu'ils soient élevés, et si complétement différente que soit la langue du pays de celle de leurs parents, ils la parlent aussi *naturellement* que les enfants des indigènes. Il suffit de placer une nourrice française auprès d'un enfant né de parents anglais, allemands, ou russes, élevé en Angleterre, en Allemagne ou en Russie, et d'éloigner de lui toute autre personne, pour qu'il parle le français de la même manière qu'un enfant français. Or, qu'est-ce que la langue française et le peuple qui la parle? La masse du peuple en France est celtique et les traits caractéristiques des Celtes sont chez lui parfaitement reconnaissables; cependant, l'élément celtique est en proportion à peine appréciable dans la langue française ; elle est presque entièrement romane, et reproduit sous une forme moderne le vieux latin. Il y a peu de langues sans mélanges dans le monde, comme il y a peu de races sans mélanges aussi; mais la fusion du sang n'a nul rapport avec la fusion des dialectes et n'en détermine ni la cause ni la proportion. L'anglais en fournit une preuve évidente. L'élément francolatin de ce vocabulaire est dû, en ce qui concerne du moins les mots usuels et familiers, à la conquête normande. Les Normands étaient des Germains et les avaient empruntés aux Français, lesquels étaient des Celtes qui les avaient empruntés aux Italiens, et ceux-ci aux Latins, petit peuple qui n'occupait d'abord qu'un coin de l'Italie. Il serait inutile d'insister ; nos recherches ultérieures sur les procédés par lesquels l'esprit acquiert le langage, rendront ces exemples plus que suffisants.

Quant à la seconde théorie, celle qui veut que chaque individu procrée sa propre langue et qui impliquerait que chacun reçoit par hérédité une constitution physique propre à produire inconsciemment une langue semblable à celle de ses ancêtres, elle suppose la première théorie et se heurte aux mêmes faits. Si l'on entend, par là, que la ressemblance générale de constitution intellectuelle entre les membres d'une même société, les conduit à formuler des systèmes de signes, semblables entre eux, cette idée ne s'appuie pas davantage sur les faits d'observation ; car la distribution des langues et des dialectes n'a nul rapport avec les capacités naturelles, les inclinations et la forme physique de ceux qui les parlent. Les dons les plus divers et les plus inégaux se rencontrent chez ceux qui parlent, avec plus ou moins de perfection, une même langue, tandis que des esprits parfaitement égaux en force et en étendue ne peuvent communiquer ensemble s'ils appartiennent à des sociétés différentes.

Nous allons examiner de suite les procédés que suit l'esprit d'un enfant pour s'assimiler une langue. Les faits ici sont d'observation commune, et tout le monde est en cette matière critique compétent. Nous ne pouvons pas, il est vrai, suivre dans toutes ses opérations l'évolution des facultés du jeune sujet ; mais nous en voyons assez pour nous conduire à notre but.

La première chose que l'enfant doit apprendre avant de parler, c'est à observer et à distinguer les objets ; à reconnaître les personnes et les choses qui l'entourent dans leur individualité concrète, et à remarquer les actes et les traits caractéristiques de ces personnes et de ces choses. Nous exprimons là en quelques mots des opérations psychologiques très-compliquées qu'il n'appartient pas au linguiste de décrire dans tous leurs détails. Nous pouvons, cependant, dire en passant, qu'il n'y a rien là-dedans que l'animal ne puisse faire. Pendant ce temps, l'enfant exerce ses organes vocaux et s'en rend sciemment maître, tant par un instinct naturel qui le pousse à l'exercice de toutes ses facultés que par l'imitation des sons qu'il entend se produire autour de lui. L'enfant élevé dans la solitude serait comparativement silencieux. Ce progrès physique est analogue à celui du mouvement des mains. Pendant six mois l'enfant les agite autour de lui sans savoir comment ni pourquoi ; ensuite, il commence à remarquer leur existence, à les mouvoir sciemment et, enfin, à leur faire exécuter toutes sortes de mouvements volontaires. Il est plus lent à se rendre maître des organes de la parole ; mais le temps arrive où l'enfant imite les sons aussi bien que les mouvements produits par les personnes qui l'entourent et où il peut les reproduire à peu près exactement. Auparavant il avait appris à associer des noms aux objets qu'il voyait et cela parce que ses maîtres les lui montraient et les lui nommaient ensemble. C'est ici que l'on voit, au moins à un certain degré, la supériorité des facultés humaines. L'association des mots et des formes n'est sans doute pas chose très-facile, même pour l'enfant. Il ne saisit pas vite le rapport des sons et des choses, pas plus qu'il ne saisit vite, un peu plus tard, le rapport des signes écrits avec les sons. Mais on le lui redit tant et tant de fois qu'il finit par l'apprendre, de même qu'il apprend le rapport entre une verge et un châtiment, entre un morceau de sucre et le plaisir du palais. L'enfant commence à connaître les choses par leurs noms longtemps avant qu'il ne commence à prononcer ces noms. Quand il le fait, c'est d'une manière vague, imparfaite, et le son qu'il forme n'est intelligible que pour ceux qui ont coutume de l'entendre. Cependant, à partir de ce premier effort, il a réellement commencé à apprendre à parler.

Quoique tous les enfants ne commencent pas précisément par les mêmes mots, cependant leur premier vocabulaire est peu varié : *papa, maman, eau, lait, bon.* Et ici il faut remarquer combien les idées attachées à ces mots sont empiriques, imparfaites, et combien le procédé de l'esprit de l'enfant est borné à la surface des choses. Ce que signifie les noms de *papa* et de *maman*, l'enfant l'ignore complétement. Pour lui ces mots se lient à des êtres aimants et bienfaisants que distinguent plus particulièrement des différences dans le vêtement, et bien souvent il donnera le même nom à d'autres individus s'ils sont vêtus de même. La distinction du père et de la mère, en tant qu'individus de sexes différents, ne se présente que bien plus tard à son esprit, et cela, même en faisant abstraction du mystère physiologique, qu'aucun homme encore n'a jamais pénétré. Il ne connaît pas davantage la nature réelle de l'eau et du lait. Il sait seulement que parmi les liquides (mot qui n'arrive à son esprit que bien longtemps après et quand il a appris à distinguer les solides des liquides) mis sous ses yeux, il y en a deux qu'il reconnaît au goût et à l'aspect et auxquels les personnes qui l'entourent appliquent ces noms. Il suit leur exemple. Les noms sont provisionnels et servent de *nucleus* à des collections de connaissances ultérieures. Il apprendra tout à l'heure d'où proviennent ces liquides, et plus tard, peut-être, quelle est leur constitution chimique. Quant au mot *bon*, la première association du mot avec une idée quelconque est avec celle d'une sensation agréable du palais. D'autres sensations agréables viennent ensuite se ranger, sous le même mot. Il l'applique à une conduite agréable aux parents, laquelle est telle en vertu de principes entièrement inintelligibles pour lui, et cette extension d'une chose physique à une chose morale, est certainement très-difficile pour l'enfant. A mesure qu'il grandit, il ne fera, peut-être, qu'apprendre sans cesse et sous toutes les formes la distinction du *bon* et du *mauvais* ; mais quand il sera grand, il restera confondu en découvrant que les plus sages esprits n'ont jamais pu s'entendre sur le sens du mot *bon*, et qu'on ne sait encore s'il se rapporte à l'idée d'utile ou à celle d'un principe indépendant et absolu.

Ce ne sont là que des exemples typiques destinés à montrer la marche de l'esprit humain dans l'acquisition du langage. L'enfant commence par apprendre et continue à apprendre. Son esprit a toujours devant lui un champ à parcourir qui dépasse ses forces. Les mots lui enseignent à former de vagues conceptions, à faire des distinctions grossières que plus tard l'expérience rendra plus exactes et plus précises, qu'elle approfondira, expliquera, corrigera. Il n'a pas le temps d'être original ; bien avant que ses vagues et premières impressions ne puissent se cristalliser spontanément sous une forme indépendante, elles sont groupées par la force de l'exemple et de l'enseignement autour de certains points définis. Cela continue jusqu'à la fin de l'éducation et souvent de la vie. Le jeune esprit apprend toujours les choses au moyen des mots, et il en est de toutes les idées qu'il acquiert comme de celle qu'il se forme d'un lion, ou de la ville de Pékin, d'après des estampes ou des cartes de géographie. Les distinctions faites par le système d'inflexions d'une langue aussi simple que la langue anglaise et par les mots de relations sont d'abord hors de la portée de l'enfant. Il ne peut saisir et manier que les éléments les plus grossiers du discours. Il ne comprend pas assez le rapport du pluriel au singulier pour employer les deux nombres, et le singulier sert à tout ; il en est de même du verbe qu'il emploie toujours à l'infinitif, au mépris des personnes, des temps et des modes. L'enfant est lent à saisir le secret de ces mots changeants qui s'appliquent aux personnes selon qu'elles parlent, qu'on leur parle, ou qu'on parle d'elles ; il ne voit pas pourquoi chacun n'aurait pas un nom propre qu'on lui donnerait dans toutes les situations : il en use ainsi pour lui et pour les autres, et s'il essaie de faire autrement il s'embrouille complètement. Le temps et l'habitude lui viennent en aide [1]. Ainsi, à tous égards, le langage est l'expression de la pensée exercée et mûrie, et le jeune esprit l'acquiert aussi vite que le permettent ses capacités naturelles et les circonstances favorables dans lesquelles il se trouve. D'autres ont observé, classifié, abstrait, et il ne fait que recueillir le fruit de leurs travaux. C'est exactement comme quand il apprend les mathématiques ; il va de l'avant et il s'approprie jour par jour ce que les autres ont trouvé

---

1. La somme de philosophie savante qui a été inutilement dépensée pour expliquer ce simple fait, comme s'il renfermait la distinction métaphysique du *moi* et du *non moi*, est chose véritablement incroyable.

pour lui, au moyen des mots, des signes et des symboles; il devient ainsi, en peu d'années, maître de tout ce qu'il a fallu des générations et des générations pour produire, de ce que son intelligence laissée à elle-même n'eût jamais découvert en totalité ni peut-être même en partie, bien qu'il puisse être capable d'accroître cette somme de connaissances et de la léguer augmentée à ses descendants; de même qu'après avoir appris à parler, l'homme peut, ainsi que nous le montrerons plus tard, enrichir, d'une manière ou d'une autre, la langue qui lui a été transmise.

Ces faits en contiennent une infinité d'autres que la science linguistique n'a pas pour objet d'expliquer. Considérons, par exemple, le mot *green* (*vert*). Son existence dans notre vocabulaire implique d'abord la cause physique de la couleur, laquelle renferme toute la théorie de l'optique : c'est l'affaire du physicien ; à lui de parler de l'éther et de ses vibrations, de la fréquence et de la longueur des ondulations qui produisent la sensation de vert. Vient ensuite la structure de l'œil ; son admirable et mystérieuse sensitivité à cette sorte de vibrations ; l'appareil nerveux qui sert à la transmission au cerveau des impressions reçues ; l'organisme cérébral auquel ces impressions sont transmises : c'est l'affaire du physiologiste. Son domaine confine à celui du psychologue et souvent l'envahit. Celui-ci doit nous dire ce qu'il peut de l'intuition et de la conception intellectuelle, résultat de la sensation, considérées comme mode d'activité mentale ; de la faculté de comprendre, de distinguer, d'abstraire ; et de la conscience ou connaissance générale. Il y a encore dans le mot *green* qui arrive à nos oreilles, la merveilleuse puissance de l'ouïe, laquelle est analogue à celle de la vue : autre appareil nerveux qui note et transporte d'autres ondes vibratoires dans un autre milieu vibrant. Ce sujet appartient, comme celui de la vue, au physicien et au physiologiste. A eux aussi de parler des organes vocaux qui produisent des vibrations audibles sous l'empire de la volonté : actions voulues, mais non pas exécutées sciemment, et qui impliquent ce contrôle de l'esprit sur l'appareil musculaire qui n'est pas le moindre des mystères de la nature. Nous pourrions continuer indéfiniment à suivre la chaîne des causes et des phénomènes impliqués dans le plus simple fait linguistique ; et au fond du tableau resterait encore le suprême mystère de l'Etre qu'aucun philosophe n'a pu faire autre chose que reconnaître et confesser. Chacun des sujets que nous venons d'indiquer a son importance et son intérêt pour celui qui fait du langage l'objet de son étude ; mais ce n'est pas là sa principale affaire. Le fait qui occupe le linguiste est celui-ci : il existe un signe articulé, *green*, par lequel une société désigne une série d'ombres parmi les ombres et teintes diverses que produisent la nature et l'art ; toute personne qui fait partie de cette société par la naissance ou par l'immigration, ou seulement par l'étude littéraire, apprend à associer ce signe à la sensation de ces ombres et à l'employer pour les désigner, et apprend de même à classifier sous d'autres signes les différentes teintes et couleurs. Voilà pour le linguiste le fait principal autour duquel les autres viennent se grouper comme auxiliaires. C'est celui qui lui sert de point de départ pour juger des autres faits et pour en apprécier la valeur. Le langage dans chacun de ses éléments et dans son tout est d'abord le signe de l'idée, le signe qu'accompagne l'idée ; faire d'un autre point de vue du sujet le point de vue central, c'est y introduire la confusion, c'est renverser les proportions naturelles de chaque partie. Et, comme la science de la linguistique s'attache à la recherche des causes et s'efforce d'expliquer les faits de langage, la première question qui se présente est celle-ci : comment est-il arrivé que ce signe ait été mis en usage ? Quelle est l'histoire de sa production et de son application ? Quelle est son origine première et la raison de cette origine, si tant est que nous puissions les découvrir ?

Car il y a beaucoup de mots en usage dont on peut dire quand et comment ils ont commencé à être les signes des idées qu'ils représentent. Par exemple, une autre couleur, un rouge particulier, a été produit (ainsi que beaucoup d'autres) il y a quelques années, par une certaine manipulation du goudron de houille, qui, après réflexion et d'une façon conventionnelle, fut nommé par son inventeur *rouge Magenta*, du nom d'une ville rendue célèbre à ce moment par une grande bataille. Le mot *Magenta* fait aussi réellement et légitimement partie maintenant de la langue anglaise que le mot *green*, quoique celui-ci soit de beaucoup plus ancien et plus important ; et ceux qui apprennent et emploient le premier le font exactement de la même manière que ceux qui apprennent et emploient le second, sans mieux en connaître l'origine. Le mot gaz est d'une introduction plus ancienne et d'un usage plus général chez nous, et il a autour de lui une respectable famille de dérivés et de composés — comme *gazeux*, *gazifier*, *gazéiforme*, etc., — et même il s'emploie au figuré ; cependant il a été créé arbitrairement par un chimiste hollandais, Van Helmont, vers l'an 1600. La science, à cette époque, avait fait assez de progrès pour que l'on commençât à pouvoir concevoir la matière sous une forme aériforme ou gazéiforme, et ce mot se trouva introduit dans des circonstances qui le firent accepter de tout le monde, de sorte que *gaz* appartient aujourd'hui à toutes les langues de l'Europe. Les enfants le connaissent d'abord comme le nom d'un certain gaz particulier dont on se sert pour l'éclairage. Plus tard, s'ils sont convenablement instruits, ils en viennent à se former une idée scientifique de la chose dont ce mot est le signe. Raconter l'histoire de ces deux vocables, c'est raconter comment ont été produites les couleurs anilines et comment la pensée scientifique a fait un jour un important progrès. Nous ne pouvons pas remonter si sûrement à la source du mot *green* parce qu'il est infiniment plus vieux et se perd dans les temps préhistoriques ; mais nous croyons lui trouver une parenté avec le mot *grow*, d'où on aurait nommé *green*, une chose *growing* (croissante). Les végétaux auraient donc donné lieu au mot *green*, et cette circonstance est d'un grand intérêt pour l'histoire de ce vocable.

Ce n'est pas ici le lieu de suivre cet ordre de recherches et de considérer ce qu'on entend par trouver les étymologies ou raconter l'histoire des mots depuis leur origine. Ce sujet nous occupera en temps et lieu. Nous remarquons seulement en passant, que la raison qui fait qu'un mot se produit à l'origine et la raison qui fait qu'on l'emploie plus tard, sont différentes l'une de l'autre. Pour l'enfant qui apprend à parler, tous les signes sont, en eux-mêmes, égalementment propres à exprimer toutes choses et il se les approprierait indifféremment. Ainsi, les enfants nés dans des sociétés différentes, apprennent à exprimer la même chose par des mots divers; au lieu de *green*, l'Allemand dit *grün*, le Hollandais *groen*, le Suédois *grön*, — tous mots semblables à *green* mais qui, pourtant, ne lui sont point identiques; l'enfant français apprend le mot *vert*, l'Espagnol *verde*, l'Italien *viride*, — mots qui se ressemblent et cependant diffèrent; le Russe dit *zelenüi*, le Hongrois *zold*, le Turc *ishil*, l'Arabe, *akhsar*, et ainsi de suite. Ces mots et tous les autres s'acquièrent par lui de la même manière. L'enfant les entend prononcer dans des circonstances qui lui font saisir les idées qu'ils représentent ; à l'aide du mot, il apprend en partie à abstraire la qualité de couleur de l'objet coloré et à la concevoir séparément; il apprend à combiner dans une conception générale les différentes nuances de vert; à les distinguer des autres couleurs, comme le bleu, le jaune, dans lesquelles le vert se fond par gradations insensibles. Le jeune sujet saisit jusqu'à un certain point l'idée, et ensuite y associe le mot qui n'a avec elle qu'un lien extérieur et qui aurait pu être tout autre. Il n'y a point pour l'enfant de lien interne et nécessaire entre le mot et l'idée, et il ne connaît point les raisons historiques qui peuvent avoir créé ce lien. Quelquefois il demandera à propos d'un mot : *pourquoi?* comme il le demande à propos de toute autre chose ; mais pour le jeune étymologiste (et souvent pour le vieux) il n'importe pas quelle réponse il reçoit, et même qu'il reçoive une réponse ; l'unique et suffisante raison d'employer le mot, c'est que d'autres personnes l'emploient. Donc, on peut dire, dans un sens exact et précis, que tout mot transmis est un signe arbitraire et conventionnel : arbitraire, parce que tout autre mot, entre les milliers dont les hommes se servent et les millions dont ils pourraient se servir, eût pu être appliqué à l'idée; conventionnel, parce que la raison d'employer celui-ci plutôt qu'un autre, est que la société à laquelle l'enfant appartient l'emploie déjà. Le mot existe θέσει, « par attribution » et non point φύσει, « par nature », si l'on entend par nature qu'il y a, dans la nature des choses ou dans la nature de l'individu, une cause de l'existence de ce mot, déterminante et nécessaire.

L'apprentissage de la parole fait évidemment l'éducation de l'esprit et lui fournit des instruments tout prêts. L'action mentale de l'individu se coule, pour ainsi dire, dans un certain moule préparé par la société à laquelle il appartient ; il s'approprie les classifications, les abstractions, les vues courantes. Pour choisir un exemple : la qualité de couleur est si frappante et si saisissable pour nous que les mots qui expriment les différentes couleurs ne suscitent pas l'idée, et ne font que la rendre plus prompte et plus distincte. Mais pour la classification des nuances, le vocabulaire acquis sert beaucoup ; ces nuances se rangent sous des noms principaux, *blanc*, *noir*, *rouge*, *bleu*, *vert*, et chaque nuance est soumise par l'esprit à la comparaison avec une couleur et rangée dans sa classe. Les langues différentes donnent lieu à des classifications différentes : il en est qui diffèrent tellement des nôtres, qui sont si incomplètes et si peu précises, que l'homme qui les parle y trouve très-peu de secours pour aider ses yeux et son esprit à distinguer les couleurs. Ceci est encore plus remarquable en ce qui concerne les nombres. Il y a des dialectes si rudimentaires qu'ils sont aussi impuissants que les petits enfants devant les problèmes de la numération. Ils ont des mots pour exprimer les nombres *un*, *deux*, *trois* ; mais après cela ils comprennent tous les autres sous le mot collectif : *plusieurs*. Il est probable qu'aucun de nous ne serait allé plus loin s'il n'eût été secondé dans ses efforts; mais par le secours des mots, et des mots seuls (car telle est la nature abstraite des rapports des nombres que plus que toute autre chose ces rapports ne peuvent être rendus saisissables que par les mots), des relations numériques de plus en plus compliquées sont tombées sous notre pouvoir, jusqu'à ce qu'enfin nous ayons acquis un système qui peut s'appliquer à tout, excepté à l'infini, le système décimal, c'est-à-dire celui qui procède par l'addition constante de dix unités de nature quelconque, pour multiplier par dix la valeur du nombre voisin. Et quelle est la base de ce système ? tout le monde la connaît : ce simple fait que nous avons dix doigts (*digits*) et que les doigts sont le substitut le plus commode pour les signes et les chiffres, le secours le plus prompt que puisse trouver l'esprit qui poursuit une numération. Un fait aussi externe et matériel, en apparence aussi vulgaire que celui-ci, a donné la formule générale de toute la science mathématique et, sans qu'il y songe, sert de moule à toutes les conceptions numériques de chaque enfant qui s'élève à l'école de la société. L'idée suggérée à l'origine par un fait d'expérience générale et commune, a été, à l'aide du langage, convertie en une loi qui façonne et domine désormais la pensée humaine.

La même chose se produit à différents degrés et de diverses manières dans toutes les parties constituantes du langage. Nos prédécesseurs sur la terre ont employé leurs forces intellectuelles dans toute la suite des générations à observer, à déduire, à classer ; nous héritons, dans le langage et au moyen du langage, des résultats de leurs travaux. Ainsi, ils ont fait la distinction entre *vivant* et *mort* ; entre *animal*, *végétal* et *minéral* ; entre *poisson* et *reptile*, *oiseau* et *insecte* ; *arbre*, *buisson*, *herbe* ; *rocher*, *caillou*, *sable*, *poussière* ; et celle entre *corps*, *vie*, *intelligence*, *esprit*, *âme* et autres idées aussi difficiles. Ils ont distingué les objets de leurs qualités physiques et morales, et reconnu leurs rapports dans toutes les catégories : position, succession, forme, dimension, modes, degrés ; tous, dans leur infinie multitude, sont divisés, groupés, comme les nuances des couleurs, et tous ont leur signe articulé qui les rend plus faciles à saisir et à reconnaître pour l'esprit de celui qui veut les grouper et les diviser à son tour. Il en est de même de l'appareil du raisonnement ; la faculté de définir un sujet, de le discuter, de juger des rapports par la comparaison, ne nous vient que par le moyen du langage. C'est lui qui nous sert aussi à corriger les anciennes notions et à en acquérir d'autres. Il en est de même, enfin, de l'appareil auxiliaire des flexions et des mots composés, qui varie avec les différentes langues, dont chacune choisit ce qu'il lui convient d'exprimer et ce qu'il lui convient de sous-entendre.

Chaque langage a donc son cadre particulier de distinctions établies, ses formules et ses moules dans lesquels sont coulées les idées de l'homme et qui composent sa langue maternelle. Toutes ses impressions, toutes les connaissances qu'il acquiert par la sensation ou autrement tombent dans ces moules. C'est là ce qu'on appelle parfois le langage interne, la forme mentale de la pensée, c'est-à-dire le corps de formules adaptables à la pensée. Mais c'est le résultat des influences extérieures ; c'est l'accompagnement du procédé par lequel l'individu acquiert le vocabulaire. Ce n'est point un produit de forces internes et spontanées. C'est quelque chose qui s'impose du dehors à l'esprit et qui revient simplement à ceci : que le même sujet qui eût pu prendre toute autre direction, a été conduit à voir les choses de cette manière, à les grouper d'une certaine façon, à les contempler intérieurement dans tels ou tels rapports.

Il y a donc, dans l'acquisition du langage, un élément de nécessité. Quelle que soit la langue que l'homme s'approprie elle devient son mode nécessaire de pensée, aussi bien que de parole. Il n'en conçoit pas d'autres même comme possibles. Comment en serait-il autrement, puisque la langue la plus pauvre, la plus incomplète est infiniment plus complète et plus riche que celle que pourrait se créer à lui-même, sans le secours de la tradition, l'être le plus fortement doué ? L'avantage de la tradition est si grand que ses désavantages ne sont rien en comparaison. Certainement, quand nous regardons les choses du dehors nous pouvons quelquefois dire avec un sentiment de regret : « Voici un homme dont les capacités dépassent la moyenne de la société dans laquelle il est né. Il eût été désirable qu'il fût né là où une langue plus élaborée, plus haute, eût développé ces capacités jusqu'au dernier degré de leur puissance ; » mais nous devrions ajouter : « Cette langue barbare a pourtant servi à l'élever beaucoup plus haut qu'il ne se fût élevé de lui-même et sans son secours. » De plus il arrive très souvent que la langue échue en partage à un individu est fort supérieure à ses capacités ; qu'il est forcé d'acquérir une langue qu'il ne peut parvenir à bien comprendre et qu'il eût mieux valu pour lui qu'un dialecte inférieur eût été son lot.

On ne saurait dire tout ce que l'esprit acquiert en acquérant le langage. Ses impressions confuses se classent, il en acquiert la conscience d'abord et ensuite la connaissance réfléchie. Un appareil lui est fourni avec lequel il opère comme un artisan avec ses outils. Il n'y a pas en effet de comparaison plus exacte que celle-ci : les mots sont pour l'esprit de l'homme ce que sont pour ses mains les outils dont sa dextérité les arme. De même qu'il peut par le moyen de ces derniers manier et tailler des matériaux, tisser des étoffes, parcourir les distances, mesurer le temps avec bien plus d'exactitude qu'il ne le ferait par ses seuls moyens naturels, de même, il multiplie, au moyen des mots, les forces et les opérations de la pensée. Cette partie de l'usage du discours n'est aucunement aisée à définir dans ses proportions et ses effets parce que notre esprit est tellement accoutumé à se servir des mots qu'il ne peut plus se rendre compte de ce que les mots lui ont donné. Mais nous pouvons nous demander, par exemple, ce que serait le mathématicien sans le secours des figures et des chiffres.

L'influence de la langue apprise la première ne s'efface jamais d'un esprit. Ce sont des formes qui, une fois créées, ne sauraient être refondues. Quand nous apprenons une langue nouvelle, nous ne faisons plus que traduire ses mots dans la nôtre; les particularités de sa forme interne, le manque de rapports et de proportions entre ses moules et ses groupements d'idées avec nos moules et nos groupements, nous échappent. A mesure que nous devenons plus familiers avec cette nouvelle langue, à mesure que nos conceptions s'adaptent à ses cadres et que nous commençons à nous en servir sans intermédiaires, c'est-à-dire à penser dans cette langue dans laquelle nous ne faisions d'abord que traduire notre pensée, nous nous apercevons que nos habitudes mentales changent, que nos idées se coulent dans de nouveaux moules et que la phraséologie d'une langue est chose incommutable et inconvertible. Peut-être est-ce ici que nous voyons le plus clairement combien la nécessité préside à l'apprentissage du langage. Certainement un Polynésien ou un Africain, exceptionnellement doué, qui apprendrait une langue européenne — l'anglais, le français, l'allemand — se trouverait ainsi en état de penser plus, mieux et autrement qu'il n'eût pensé dans sa langue maternelle et s'apercevrait des entraves que cette langue imparfaite avait mises à l'exercice de ses facultés. Les hommes d'étude du moyen-âge qui employaient le latin pour exprimer leur pensée quand il s'agissait de choses élevées, le faisaient, en grande partie, parce que les dialectes populaires n'étaient pas encore assez développés pour servir dans ces choses à l'expression de la pensée.

A tous les autres égards, le procédé que suit l'esprit pour acquérir une seconde langue, est exactement le même que celui qu'il suit d'abord pour acquérir la *langue maternelle*; c'est un procédé de mnémotechnie appliqué à un corps de signes représentant des conceptions et des rapports, et mis en usage dans une société existante ou passée — signes qui n'ont pas plus que ceux dont nous nous servons nous-mêmes un lien nécessaire avec les conceptions qu'ils expriment, mais sont, comme eux, arbitraires et conventionnels; signes dont nous acquérons la possession par l'occasion, l'aptitude, l'effort, et le temps consacré à cette acquisition; arrivant même quelquefois, sous l'empire de circonstances favorables, à substituer, dans l'usage habituel et familier, la langue nouvellement apprise à la langue sue la première, laquelle est souvent oubliée.

Nous nous rendons mieux compte en apprenant une seconde langue ou langue étrangère, qu'en apprenant notre langue maternelle que l'acquisition d'une langue est un travail sans fin; mais cela est tout aussi vrai de l'une que de l'autre. Nous disons bien qu'un enfant sait parler quand il a acquis un certain nombre de signes qui suffisent aux besoins ordinaires de la vie dans l'enfance, sachant qu'il possède dans ses facultés naturelles le moyen d'en faire autant d'instruments pour acquérir d'autres signes. Mais il n'en sait probablement que quelques centaines, et en dehors de ce petit nombre de mots, l'anglais est une langue aussi inconnue pour lui que l'allemand, le chinois, ou le quechua. Même les idées qu'il peut parfaitement saisir si elles sont exprimées dans sa phraséologie enfantine, sont inintelligibles pour lui, si on les lui présente dans le langage des hommes faits. Ce qu'il possède, c'est surtout la moelle du langage, pourrions-nous dire : ce sont des mots pour les conceptions usuelles, ceux dont on se sert tous les jours. A mesure qu'il grandit, ses facultés se développent, il en acquiert davantage dans différentes directions de la pensée, selon les circonstances. Celui qui sera voué aux travaux manuels, n'apprendra rien de plus que les mots techniques de sa profession ; celui qui n'a qu'à se perfectionner lui-même et qui après sa première éducation doit continuer toute sa vie à accroître la somme de ses connaissances, celui-là s'appropriera constamment des mots nouveaux et s'élèvera à une phraséologie supérieure. Il arrivera à posséder le vocabulaire entier des gens cultivés, à le comprendre, à s'en servir avec intelligence. Cependant, il restera encore des masses de mots qu'il ne possédera pas et des formes de style auxquelles il ne pourra point atteindre. Le vocabulaire d'une langue riche, ancienne et élaborée comme la langue anglaise, peut être évalué sommairement à cent mille mots (sans y comprendre une foule de vocables qui devraient être considérés comme en faisant partie), mais il y en a à peine trente mille employés dans le langage ordinaire des gens cultivés. On a calculé que les trois cinquièmes des mots anglais suffisent aux besoins ordinaires de la société polie et les personnes vulgaires en connaissent infiniment moins. Il est clair en ce cas plus qu'en tout autre, que l'homme apprend son langage et n'arrive à parler, que par la mémoire. Car tout l'accroissement des trésors linguistiques de l'individu a lieu par des opérations tout à fait extérieures, c'est-à-dire en entendant, en lisant, en étudiant ; ce n'est évidemment qu'une extension, dans des conditions un peu différentes, du procédé appliqué par l'esprit à l'acquisition du premier *nucleus ;* et le tout se passe exactement de même dans l'apprentissage de toutes les langues, la sienne propre et les langues étrangères.

Nous voyons encore se dégager la même vérité si nous considérons de plus près les relations changeantes qui existent entre nos signes linguistiques et les conceptions qu'ils expriment. La relation est établie d'abord par un procédé d'essai sujet à erreur et à correction. L'enfant s'aperçoit bientôt que les noms n'appartiennent pas en général à des objets isolés, mais à des classes d'objets semblables ; sa faculté de reconnaître les ressemblances et les différences, faculté fondamentale de l'homme, est dès le début mise en action par la nécessité constante de bien employer les noms,

Mais les classes sont de différentes espèces, de différente étendue, et le   itérium pour les déterminer est obscur et embarrassant. Nous avons déjà remarqué combien les enfants commettent souvent cette erreur d'employer les mots de *papa* et de *maman* pour signifier homme et femme. Ils sont troublés quand ils s'aperçoivent qu'il y a d'autres *papas* et d'autres *mamans* auxquels ils ne doivent pas donner ces noms. Un peu plus grand, l'enfant apprend à prononcer, par exemple, le nom de *Georges*, mais il découvre qu'il ne doit pas appeler *Georges* des êtres très-semblables à celui auquel ce nom appartient, et qu'il y a pour cela un autre mot, celui de *garçon*. Il fait connaissance avec d'autres *Georges* et trouver le lien qui les lie est un problème qui passe sa portée. Il apprend également à nommer *chien* une variété d'animaux d'apparence très-diverse et il ne peut pourtant prendre la même liberté avec le *cheval;* quoique les mules et les ânes ressemblent beaucoup plus au cheval que les chiens de chasse ne ressemblent aux chiens d'appartements. Il faut qu'il distingue cheval, âne et mulet, chacun par son nom. Le soleil, représenté dans un tableau, s'appelle encore le *soleil*, et, dans une société cultivée, l'enfant apprend bien vite à reconnaître la représentation peinte des objets, à donner le même nom à la réalité et à l'image, et à saisir le rapport entre l'une et l'autre; tandis que le sauvage, arrivé à l'âge d'homme, reste complétement confondu devant un tableau et n'y voit que des lignes et des traits confus. Un jouet qui représente une maison ou un arbre s'appelle encore *arbre* et *maison;* mais une autre espèce de jouet qui représente une créature humaine a un nom particulier et s'appelle une *poupée*. Les mots qui indiquent des degrés ne sont pas moins changeants dans leurs applications; *près* est quelquefois la distance d'un pouce, quelquefois d'un mètre; une *grosse* pomme n'est pas aussi grosse qu'une *petite* maison; *longtemps* signifie quelques minutes ou quelques années. Les inconséquences de la langue sont à l'infini; et jusqu'à ce que l'expérience soit venue les expliquer, il y a matière à mille erreurs. De plus, il y a des cas dans lesquels la difficulté est plus persistante et quelquefois elle n'est jamais levée. Ainsi, même les adultes continuent à faire entrer dans la classe des *poissons* les baleines et les dauphins, jusqu'à ce que la connaissance scientifique vienne montrer la différence fondamentale qui se cache sous la ressemblance superficielle.

Mais c'est surtout dans les matières dont la connaissance s'acquiert d'une façon plus artificielle que les idées du commençant sont vagues et insuffisantes. Par exemple, l'enfant apprend les définitions et les rapports géographiques sans avoir aucune idée juste des objets auxquels ces définitions et ces rapports s'appliquent; une carte de géographie, la plus inintelligible de toutes les peintures, est une énigme; et même l'enfant plus âgé, l'homme fait, a des idées très-défectueuses des objets représentés dans ces cartes, idées qu'une expérience exceptionnelle peut seule rectifier plus tard. Les localités que nous n'avons point vues continuent à se présenter à notre imagination sous les formes les plus fausses. Tout homme instruit parlera de Pékin, de Sedan, d'Hawaii, du Chimborazo; mais s'il ne les a jamais vus réellement, il ne se les représente point comme celui qui les a vus. Nous devons être très-attentifs dans l'éducation à ne pas pousser les enfants trop en avant, de peur de n'élever dans leur esprit que des édifices artificiels de mots qu'aucune idée n'éclaire. Et cependant, cet inconvénient est jusqu'à un certain point inévitable. Une foule de grandes conceptions sont jetées dans un jeune esprit et y sont retenues par quelque pauvre association d'idées, comme des cadres vides, que le travail ultérieur de sa pensée remplira, au fur et à mesure de son développement intellectuel. L'enfant est visiblement incapable de savoir à l'époque où on les lui enseigne, ce que signifient les mots de *Dieu, bon, devoir, conscience, monde* et même ceux de *soleil, lune, poids, couleur*, lesquels comprennent infiniment plus de choses qu'il n'en peut soupçonner. Mais le mot est un *nucleus* autour duquel viendront se grouper successivement les connaissances qu'il acquerra, et il approchera tous les jours davantage de la conception juste, même quand elle est de celles que la sagesse humaine n'a jamais atteinte encore. La condition de l'enfant après tout ne diffère de celle de l'homme que par le degré et par un degré moindre qu'on ne le croit. Nos mots ne sont que trop souvent des signes pour des généralisations vagues, précipitées, indéfinies, indéfinissables. Nous nous en servons assez bien pour les besoins ordinaires de la vie sociale, et la plupart des hommes s'en contentent, laissant au temps et à l'étude le soin de les éclaircir s'ils peuvent ; mais il en est peu dont l'esprit soit assez indépendant, fût-il assez fort et assez dégagé d'autres préoccupations, pour se rendre compte de la valeur intime de chaque mot, pour le soumettre à la pierre de touche de l'étymologie, pour limiter exactement sa signification.

Nous sommes presque tous des penseurs faciles et nous parlons comme nous pensons, d'une façon lâche, tombant dans une foule d'erreurs par l'ignorance où nous sommes du véritable sens des mots que nous employons à la légère. Mais l'homme le plus sage et le plus profond trouverait impossible de donner aux mots des définitions assez précises pour éviter tout malentendu, tout faux raisonnement, surtout dans les matières subjectives où il est difficile d'amener les concepts à des vérifications exactes ; de façon que les différences d'opinions chez les philosophes prennent la forme de disputes de mots, que la controverse repose sur l'interprétation des termes, que l'écrivain qui vise à l'exactitude doit commencer par expliquer son vocabulaire, qu'après cette précaution, il ne peut parvenir à rester fidèle lui-même à ses propres définitions, et qu'il arrive toujours un adversaire ou un successeur qui vient prouver à cet homme sage et profond qu'il a manqué de correction dans les termes, que tout son raisonnement repose sur un mot mal compris et qui réduit en poudre le magnifique édifice de vérités qu'il croyait avoir bâti.

Nous voyons par toutes ces considérations combien les signes articulés sont loin d'être identiques à l'idée. Ils ne le sont que comme les signes mathématiques sont identiques aux concepts, aux quantités, aux rapports numériques, et rien de plus. Ils sont, comme nous l'avons dit en commençant, le moyen d'expression de la pensée, et des instruments auxiliaires pour la production de cette même pensée. Une langue acquise est quelque chose qui s'impose du dehors à l'esprit et qui détermine les procédés et les résultats de l'activité cérébrale. Une langue agit comme un moule qui serait appliqué à un corps en voie de croissance et c'est parce qu'il modèlerait ce corps qu'on pourrait dire qu'il en a déterminé « la forme interne. » Cependant, ce moule est lâche et, lui-même, élastique. L'esprit, à son tour, en change la forme ; il perfectionne les classifications données par les mots existants ; il travaille de façon à acquérir des connaissances et des vues que ceux-ci ne lui avaient pas données. Nous n'avons tant insisté sur ce que le langage apporte d'idées au jeune esprit que parce que le rôle de celui-ci est, au commencement, presque purement passif ; mais dans les chapitres suivants, nous tiendrons compte de son activité propre et créatrice.

Rien de ce que nous avons dit jusqu'ici ne doit s'interpréter comme une négation de la force active et créatrice de l'esprit, ni comme une affirmation que celui-ci acquiert par l'éducation une faculté qu'il ne possède pas par nature. Tout ce qu'implique le don de la parole appartient à l'homme d'une manière indéfectible ; seulement, ce don se développe et ses résultats se déterminent par l'exemple et par l'enseignement. L'esprit n'accomplit rien par leur influence qu'il n'eût pu accomplir de lui-même, étant donné un temps suffisant et des conditions favorables, par exemple la durée de quelques centaines de générations ; mais, quant à sa manière d'opérer aujourd'hui, il la doit à la tradition orale. L'acquisition du langage est une partie de l'éducation comme toutes les autres connaissances.

CHAPITRE TROISIÈME

Autre aspect de la vie du langage ; développement et changement ;
question du mode et de la cause. — Exemples tirés du plus vieil
anglais ou anglo-saxon ; exposition de ses différences avec l'anglais moderne ; différences de prononciation ; abréviations et extensions ; changements de signification ; de phraséologie et de constructions. — Classification des changements linguistiques.

Nous avons vu dans le chapitre précédent que l'individu
apprend sa langue en recevant les signes articulés dont elle
se compose de ceux qui l'entourent et en formulant ses conceptions d'une manière concordante avec ces signes. C'est
par là que les langues subsistent. Si ce procédé de transmission prenait fin, les langues disparaîtraient.

Mais ce n'est là qu'un des côtés de la vie du langage. S'il
n'y en avait point d'autres, chaque dialecte parlé demeure-
rait éternellement le même. Chacune des deux influences
qui s'exercent sur les langues se maintient à peu près la
même. C'est ce qui conserve le caractère d'identité générale du discours aussi longtemps que la société à laquelle
ce discours appartient conserve elle-même son identité,
abstraction faite des grandes révolutions politiques qui conduisent quelquefois un peuple entier à adopter la langue
d'un autre peuple. Ceci est la grande force de conservation
qui se montre dans l'histoire des langues. Si aucune force
contraire n'intervenait, les hommes continueraient jusqu'à
la dernière génération à parler exactement de la même manière.

On sait pourtant que les choses ne se passent pas ainsi. Toute langue vivante est en voie de formation et de changement continuels. En quelque lieu du monde que nous allions. si nous trouvons à côté de la langue en usage des monuments de la même langue remontant à une époque antérieure, les différences entre l'idiome actuel et l'idiome passé seront d'autant plus grandes que ses monuments seront plus anciens. Il en est ainsi pour les langues romanes du midi de l'Europe, si on les compare avec le latin, leur ancêtre commun. Il en est de même pour les dialectes modernes de l'Inde si on les compare avec les langues intermédiaires entre eux et le sanscrit, ou avec le sanscrit lui-même; et cela n'est pas moins vrai de l'anglais, tel qu'on le parle aujourd'hui, comparé avec l'anglais, tel qu'on le parlait autrefois. Si un Anglais du siècle passé entendait parler sa langue, comme on le fait communément et familièrement de nos jours, il y aurait beaucoup de choses qu'il comprendrait avec peine ou pas du tout. Si nous entendions Shakespeare lire à haute voix une scène tirée de ses œuvres elle serait en grande partie inintelligible pour des auditeurs modernes (à cause, surtout, des différences de prononciation). L'anglais de Chaucer (c'est-à-dire d'il y a cinq cents ans) ne se comprend qu'à force d'application et par le secours d'un glossaire; et l'anglais du roi Alfred (c'est-à-dire d'il y a mille ans), que nous appelons l'anglo-saxon, n'est pas plus facile pour un Anglais moderne que ne l'est l'allemand. Tous ces changements se sont produits sans dessein prémédité de la part des trente ou quarante générations qui nous séparent du roi Alfred. Il y a donc là un autre aspect de la vie du langage que nous avons à examiner et à expliquer, si faire se peut. La vie, ici comme ailleurs, semble impliquer la croissance et le changement comme un élément essentiel; et les analogies remarquables qui existent entre la naissance, le développement, la décadence et l'extinction d'une langue, et la naissance, le développement et la mort d'un être organisé, ont été bien souvent un sujet d'observation. Elles ont même conduit quelques-uns à penser que le langage est un organisme, soumis aux conditions de la vie organique et gouverné par des lois entièrement étrangères à l'activité humaine.

Ce serait évidemment trop se hâter que de recourir à une semblable explication avant un examen suffisant. Il n'est pas impossible, à première vue, que le langage, considéré comme une institution d'invention humaine, soit sujet au changement. Les institutions humaines en général se transmettent par voie de tradition comme le langage, et sont modifiées au fur et à mesure de cette transmission. D'une part, la tradition est, par sa nature, imparfaite et inexacte ; personne n'a jamais pu empêcher que les choses qui se propagent de bouche en bouche ne soient altérées en route ; l'enfant commet toujours des bévues de toutes sortes dans ses premiers efforts pour parler; s'il est attentif et si son éducation est soignée, il apprend à les corriger plus tard ; mais souvent il est inattentif et ne reçoit point d'éducation, de façon qu'en apprenant sa langue maternelle, l'individu est sujet à l'altérer. D'autre part, quoique l'enfant, au début de son éducation, soit plus que satisfait de la langue qu'on lui apprend et la manie comme il peut, parce que son développement intellectuel n'est point encore adéquat aux idées que cette langue représente et qu'il est presque surmené par le travail de l'acquérir, les choses ne restent pas toujours à ce point pour lui : le temps vient où son esprit a grandi, où celui-ci est égal à la somme d'idées contenues dans sa langue et où il s'agite pour briser les moules qui renferment ces idées. Alors, l'esprit modifie, élargit les moules et les adapte à ses propres besoins. Ainsi, pour employer une analogie saisissante, on peut avoir acquis par l'étude et le secours des maîtres dans une branche de connaissances — sciences naturelles, mathématiques, philosophie — toutes les notions existantes, on peut avoir atteint les dernières limites connues, et ensuite trouver ces notions trop imparfaites, ces limites trop étroites; on peut ajouter de nouveaux faits à la science, établir de nouvelles distinctions, déterminer de nouveaux rapports, pour lesquels le langage technique existant se trouve être insuffisant. Il faut donc créer des mots nouveaux et ces mots ne manquent jamais aux idées, parce que toute langue doit pouvoir exprimer toute idée et que, si elle ne le faisait pas, elle ne serait pas une langue. La somme de pensée et de connaissance que chaque individu parlant, ajoute à la somme générale de la pensée et de la connaissance humaines par son travail propre , se coule dans le moule du langage existant, et, en même temps, modifie dans une certaine proportion la forme extérieure de ce moule.

Il y a donc là, en tous cas, deux forces évidentes qui ont leurs points de départ dans l'activité humaine et qui concourent sans cesse à la modification des langues. Il reste à examiner s'il y en a d'autres d'un caractère différent. Considérons donc les changements qui se produisent actuellement dans les langues, qui constituent leur développement, et voyons ce qu'ils disent des forces auxquelles ils sont dus.

Commençons par un exemple concret, par un échantillon des altérations du langage qui servira d'éclaircissement et aussi de base pour une classification des diverses espèces de changements linguistiques. Le Français choisirait son exemple dans une comparaison entre une phrase en vieux latin et la même phrase en vieux français de différentes époques ; l'Allemand suivrait une phrase à travers le moyen-âge dans toutes ses formes successives jusqu'au vieil haut allemand et, plus loin encore, jusqu'à ses origines gothiques. L'Anglais ne peut mieux prendre son point de comparaison que dans le vieil anglais ou anglo-saxon qu'on parlait il y a mille ans. Voyons donc un verset de l'évangile en anglo-saxon, et comparons-le avec le même verset en anglais moderne :

Se Hœllend fôr on reste-dœg ofer œceras ; sôthlice his leorning-cnihtas hyngrede, and hi ongunnon pluccian thœ ear and etan.

Certainement, aucun lecteur ordinaire parmi les Anglais ne comprendrait cela et n'y verrait l'équivalent de la phrase suivante de la version moderne :

The Healing (one) fared on rest-day over (the) acres ; soothly, his learning-knights (it) hungered, and they began (to) pluck the ears and eat. — Le Sauveur entra un jour de sabbat dans un champ de blé ; et ses disciples avaient faim, et ils commencèrent à cueillir les épis et à les manger. (Matthieu, XII, 1.)

Et cependant, en la traduisant littéralement, nous trouverons que presque tous les éléments de la vieille phrase sont encore du bon anglais, déguisé seulement par des changements de forme et de sens. Ainsi :

The Healings (one) fared on rest-day over (the) acres; soothly, his learning knight (it) hungered and they began) to pluck the ears and eat. — Le guérissant entra un jour de repos dans les champs. Ses chevaliers-apprenants avaient faim et ils commencèrent à ramasser les épis et à manger.

Ainsi donc, à un certain point de vue, *and* et *his* sont les seuls mots anglo-saxons qui soient restés inaltérés dans l'anglais moderne, et même ils ne sont pas exactement identiques puisque leur ancienne prononciation différait de leur prononciation actuelle ; et, à un autre point de vue, tout dans cette phrase est anglais, excepté le mot *se* — le — et le mot *hi* — eux — qui eux-mêmes sont encore virtuellement des mots anglais, puisqu'ils sont des inflexions de l'article défini et du troisième pronom personnel, dont d'autres cas (comme *the, that, they* et *he, his, him*) sont encore en usage dans la langue anglaise. La discordance et la concordance sont également complètes, selon la manière dont nous les envisageons. Nous examinerons ce passage un peu plus en détail, afin de bien comprendre les rapports entre la vieille et la nouvelle forme.

En premier lieu, la prononciation les rend encore plus différentes en réalité qu'elles ne le sont dans le texte écrit. Il y a au moins deux sons dans l'anglo-saxon qui sont inconnus dans l'anglais moderne : l'*h* de *cnihtas* qui était presque ou tout à fait la même chose que le *ch* du mot allemand correspondant *Knecht*, et l'*y* de *hyngrede* qui était l'*ü* allemand ou l'*u* français, son qui en anglais équivaut à l'*oo*, plus, l'*ee* combinés ensemble! D'un autre côté, il y a des sons dans l'anglais moderne qui étaient inconnus aux Anglo-Saxons. L'*o* court anglais dans *on*, par exemple, n'existait pas autrefos, non plus que l'*u* court de *begun, pluck*, qui prenaient alors le son de la voyelle dans *book* et dans *full*; l'*i* court de *his* qui ressemblait à l'*i* court des Allemands et des Français n'était pas très-différent de l'*i* long, l'*ee* des Anglais. Ce sont tous là des exemples des changements multiples subis par la prononciation anglaise pendant les mille ans qui se sont écoulés depuis Alfred, changements qui ont modifié toute l'orthoépie et toute l'orthographe anglaises. D'autres se trouvent dans le passage cité : ainsi, *knight* et *eat* sont des allongements de *cniht* et de *etan*, qui servent de types à toute une classe de cas analogues, et l'*i* allongé a été changé en une diphthongue que nous appelons *i* long parce qu'il a pris la place de l'ancien *ee* anglais ; tandis qu'on appelle le véritable *i* long de *eat*, un *e* long pour la même raison.

Nous pouvons encore remarquer dans beaucoup de mots l'effet d'une tendance à l'abréviation. *Reste* et *hyngrede* ont perdu leur *e* final, qui dans l'anglo-saxon, comme dans l'allemand moderne et l'italien, formait une syllabe additionnelle. *Ongannon*, *pluccian* et *etan* ont perdu la voyelle et la consonne de la syllabe finale. Ces syllabes étaient les terminaisons distinctives, dans le premier mot de la flexion verbale au pluriel (*ongan* : *je commençai ou il commença*, *ongannon* : *ils commencèrent ou nous commençâmes*), dans les deux autres de l'infinitif. Dans *œceras* (ucres) et *cnihtas* (chevaliers), quoique l'anglais moderne ait conservé l's final de la terminaison plurielle, cette lettre ne forme plus une syllabe additionnelle ; et dans *sóthlice* (soothly), qui signifie *vraiment, en vérité*, il y a une abréviation plus marquée encore sur laquelle nous reviendrons tout à l'heure.

D'un autre côté, *ear-ears* (épis) et *fór-fared* (entra) sont des mots qui ont été allongés de nos jours par l'addition d'éléments importants. C'était la règle en anglo-saxon qu'un nom neutre composé d'une syllabe longue n'eût (tant au nominatif qu'à l'accusatif) point de terminaison plurielle. Quant au mot *fór*, les Anglo-Saxons conjuguaient *faran fare* (entrer) comme ils faisaient *dragan, draw* (tirer) et ils disaient *fór, dróh* au passé (on peut comparer les correspondants allemands *fahren, fuhr* et *tragen, trug*), c'est-à-dire que *faran* était pour eux un verbe de la conjugaison irrégulière, autrement dite la vieille conjugaison ou conjugaison forte. Pendant longtemps, il a existé une tendance dans la langue anglaise à modifier ces verbes, à abandonner leurs inflexions irrégulières et variables et à les ramener à la ressemblance avec les verbes plus nombreux de la classe régulière, comme *love, loved*, aimer, aimé ; et *fare* est un de ceux qui ont subi ce changement. La marche suivie est ici la même que celle par laquelle le mot *ear* est devenu *ears* ; c'est-à-dire qu'une analogie prévalente a fini par atteindre et par englober les cas auparavant traités comme exceptionnels.

Dans le mot *ear*, on voit une autre différence très-frappante entre l'anglais ancien et l'anglais moderne. L'anglo-saxon avait des genres, comme le grec, le latin et l'allemand. Il regardait *ear* comme neutre, mais *œcer* et *dœg* comme masculins, et, par exemple *tunge* (langue) et *dœd* (fait) comme féminins. Pour l'anglais moderne qui a aboli les genres grammaticaux en faveur du sexe naturel, tous ces mots sont neutres.

Nous allons maintenant considérer quelques points relatifs à la signification des mots en usage. Dans *fŏr* nous trouvons une différence marquée de sens, aussi bien que de forme. Le mot *fŏr* est sorti d'un vieux verbe germanique qui signifie *aller* et l'on peut suivre sa filiation jusqu'à la première langue Indo-Européenne, jusqu'à la racine *par*, passer (en sanscrit, *pârayâmi* ; en grec, περάω ; en latin, *ex-per-ior*) ; aujourd'hui il est entièrement hors d'usage dans ce sens et même peu usité dans celui de *se porter, progresser : it fared ill with him* (il se portait mal). *Œcer* signifiait en anglo-saxon un champ cultivé, comme aujourd'hui le mot allemand *acker* ; et ici encore, nous trouvons son vieux corrélatif dans le sanscrit *agra*, dans le grec ἀγρός, dans le latin *ager ;* la restriction du mot à une certaine mesure de terre, considérée comme mesure typique des champs en général, est chose toute particulière et toute récente. Cela a eu lieu pour le mot *œcer*, comme pour ceux de *vare, pied, grain* et ainsi de suite, si ce n'est que nous avons conservé la signification ancienne de ces mots, tout en leur en ajoutant une nouvelle.

Parmi les particularités frappantes du passage anglo-saxon que nous avons cité, nous remarquerons la manière dont sont employés les mots *Hœlend, healing one* (celui qui guérit), *reste-dœg, rest-day* (jour de repos) et *leorning-cnihtas, learning-knights* (chevaliers-apprenants, autrement dit jeunes gens soumis à l'enseignement), lesquels ont ici le sens de *sauveur, sabbat* et *disciples*. Quoique tous composés de vieux éléments germaniques, ces mots étaient, cependant, des additions récentes au langage. L'introduction du christianisme en avait fait naître la nécessité. Pour exprimer la nouvelle idée chrétienne du Dieu père et créateur, le vieux mot *god* ennobli et accru d'une signification nouvelle, répondait assez bien aux besoins de la pensée anglo-saxonne; mais pour désigner celui qui avait sauvé les hommes des suites du péché, qui les avait rendus *whole* ou *hale* (sains) il n'y avait pas de mot dans la langue, et alors, le participe présent du verbe *hælan* (guérir) fut choisi pour représenter le nom grec σωτήρ et spécialisé en un nom propre pour l'unique Sauveur. C'est le même mot qu'on emploie encore en allemand, *Heiland*. *Reste-dœg* (jour de repos), appliqué au jour du sabbat, n'a pas besoin d'explication. Quant à celui de *leorning-cnihtas*, employé à la place du *discipuli* latin et du μαθηταί grec, sa caractéristique la plus frappante, pour ne point parler de sa gauche incommodité, c'est le sens affecté au mot *cniht*, *knight*. Entre le *knight* anglais, qui signifie aujourd'hui chevalier, et le *knecht* allemand, qui veut dire serviteur, domestique, il y a loin. Tous les deux ont dévié de leur origine; l'un a acquis un sens plus élevé, l'autre est descendu à un sens moins noble, et tous les deux ont pour point de départ cette idée indifférente, de *jeune homme, bachelier*, qui s'exprime en anglais moderne par *youth*, et *fellow*, et qui est au fond du mot composé anglo-saxon, *leorning-cnihtas*.

Mais, un point non moins digne de remarque dans l'histoire de ces mots, c'est que dans les habitudes de la langue moderne, ils ont tous été dépossédés par d'autres mots d'origine étrangère. L'anglo-saxon n'allait pas, comme l'anglais, chercher dans les langues étrangères tout ce qu'il fallait à ses besoins nouveaux. Il était plus facile alors d'adopter les nouvelles institutions du christianisme, que les mots nouveaux qui servaient à les désigner. Les Anglais ont opéré de merveilleux changements sous l'empire de causes que nous ferons connaître plus tard (chap. VII) et, à la place des trois nouveaux mots saxons, ils ont introduit trois mots plus nouveaux encore : deux franco latins, *disciple* et *savior*, et un hébreu, *sabbath*. Cette substitution est un exemple important dans l'histoire de la langue anglaise.

Pendant que nous parlons de l'introduction d'éléments nouveaux dans l'anglo-saxon, nous remarquerons un ou deux autres cas de changements linguistiques semblables dans une autre classe de mots. *Sôthlice* est un adverbe qui répond au mot anglais *truly* (vraiment). Nous voyons dans la première syllabe le *sooth* anglais qui est maintenant entièrement hors d'usage, au moins dans le discours ordinaire, et qui signifie *vérité*. Dans la seconde syllabe, *lice*, nous reconnaissons cette syllabe anglaise, *ly*, qui marque l'adverbe et qui n'est qu'une désinence de *lic*, en anglais moderne *like* (semblable, à la manière de) qui, ajouté au nom *sôth* (vérité), forme un adjectif composé (ou un dérivé adjectif) équivalant à *truth-like* (vraisemblable) et complétement analogue à *truthful*, qui est formé de *truth* et de *full* et veut dire *véritable*. La terminaison adverbiale anglaise *ly*, qui forme la plupart des adverbes anglais et n'est dans cette langue qu'un suffixe, est en réalité le produit d'une altération de désinence, un cas dans un adjectif composé, un mot originairement distinct. Au lieu d'employer, comme l'allemand moderne, la base ou la forme simple d'un adjectif en guise d'adverbe — c'est-à-dire de qualifier le verbe ou l'adjectif plutôt que le substantif — l'anglais a élaboré une forme spéciale, dont le développement historique peut être suiv pas à pas jusqu'à ses origines, et qui, parmi tous les dialectes germaniques, appartient exclusivement à la langue anglaise.

Nous trouvons un autre exemple dans le mot *hyngrede*. La finale indiquant le prétérit, *de*, n'est pas exclusivement anglaise comme la finale adverbiale *ly* ; elle est plutôt, comme l'adjectif *lic*. la propriété commune des langues germaniques. Sans nous appesantir ici sur son histoire, nous dirons seulement que, de même que *lice*, on peut le faire remonter à un mot distinct et séparé, le prétérit *did*, lequel les vieux Germains ajoutèrent à quelque dérivé de verbe ou d'autre mot pour en former l'expression du temps passé, quand la forme ancienne sous laquelle on avait d'abord exprimé ce temps était devenue d'un usage difficile ou impossible.

Il se rencontre aussi dans la phrase que nous étudions des changements de construction que nous ne devons pas passer sous silence. Le mot *leorning-cnihtas* est l'objet et non le sujet de *hyngrede ;* et la construction est ici cette construction particulière dans laquelle le verbe impersonnel n'a point de sujet exprimé, et prend devant lui pour objet la personne affectée par l'action que le verbe indique. Cette manière de parler s'emploie encore en allemand dans le style familier et l'on dit *mich hungerte* (moi affamé), pour *j'ai faim*. L'anglais même en conserve les traces effacées dans le vieux *methinks*, qui est le même que l'allemand *mich dünkt* et qui signifie : *il me semble*. Les infinitifs *pluccian* et *etan* étant originairement des noms verbaux et ayant la construction de noms, se rapportent directement, comme objets, au verbe transitif *ongunnon*. Les Anglais modernes en font autant avec quelques-uns de leurs verbes : il en est ainsi dans *he will pluck* (il ramassera), *he must eat* (il doit manger), *see him pluck* (le voir ramasser), *let him eat* (qu'il mange) ; et même il est permis d'en user de la même façon après *began* (commencé) contracté en une seule syllabe *'gan* [1]. Mais dans la grande majorité des cas, l'anglais exige la préposition *to* comme signe de l'infinitif, et l'on dit : *began to pluck and to eat* (commença à ramasser et à manger). Cette préposition n'était pas inconnue dans l'anglo-saxon ; mais on ne s'en servait que lorsque le rapport des mots entre eux favorisait l'introduction de ce signe de connexion, et l'infinitif, qui venait après, prenait une forme particulière : exemple, *gôd to etanne, —good unto eating —good to eat* (bon à manger). Le *to* qui, à l'époque de l'histoire de la langue à laquelle appartient notre passage-type, était un mot distinct, un mot de relation, est devenu le signe stéréotypé d'une certaine forme verbale ; il n'a pas plus de valeur en lui-même que le *an* final de *pluccian* et de *etan*, qu'il est en quelque sorte destiné à remplacer ; quoiqu'il ne soit point, comme le *ly* et le *d*, combiné avec les mots, il remplit un office analogue.

Nous ne remarquerons plus qu'une seule chose dans le passage en question : l'oubli presque entier dans lequel est tombé le *sôth*, le *sooth* anglais moderne. Il n'y a plus que

____

1. « *Around'gan Marmion wildly stare.* » **Walter Scott.**

peu de gens en Angleterre qui sachent le sens de ce mot, et il n'y a plus qu'un poète ou un imitateur du style archaïque, qui puisse s'en servir. Les Anglais lui ont substitué *true* (vrai) et *truth* (vérité), qui autrefois ne s'appliquaient guères qu'à la fidélité, à la loyauté.

La courte phrase que nous avons choisie, fournit donc des exemples très-nombreux et très-variés de changements linguistiques ; dans le fait, il y a peu de modes possibles de modifications de langage qui ne soient, plus ou moins distinctement, mis en lumière par cette phrase. C'est de cette manière et par ces sortes de transformations, que les langues en arrivent à ne plus se ressembler à elles-mêmes. C'est affaire de détails. Pour chaque mot ou chaque classe de mots, le temps, les circonstances, les analogies, les causes secondaires, les conséquences, agissent sur lui et par lui. C'est la somme de toutes ces influences qui fait une langue vivante et croissante. Si nous voulons nous rendre compte du développement du langage, il faut étudier chacune de ces influences dans son individualité. C'est là le sujet qui va nous occuper pendant quelque temps : nous allons montrer les modes des changements linguistiques, et leurs causes éloignées ou rapprochées.

Nous avons déjà fait une classification grossière de ces changements linguistiques, fondée sur l'objet direct des langues, quand nous avons dit qu'à toute conception nouvelle il fallait un nouveau mot, soit que ce mot se forme par modification des anciens éléments ou par adjonction d'éléments nouveaux. Il sera mieux pourtant de faire une division plus matérielle et basée sur la nature des changements plutôt que sur leur objet. En la faisant, nous ne perdrons pourtant point de vue l'objet, pas plus que le sujet.

Nous distinguerons donc :

1° Altérations des vieux éléments du langage; changement dans les mots, qui sont conservés comme substance de l'expression, et changement de deux manières : d'abord, changement de son articulé ; ensuite, changement de signification : les deux, comme nous le verrons, pouvant se produire ensemble ou séparément.

2° Destruction des vieux éléments du langage ; disparition

de ce qui a été en usage et cela de deux manières aussi : d'abord, perte de mots entiers ; ensuite, perte des formes grammaticales et des distinctions.

3° Production d'éléments nouveaux ; additions aux vieux éléments d'une langue à l'aide de noms nouveaux ou de nouvelles formes ; expansion extérieure des ressources de l'expression.

Cette classification est évidemment complète. Il n'y a point de changement possible qui ne tombe sous l'une de ces trois dénominations et n'appartienne à l'une de ces trois classes.

CHAPITRE QUATRIÈME

Rapport du mot avec le concept qu'il exprime, considéré comme étant
la condition de l'indépendance des deux termes, et comme rendant
possibles les changements de forme et de sens. — Tendance à la
commodité ou à l'économie de moyens dans les changements de
forme. — Abréviations de mots : exemples ; part qu'a cette tendance à la formation des mots ; suppression des terminaisons.
— Substitution d'un son à un autre ; exemples de changements de
voyelles et de consonnes ; la loi de Grimm ; causes cachées des altérations phonétiques ; procédés de prononciation ; système physique
ou naturel d'alphabet parlé ; ses séries et ses classes ; distinctions
des voyelles et des consonnes ; caractère syllabique ou articulé du
langage humain. — Tendances générales des changements phonétiques. Limites des explications phonétiques. — Changements de
forme au moyen de l'extension d'une analogie dominante.

Nous avons dans ce chapitre à examiner et à éclaircir par
des exemples la première division de la première classe de
changements linguistiques, celle qui contient les modifications des sons articulés. Mais il sera bon de commencer par
nous fixer de nouveau sur certains principes généraux (auxquels nous avons fait allusion dans le chapitre deuxième)
qui sont d'une importance fondamentale, parce qu'ils servent de base à toutes les modifications verbales, soit celles
de la forme, soit celles du sens. Nous atteindrons mieux notre
but en soumettant à la discussion un exemple typique.

Prenons un mot familier qui se trouve dans la plupart des
langues européennes modernes et dont l'histoire est bien
connue, le mot *bishop* (évêque). Tout le monde sait qu'il dé-

rive du mot grec ἐπίσκοπος (épi-skopos). Celui-ci était un dérivé de la racine *skep* (voir, regarder), avec le préfixe *épi* (à); et ainsi, sa signification première est simplement *inspecteur, surveillant;* dans la première période ou période de formation de l'Église chrétienne, on le choisit comme la désignation officielle de la personne à qui était dévolue la surveillance des affaires d'une petite communauté chrétienne, et le mot et l'office sont encore tous deux reconnaissables dans le mot *bishop* et dans son acception. Mais on a raccourci le mot en supprimant la première et la dernière syllabe, et l'on a modifié la plupart de ses sons constituants. On a changé le premier *p* en un son très rapproché *b* et le *sk*, qui est un son sifflant suivi d'un son muet prononcé du palais, a été, pour ainsi dire, fondu en un son tout à fait palatal *sh*, son simple, quoiqu'il soit écrit avec deux signes, précisément à cause qu'il est dérivé de deux sons qui ont été fusionnés en un seul ; et le son *o* de la seconde syllabe a été rendu neutre et transformé en celui qu'on appelle communément en anglais l'*u* court; de tous ces changements est résulté le mot actuel, avec deux syllabes au lieu de quatre, et cinq sons au lieu de neuf, et, parmi ces cinq, il n'y en a que deux qui fissent originairement partie de ce mot. L'allemand dans son *bischof* a altéré même le *p* final. Le français a formé, avec les mêmes éléments, un composé fort différent en apparence, *évêque,* lequel ne contient pas un seul des sons qu'on trouve dans le mot allemand, ni dans le mot anglais. Il procède, par un autre chemin, d'*évesc,* substitué à *épisk.* L'espagnol dit *obispo,* et cette transformation est venue également par une autre voie. Le portugais raccourcit encore le mot et dit *bispo.* Enfin, le danois arrive au dernier degré de la contraction dans le nom monosyllabique *bisp.* Pendant que ces changements s'effectuaient dans la forme, d'autres, non moins considérables, se produisaient dans la signification. L'officier qui n'était, lorsque le nom lui fut donné, qu'un simple surveillant des intérêts d'une petite société de prosélytes timides appartenant à une religion proscrite, de futurs martyrs, avait grandi en dignité et en puissance, au fur et à mesure que cette religion s'élevait à l'importance et, plus tard, à la prééminence dans l'État ; il était devenu un

prélat consacré, investi de l'autorité spirituelle et tempo-
relle dans des provinces entières; une espèce du prince
ecclésiastique, quoiqu'il conservât toujours le même titre.

L'histoire de ce mot, choisi comme exemple, nous enseigne beaucoup de choses, que des inductions basées sur d'innombrables faits du même genre ne pourraient que confirmer.

En premier lieu, le mot prend sa source dans un besoin
qui se produit à une époque et dans des circonstances particulières de la vie de l'humanité. Une nouvelle religion est
née; il lui faut une organisation, et des noms pour désigner
les officiers qui forment le cadre de cette organisation.
Comme toujours, ils sont aisément trouvés. Ce n'est pas
seulement le mot *évêque*, mais les mots *prêtres*, *diacres*, et
ainsi de suite. Des mots en réalité existaient déjà, et ils
étaient tout prêts, de même que ceux auxquels ils devaient
être appliqués, pour la spécialisation; leur destinée future
dépendait de celle du système auquel ils allaient être attachés.

Le nom d'*évêque* n'exprimait pas d'une manière complète
et claire les attributions de celui qui le portait. *Regarder*,
surveiller, n'était pas tout ce que l'on attendait de la personne élue; le mot ne fait qu'indiquer très-légèrement les
devoirs de sa charge. Mais si imparfait qu'il soit au point de
vue descriptif, il suffit comme désignation. Pour être descriptif, il eût fallu qu'il fût extrêmement long et, de plus,
variable, selon les temps et les lieux. Le titre tel qu'il était,
suffisait, dans toutes les circonstances, à évoquer l'idée à
laquelle il correspondait.

La conservation du titre n'était donc point le résultat de
la continuité du rapport entre sa signification originelle
et la charge à laquelle il s'appliquait. On ne tenait même
plus aucun compte de ce qui avait été son appropriation
étymologique. Il avait passé, en même temps que l'institution à laquelle il avait été affecté, dans la mémoire et l'habitude de vastes sociétés qui ne parlaient point le grec et n'a-
vaient aucune notion de son sens premier; il remplissait
sa destination dans ces sociétés tout aussi bien que si son
histoire eût été connue d'elles. Du moment qu'il devenait le
signe accepté d'une certaine chose, il se séparait de ses origines et poursuivait une carrière distincte. Il était devenu ce

qu'il a toujours continué, depuis, à être, un signe conventionnel, un signe variable, s'appliquant à un concept variable aussi.

Dans ce fait fondamental que le signe articulé était un signe conventionnel et qu'il n'était lié au concept que par le lien d'une association mentale, se trouve la raison qui rend possibles ses changements de forme et ses changements de sens. Si le lien était naturel, interne, nécessaire, il s'ensuivrait que tout changement dans le concept, produirait un changement analogue dans le signe. Or, dans le cas qui nous occupe, l'idée a grandi pendant que le mot s'est contracté et a été réduit partout à n'être plus qu'un fragment de lui-même. La seule tendance que nous remarquions dans ses modifications est une tendance à l'économie de moyens, à la commodité de prononciation. Il a été refondu pour la plus grande facilité de ceux qui avaient à l'articuler. Dans les formes qu'il a prises, nous pouvons indiquer clairement quelle a été la part des habitudes nationales. Les races germaniques accentuent surtout la première syllabe de leurs mots. Elles ont donc retenu l'ancienne syllabe accentuée et supprimé celle qui la précédait. Les Français accentuent la syllabe finale (à la manière latine); en conséquence, ils négligent le *pisk* accentué et gardent la syllabe initiale que les autres peuples ont rejetée. Toutes les autres altérations de formes que le mot a subies, peuvent être comparées à des classes entières d'altérations semblables de mots dans la même langue; altérations faites pour la commodité de ceux qui parlent.

En traitant séparément le double sujet des modifications de formes et des modifications de sens dans les mots, nous ne créons point une division artificielle et ne faisons que reconnaître des distinctions naturelles. Un mot peut changer plus ou moins de forme, sans changer de sens; il peut changer complètement de sens, sans changer de forme. En fait, il y a fort peu de mots, et peut-être aucun qui n'ait subi les deux espèces de changements; quand nous choisirons des exemples des uns, il se trouvera que les mêmes mots fourniront, en même temps, des exemples des autres. Chacun des matériaux du langage montre, plus ou moins, tous les procédés du développement des langues; mais il ne sera point difficile de diriger notre attention d'une façon spéciale, d'abord sur l'un, et ensuite sur l'autre.

En ce qui touche au changement de forme, nous devons reconnaître, comme étant la grande tendance cachée sous un nombre infini de faits en apparence hétérogènes, la disposition à se défaire de toutes les parties des mots qui peuvent être élaguées sans que cela nuise au sens, et à disposer les parties restantes de la façon la plus commode à celui qui parle, la plus conforme à ses habitudes et à ses préférences. La science linguistique ne saurait mettre en lumière une loi plus fondamentale que celle-ci et d'une aussi grande importance. C'est là le grand courant qui parcourt le langage universel et qui en remue tous les éléments dans une direction donnée, quoique, de même que tout autre courant, il ait ses remous dans lesquels on croit voir de petits courants contraires. C'est par un effet de la même tendance que les hommes sont conduits à se servir, en écrivant, de signes abréviatifs et à prendre la traverse au lieu de suivre la grande route pour s'exprimer. Il n'y a aucun mal à cela, à moins, toutefois, qu'on ne perde plus qu'on ne gagne par ces tentatives d'économie. En ce cas, cela devient de la paresse plutôt que de l'économie. Les effets de cette tendance, manifestés dans le langage, sont de deux sortes : l'économie véritable et la prodigalité paresseuse; car elle agit sans réflexion et arrive aux résultats sans les prévoir.

Le caractère de la tendance est très-reconnaissable dans les abréviations de mots. Il n'est, évidemment, pas besoin d'autre chose, pour expliquer la contraction graduelle de la forme qui s'est produite dans toutes les langues. Nous avons remarqué plus haut (page 31) de nombreux exemples d'abréviations faites par les Anglais dans le passage que nous avons cité : le plus frappant est celui de *knights* (qui se prononce *naïts*) à la place de *cnihtas*, dans lequel nous voyons la suppression de deux éléments du mot, et le mot tout entier réduit à l'articulation d'une seule syllabe. Il est très-facile de voir que cela tend à la simplification de l'effort, et nous pouvons, en effet, nous rendre compte en prononçant le dernier mot *cnihtas* de la difficulté qu'il y a à articuler un *k* devant un *n*. La classe de mots dans laquelle la suppression de cette difficulté a eu lieu chez les Anglais est très-nombreuse; exemples *knife* (couteau), *knit* (noué), *gnaw* (ronger), *gnarled* (noueux). Le *ch* allemand (dans *ich*, etc.), provenant de l'*h* de *cniht*, issu lui-même par changement phonétique d'un *k* primitif, est un son qui dé-plaît au gosier anglais et que celui-ci a refusé de prononcer plus longtemps. Quelquefois, il l'a supprimé tout à fait (et, par compensation, il a allongé la voyelle qui le suit en un son ouvert comme dans le mot *knight* — *naït* —); quelquefois, il l'a changé en *f*, comme dans *draught* (trait) et dans *laugh* (rire). Cependant, il se présente dans *ongunnon*, remplacé par *begun* (commencèrent), dans *pluccian*, remplacé par *pluck* (ramas-ser) et dans *etan*, remplacé par *eat* (manger), des exemples d'un genre de déperdition qui est bien voisin de la prodigalité; car la syllabe finale qui a été supprimée était précisément celle qui donnait au mot sa forme grammaticale et indiquait, ici le pluriel, et là l'infinitif. Si regrettables que soient ces suppressions, elles marquent toute l'histoire de la langue an-glaise et des langues de la même famille; on a perdu, par là, des distinctions grammaticales, en même temps qu'on en perdait les signes distinctifs, et cela aux dépens de la clarté du langage. Pour en donner un exemple, nous allons suivre un moment l'histoire de la syllabe, *on*, la terminaison supprimée de *ongunnon*. Dans sa forme première, ou du moins la première que nous connaissions, c'était le *anti*, débris, probablement, de quelque pronom ou de plusieurs pronoms qui marquait la troisième personne du pluriel dans toutes les inflexions verbales. Dans le latin, le *anti* de-vient le *unt*, encore très-reconnaissable. Dans le vieux ger-manique (le mœso-gothique), il forme *and*, au présent, et se contracte déjà en *un*, au prétérit. La terminaison correspon-dante à la première personne du pluriel était *masi*, dérivé probablement aussi d'un pronom; *masi*, après avoir passé par plusieurs formes intermédiaires, comme le sanscrit, *mas*, le grec (dorien) μες, le latin, *mus*, le slave, *mu*, est devenu, en langue gothique, *am* au présent et *um* au par-fait. Dans l'allemand, nous trouvons seulement *en*, qui sert à la fois à la première et à la troisième personne, la légère différence entre *um* et *un* ayant été effacée ; mais la seconde personne y prend le *et*, à la différence des deux autres. Dans l'anglo-saxon, cette différence s'efface encore, et il ne reste plus que la terminaison générale *on*, séparant le pluriel du singulier dans les trois personnes ; enfin, l'anglais moderne a effacé jusqu'à ce dernier vestige d'un ancien système plus compliqué.

Un autre exemple des premiers effets de la même tendance, dans notre passage, est *fôr*, remplacé par *fared* (entra), dont la brièveté, comme celle des monosyllabes anglais en général, est le résultat d'une longue suite d'abréviations. Sa plus ancienne forme connue est *papâra ;* mais cette forme elle-même révèle la suppression d'une terminaison personnelle, *ti*, qu'elle devait avoir au commencement, et dont nous voyons encore la trace dans le *t* du temps présent dans l'allemand *führt*, et dans le *th* ou l's de la forme anglaise *fareth* ou *fares*.

Nous avons remarqué précédemment (page 34) que dans le *lice* de *sothlice*, nous avons un exemple de la forme affectée à un adjectif composé, forme qui, plus tard, est devenue le *ly*, au moyen duquel la langue anglaise fait les adjectifs et qui est, dans cette langue, un suffixe adverbial. Voici un autre effet de cette tendance à l'abréviation ; son secours est essentiel pour la conversion de ce qui était d'abord un mot indépendant en un affixe, ou appendice indiquant la relation. Tant que le mot combiné avec un autre conserve sa première forme, de cette combinaison naît un mot composé ; mais, quand, par un changement phonétique, son origine et son identité avec le mot indépendant qui continue à subsister se trouvent cachées, le mot composé devient plutôt un mot dérivé. C'est l'abréviation phonétique qui a fait la différence entre *godly* (pieux), mot composé qui contient un élément radical et un élément formatif, et *godlike* (divin), qui est simplement un composé. De même, en allemand, le suffixe adjectif *lich* est devenu distinct de *gleich* (qui a, outre cela, un préfixe) ; et, dans cette langue, *gœttlich* et *gœttergleich* subsistent de même, à côté l'un de l'autre, l'un, comme dérivé, l'autre, comme composé. A une période ancienne de la langue germanique, la même influence conduisait à donner au composé *hyngre-dide-hunger-did* la forme grammati-

cale de *hyngre-de*, *hunger-ed* (affamé) ; et, à une époque beaucoup plus ancienne, elle avait converti certains éléments
pronominaux en ces terminaisons personnelles *anti*, *masi*
et *ti*, dont il a été parlé plus haut.

Ainsi, la tendance à l'économie de moyens, a une double
action, l'une destructrice, l'autre créatrice. Elle commence
par produire les formes que, plus tard, elle mutile et détruit.
Sans elle, les mots composés et les phrases agrégées reste-
raient éternellement les mêmes. Son effet est surtout de
subordonner dans la forme ce qui est subordonné dans le
fond, d'unifier, de serrer les parties intégrantes, de déguiser
enfin la dérivation des signes linguistiques, en les réduisant
à la pure condition de signes, et de signes commodes. Nous
reviendrons sur ce sujet en examinant (dans le chapitre
septième) la troisième classe de modifications linguistiques,
la production de mots nouveaux et de formes nouvelles.

Mais, tandis que la tendance est la même partout, la manière dont elle se manifeste par l'abréviation est très-
variée, et pour comprendre cette variété, il faut connaître
les habitudes de la langue à laquelle chaque manière appartient. Les langues germaniques sont toutes caractérisées par
un accent assez fort mis, en général, sur la première syllabe
ou syllabe radicale des mots dérivés ou inflexionnels et sur
le premier membre des composés. Ce mode d'accentuation
est lui-même un exemple de changement phonétique, car il
n'appartient à aucune des langues parentes des langues germaniques, pas même aux langues slaves, qui sont généralement regardées comme celles qui s'en rapprochent le plus. Le
résultat de ce fait a été que, à une époque plus récente, chacune
des langues germaniques a, par un procédé indépendant,
perdu la voyelle distinctive de la syllabe terminale ou du
suffixe dans les inflexions et les dérivations, laquelle a
été remplacée par le son neutre de l'*e* : ce changement
a eu lieu, par exemple, à l'époque de transition du vieil
allemand au moyen haut allemand, et à celle de l'anglo-
saxon au vieil anglais. On lui doit aussi (quoique la volonté
réfléchie y ait eu part) l'abandon des terminaisons auxquelles
quelles ces langues étaient sujettes, qui est surtout visible
dans la langue anglaise. Dans la langue française, l'his-

toire du changement est quelque peu différente : on n'a pas, généralement, transporté l'accent latin d'une syllabe à une autre ; mais on a abrégé, ou supprimé, tout ce qui dans le latin suit la syllabe accentuée, laquelle est devenue la syllabe terminale (en ne tenant point compte de l'*e* muet) de tout mot français régulier : ainsi, dans *peuple* (de *populum*), dans *faire* (de *facere*), dans *prendre* (de *prehendere*), dans *été* (de *ætatem* et de *statum*). Ce dernier exemple — *été* (de *statum*) appelle notre attention sur une classe de changements, qui, par un tour curieux, finissent par l'extension de la forme syllabique des mots. Pour les peuples gaulois qui adoptèrent la langue latine, la prononciation de l'*s*, devant une consonne muette — *k*, *t*, ou *p* — était une difficulté qu'il fallait éviter : de même que, pour les Anglais, plus tard, la prononciation du *g* ou du *k* devant l'*n* (*gnaw*, *knife*, etc.). Mais au lieu de supprimer la lettre incommode, ils la firent précéder d'une voyelle, afin de la rendre d'une articulation moins difficile, et il en est résulté des mots comme *escape* (en latin *scapus*), *esprit* (*spiritus*), *estomac* (*stomachus*), et alors, par une abréviation très-commune, le son sibilant a été supprimé, et il s'est formé un grand nombre de mots comme *école* (*schola*), *époux* (*sponsus*), *étude* (*studium*), qui subsistent dans le vocabulaire français. Une autre conséquence de la même différence d'accentuation, c'est la mutilation plus marquée de la partie radicale du mot dans les langues romanes (surtout la langue française) que dans les langues germaniques ; et plusieurs de ses résultats ont passé dans la langue anglaise : ainsi *preach* (en français *prêcher*), de *prædicare*, *cost* (en français *coûter*), de *constare*, *count* (en français *compter*) de *computare*, *blâme* (en français blâmer), du latin *blasphemare* et du grec βλασφημειν. Des mots cependant, comme *such, tel*, et *which, que* (en anglo-saxon *suylc* et *hwylc*, en écossais, *whilk*, en allemand *solch et welch*), lesquels viennent de *so-like* et *who-like*, montrent clairement que la fusion qui fait disparaître les deux membres distincts d'un mot composé ne se trouve pas exclusivement dans la partie de la langue anglaise qui est empruntée au français.

Un des résultats les plus visibles de ces procédés, c'est la présence d'un grand nombre de *lettres muettes* dans la forme écrite de langues comme l'anglais et le français, dans lesquelles l'omission de sons autrefois articulés a continué pendant la période de l'écriture. Ces lettres sont des souvenirs de modes d'articulation qui prévalaient d'abord.

Ceci doit suffire comme exemple de la tendance à la commodité qui se manifeste par l'abréviation. Mais l'autre mode d'action, consistant à altérer les éléments conservés des mots, la substitution d'un son à un autre, est aussi répandu et beaucoup plus compliqué et difficile. Nous en avons déjà donné des exemples : le mot contracté, *piskop*, a été prononcé *bishop* ; et nous avons passé en revue (page 30) quelques-unes des principales différences qui séparent la manière anglaise de prononcer la voyelle de la manière anglo-saxonne. La liaison du système des voyelles dans la langue anglaise est détruite par ces changements, dont l'effet envahissant se montre dans les noms étranges, que l'on donne, en cette langue, aux sons-voyelles. La véritable manière, la manière originelle, de prononcer l'*a* était celle qu'on emploie dans les mots *far* (loin), *father* (père) : celle qu'on appelle *a* long comme dans *fate* (sort) est en réalité un *e* long. le son qui se rapproche le plus de l'*e* court de *met* (rencontré) auquel on continue à donner son véritable nom, parce qu'on n'en a point généralement changé le son ancien ; l'*a* court de *fat* (gras) est un son nouveau, intermédiaire entre l'*a* de *far* et l'*a* de *fate*, et l'on n'a point de lettre pour le représenter. De même, l'*e* long de *mete* (mesurer) est réellement un *i* long; et ce que les Anglais appellent un *i* long comme dans *pine* (consumer) est une diphthongue *aï*. D'un autre côté, l'*u* long de *pure* (pur) n'est pas même une diphthongue. mais une syllabe, *yu*, composée d'une demi-voyelle et d'une voyelle, et l'*o* court de *not* (pas), et l'*u* court de *but* (mais), sont des sons nouveaux qui n'ont rien de commun avec l'*o* long et l'*u* long et qui, par conséquent, n'ont point. par droit de naissance, de signes représentatifs dans notre alphabet. C'est comme si nous voulions appeler nos ormes de grands lilas, ou nos rosiers de petits érables. Que les voyelles écrites aient. en anglais, de trois à neuf valeurs différentes chacune. cela est dû à ce fait que les Anglais ont changé en autant de manières différentes les sons doubles, pendant la durée de la période historique. Des changements antérieurs avaient déjà eu lieu. Ces espèces de changements ont été plus nombreux dans la langue anglaise que dans aucune autre langue connue ; mais leurs résultats se rencontrent fréquemment dans toutes les langues : le français, par exemple, a donné au vieil *u* latin un son mixte entre *i* et *u* (l'*ü* allemand) et a converti la vieille diphthongue *ou* en un son semblable à l'*oo* anglais (un fait analogue sur les deux points s'était produit dans le grec ancien) ; il a pris un goût singulier pour le son diphthongal *oi* (qui ressemble à peu près au *wa* de *was* chez les Anglais) et il le substitue à toutes sortes de sons anciens, comme dans *moi*, pour *me*, dans *crois*, pour *credo*, dans *mois*, pour *mensis*, dans *quoi*, pour *quid*, dans *foi*, pour *fides*, dans *loi*, pour *legem*, dans *noir*, pour *nigrum*, dans *noix*, pour *nucem*, et ainsi de suite

Les voyelles sont beaucoup plus sujettes à des altérations en masse que les consonnes, et, dans notre passage type, les indications de changements dans les consonnes sont assez rares. Cependant, *ofer* a été changé en *over* par la transformation d'un son sourd en un son analogue, phénomène très-commun dans le langage, et la même chose a eu lieu pour l'*s* finale de *his* et d'*œceras*, qui est devenu à la prononciation un *z*, sans changer de forme écrite. Mais, si nous regardons plus loin dans les langues parentes de la langue anglaise, nous y trouverons les marques de nombreuses mutations de consonnes. *Dœg* est en allemand *tag*, avec un *t* à la place d'un *d*, et *hyngrede* est *hungerte* ; et si nous parcourions le vocabulaire entier des deux langues, nous trouverions que c'est là leur relation la plus commune et serions conduits à poser en « loi » que le *d* anglais et le *t* allemand se correspondent l'un à l'autre. De plus, *etan* est *essen*, en allemand, avec le son *s* à la place du son *t*, et cela, aussi, est une relation constante ; il n'en est pas autrement avec *thâ*, qui est le *die* allemand, avec un *d* à la place d'un *th*. Mais *etan* et *essen* répondent au latin *edere*, au grec ἔδω, au sanscrit *ad* ; et *thâ* et *die* sont les deux formes régulières germaniques de la vieille racine pronominale *ta* (en grec, τό, etc., en sanscrit, *tad*, etc.) ; c'est là encore un fait général, de façon que les gens qui s'occupent de grammaire

comparée ont été amenés à poser en principe que le son *t*
qui se trouve dans la plupart des langues de même famille
que la langue anglaise est régulièrement un *th* dans une
partie des dialectes germaniques et un *d* dans les autres ;
que le *d* se prononce dans les uns comme *t*, dans les autres
comme *s*, et qu'une diphthongue aspirée en grec et en sanscrit *th* ou *dh* correspond au *d* anglais et au *t* allemand. C'est
là la fameuse *loi de Grimm*, celle de la permutation ou rotation des sons muets dans la langue germanique. Ce n'est
qu'un exemple et certainement un exemple frappant de ce
qui arrive universellement dans les langues qui ont des rapports entre elles : leurs sons, dans les mots correspondants,
ne sont pas toujours les mêmes ; ils sont au contraire divers,
mais divers en vertu d'une différence constante ; il y a entre eux une relation qui n'est pas un rapport d'identité. Il
s'ensuit que lorsqu'on compare deux langues entre elles, le
premier point sur lequel il faut se fixer est celui-ci : ce qui
est dans l'une, voyelle ou consonne, est voyelle ou consonne
dans l'autre. Cet état de choses n'est que le résultat de ce
fait, déjà remarqué, que le mode de prononciation d'une
langue est perpétuellement en voie de changement : changement plus ou moins important, plus ou moins général,
mais continu ; et que deux langues ne changent pas précisément de la même manière. En présence du phénomène que
nous avons montré, le linguiste doit d'abord se demander
lequel (s'il y en a un) des sons, *t*, *d*, *th*, *dh*, est, dans un cas
donné, le son original, par quelles altérations successives
chacun des résultats divers a été obtenu, et (s'il le peut)
quelle est la cause qui a présidé à cette série d'altérations.

Si hétérogènes que les faits puissent paraître à la première
vue, le linguiste s'aperçoit bien vite qu'ils ne sont point des
résultats confus de changements accidentels ; ils sont soumis
à des règles, à une marche, à une loi, un son se transforme en
un autre qui lui est physiquement analogue, c'est-à-dire qui
est produit par les mêmes organes et d'une manière à peu près
semblable ; et le mouvement de transition suit une direction
générale, est soumis à une cause spécifique. Ceci a engagé
ceux qui étudient les langues à analyser à fond les procédés
de l'articulation, comme étant une partie de la linguistique,

et tels sont l'intérêt et l'importance de cette analyse que nous ne pouvons éviter de nous y arrêter un peu : pas assez longtemps, sans doute, pour en pénétrer les profondeurs, mais assez pour acquérir une idée de notre alphabet parlé, comme étant un système régulier de sons, et des degrés de relations qui les lient et qui aident à déterminer entre eux les transitions.

Les organes au moyen desquels sont produits les sons alphabétiques sont les poumons, le larynx et les parties de la bouche qui suivent le larynx. Les poumons sont, pour ainsi dire, les soufflets de l'orgue ; ils font passer un courant d'air par la bouche, plus ou moins rapide, plus ou moins fort, selon le besoin de celui qui parle. Le larynx est une espèce de boîte placée à l'extrémité supérieure du tuyau à vent et qui contient l'équivalent de la languette dans le tuyau d'orgue, avec l'appareil musculaire nécessaire à son fonctionnement. Des deux côtés de la boîte, s'avancent deux demi-valvules dont les bords membraneux — les cordes vocales — sont susceptibles de se rapprocher au milieu du passage et de se tendre, de façon à ce que le courant d'air qui passe les mette en vibration, et c'est cette vibration qui, communiquée à l'air, arrive à nos oreilles comme sons. Dans la respiration ordinaire, les valvules sont rétractées et distenduées, laissant un vide large et à peu près triangulaire entre elles pour le passage de l'air. Ainsi, le larynx donne les éléments du ton, avec ses variétés de grave et d'aigu, et son importance dans le langage peut être appréciée par ceux qui ont entendu la machine automatique parlante, avec sa terrible monotonie. Au-dessus de l'appareil vibrant du larynx, est placée, comme une boîte sonore, la cavité du pharynx, avec celle de la bouche et celle du conduit nasal ; et les mouvements volontaires de la gorge et des organes de la bouche modifient tellement la forme et la dimension de cette boîte, qu'ils donnent au son produit les variétés de caractère et de nature qui font les sons de notre alphabet parlé. Donc, pour définir brièvement ce que c'est que voix, on peut dire que c'est le produit audible d'une colonne d'air émise par les poumons, rendue sonore, à différents degrés, par le larynx, et individualisée par les organes de la bouche.

La description détaillée de l'appareil vocal, des mouvements des muscles, des cartilages, des membranes qui causent et modifient les vibrations, appartient à la physiologie. Déterminer la forme et la composition des vibrations de l'air qui affectent l'oreille de diverses manières est l'affaire de l'acoustique. Ce qui, en matière phonétique, revient de droit au linguiste, ce sont les changements volontaires de position des organes de la bouche, etc., changements qui font la variété des sons. Ceux-ci sont tantôt faciles et tantôt difficiles à reconnaître; mais les points principaux, qui sont à peu près les seuls qu'il nous importe ici de remarquer, peuvent être saisis par tout le monde à l'aide d'une observation qui s'applique à soi-même. Et nul ne peut devenir compétent dans les sujets phonétiques, s'il ne s'est attaché à suivre et à comprendre les mouvements qu'il exécute lui-même en parlant, et s'il ne peut former de son alphabet parlé un tableau systématique et suivi. Nous essaierons d'en tracer un ici, contenant les sons ordinaires de l'alphabet anglais.

Tout système alphabétique doit avoir pour point de départ l'*a* tel qu'il se prononce dans *far* et dans *father*; car ce son est le ton fondamental de la voix humaine, le produit le plus pur des poumons et de la gorge; si nous ouvrons la bouche et le gosier le plus que nous pouvons, en écartant du passage de l'air tout ce qui pourrait en modifier le courant, *a* est le son qui se fait entendre. En rétrécissant, plus ou moins, la cavité orale, le son est plus ou moins modifié. La modification la moins sensible, celle qui tout en altérant la qualité du ton en laisse subsister l'élément prédominant, donne naissance aux sons que nous nommons voyelles. Mais la cavité orale peut être rétrécie de telle sorte, sur un point ou sur un autre, que cela donne naissance à un son d'un caractère très-différent, le son d'une consonne, produit de la friction. Le rétrécissement de la cavité peut être plus grand encore; elle peut être entièrement fermée, l'élément de la forme, c'est-à-dire la modification orale, peut prévaloir complétement sur l'élément matériel du ton: en ce cas, le son produit n'est audible qu'au moment où le contact cesse, et c'est là ce que nous nommons un son muet.

Ces détails sommaires nous donnent le plan sur lequel un système alphabétique peut être établi. Il s'étend de l'*a* ouvert de *far*, aux sons muets complétement fermés ; ce sont là ses limites naturelles et nécessaires ; et ce sont les degrés intermédiaires entre le son le plus ouvert et le son le plus fermé qui peuvent être divisés en classes. Théoriquement, un nombre infini de sons plus ou moins muets peuvent être produits par le rapprochement des organes, depuis le bord des lèvres jusqu'au fond de la gorge ; mais, dans le fait, on n'en trouve guère que trois : un, formé par le rapprochement des lèvres, qui donne le *p* ; un, formé par le rapprochement du fond du palais et de la partie supérieure de la langue près de la racine, qui donne *k* ; et un, intermédiaire entre les deux autres, formé par le rapprochement de la pointe de la langue et de la partie antérieure du palais, près des dents incisives, qui donne *t*. Les deux derniers s'appellent son guttural et son dental. Ce sont là les seuls sons muets fermés que l'on trouve dans les langues française, anglaise et allemande, et même dans la grande majorité de toutes les langues humaines. Ils naissent dans trois régions distinctes de la cavité orale : la région antérieure, la région postérieure et la région intermédiaire. La même tendance à une triple classification fondée sur la même base, existe dans les autres sons, de façon qu'ils s'arrangent naturellement euxmêmes sur l'échelle des sons ouverts aux sons fermés, depuis l'*a* ouvert de *far*, jusqu'aux *p*, *t* et *k* fermés. Ce fait fournit le second élément nécessaire pour convertir la masse des sons articulés en un système ordonné. Nous donnons ci-dessous l'alphabet anglais arrangé sur ce plan et nous continuerons à l'étudier plus en détail.

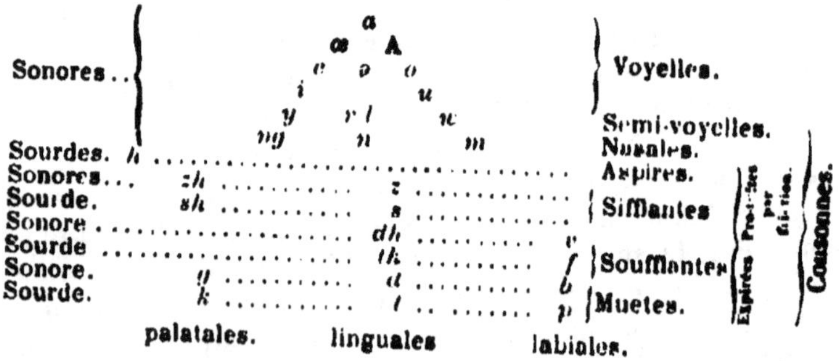

Sonores..	a / œ A / e ɔ o / i u / y r l w / ng n m	Voyelles. Semi-voyelles. Nasales.
Sourdes.	h	Aspirées.
Sonores...	zh .... z	Sifflantes
Sourde.	sh .... s	
Sonore .... dh v		
Sourde .... th .... f	Soufflantes
Sonore.	g .... d .... b	Muetes.
Sourde.	k .... t .... p	

palatales.   linguales   labiales.

(Expirées Produites par friction — Consonnes.)

Avec *k*, *t*, *p*, viennent leurs analogues *g*, *d*, *b*. Ces sons forment la contre-partie des premiers. Dans ceux-ci, il n'y a point d'articulation saisissable pour l'oreille pendant que la langue et le palais sont en contact; c'est l'opposé le plus complet de l'*a*. Le son se produit ensuite comme par explosion. Dans les derniers, il existe, même pendant le contact, une vibration des cordes vocales, un passage suffisant pour que soit mis en vibration l'air qui est chassé des poumons dans la boîte réceptable du pharynx et de la bouche; c'est là ce qui donne lieu à la distinction fondamentale des sons sourds et des sons sonores; les autres faits suivent, comme des conséquences. Les noms de sons forts et de sons faibles, de sons durs et de sons doux, de sons aigus et de sons graves, et ainsi de suite, fondés (plus ou moins faussement) sur ces caractères subordonnés, doivent être rejetés. La différence entre *pa* et *ba* consiste en ce que l'articulation sonore commence dans le premier au moment où le contact cesse et, dans le second, un peu avant; dans *ab*, la sonorité persiste un peu après; dans *aba*, elle est ininterrompue et continue; il en est de même de *d* et de *g*.

Mais il y a un troisième produit des trois positions des organes buccaux qui donnent les sons muets. En abaissant le voile du palais qui ordinairement clôt le passage entre le pharynx et le nez, le courant vibratoire qui contient les sons *b*, *d*, *g*, pénètre dans le nez et en sort; et le résultat est la classe des nasales (ou sons résonnants) *m*, *n* et *ng* (comme dans *singing*). Ici, bien que les organes de la bouche soient fermés, le ton est si sonore et si continu, que la cessation du contact, ou l'explosion, est peu de chose, et que cette classe de sons est haut placée dans l'alphabet et se trouve voisine des voyelles.

En règle générale (les exceptions sont fort rares) toutes les fois qu'une langue possède l'un des trois sons muets fermés, elle possède aussi les deux autres : ainsi, la présence du *p* dans un alphabet, implique la présence du *b* et de l'*m*, et vice versa.

Dans les plus anciennes langues de même famille que la langue anglaise, et même dans quelques-unes des modernes appartenant à cette famille ou à d'autres, il existe un qua-

trième et un cinquième produit des trois positions articulatoires, produits qui résultent d'une légère expiration (flatus),
l'*h* bref, après le son muet simple ; lequel change le *p* ou le
b en *ph* ou *bh* (prononcés comme ils sont écrits) et ainsi de
suite. On les appelle les sons muets aspirés, ou simplement
les sons aspirés.

Après les sons muets formés par le rétrécissement de la
cavité orale, vient la classe des sons formés par friction et
qui résultent de la friction de l'air contre les parois d'une
étroite ouverture. Si les lèvres sont seulement rapprochées
au lieu d'être closes, et que le souffle passe entre elles avec
force, on entend le son de l'*f*, et si ce souffle est déjà chargé
de sonorité le son du *v*. Cependant, ces sons ne sont pas précisément l'*f* et le *v* français et anglais (ni même, en général,
allemand) ; car, en français, le bout des dents vient se poser
sur la lèvre inférieure, et le passage du souffle a lieu entre
les dents et la lèvre, donnant un son quelque peu différent
du son labial, le son dentilabial. Le relâchement du contact
lingual donne de la même manière les sons *s* et *z*, et celui
du contact palatal donne le *ch* allemand (sa contre-partie
sonante est très-rare). En pratique, cependant, on juge à
propos de diviser les sons *fricatifs* en deux sous-classes :
s et *z* ont une qualité particulière que nous appelons sibi-
lante ou sifflante ; tels que le *sh* et le *zh* qui sont produits
plus au fond de la bouche et plus du palais. Ces quatre
derniers sons, divisés deux par deux, s'appelleront donc
sifflantes, *linguales* et *palatales*. Après l'*f* et le *v*, et rapprochés d'eux par leurs variétés dentilabiales, nous avons
les deux sons anglais du *th*, sourd dans *thin*, sonnant
dans *then* (écrits *dh* dans notre tableau), qui sont de véritables sons dentilinguals, produits entre les dents et la
langue. Ces quatre sons, avec le *ch* (allemand), sont classés
comme *soufflantes*. Historiquement, ils sont rapprochés les
uns des autres par cette circonstance qu'ils sont tous des
produits fréquents de l'altération d'un son muet aspiré. De
là vient qu'ils sont si souvent, dans diverses langues, écrits
par *ph*, *th*, *ch* (= *kh*).

Une tendance semblable aux trois actes oraux déjà décrits
apparaît dans les sons-voyelles, ou sons ouverts. Un *i* (dans

pique, pitch) est une voyelle palatale formée par le rapprochement de la partie la plus large de la langue de la partie du palais où se produit le son *k*; un *u* (*rule, pull*) se forme par le rapprochement des lèvres en rond, les mêmes organes qui produisent le *p* (quoique non sans une action accessoire, de la base de la langue) et entre l'*a* (*far*) et l'*i* se trouve l'*e* (*they, then*) formé par un rapprochement moindre de la langue et du palais, comme l'*o* (*note, obey*) se trouve entre l'*a* et l'*u*. Le son de *fat, man* (figuré par *æ* dans le tableau) se trouve entre l'*a* et l'*e*, comme celui de *all, what* (figuré par A dans le tableau) se trouve entre *a* et *o*. Si nous représentons un moment les sons purement *fricatifs* par *kh* et *ph*, nous aurons la série palatale *a æ e i kh k*, et la série labiale *a A u ph p*, qui sont les séries véritables, formées par le rapprochement plus ou moins grand des mêmes parties de la bouche jusqu'à la clôture complète.

Il y a encore une classe à noter : celle des semi-voyelles, ou sons qui participent de la voyelle et de la consonne. *I* (*pique*) et *u* (*rule*) sont les sons les moins ouverts que nous puissions former dans la catégorie des sons à intonations que nous appelons voyelles. Mais ils sont si près d'être des sons fermés, qu'il suffit de les prononcer très-brefs et comme transition à un autre son-voyelle, pour les convertir en consonnes : exemple, *y* et *w*; ces deux sons diffèrent, tout au plus, et cela fort peu, dans la position articulatoire, des sons *i* et *u*. Avec eux viennent l'*r* et l'*l*, semi-voyelles linguales, employées aussi dans beaucoup de langues comme voyelles; l'*l*, même en anglais, dans *able* (capable), *eagle* (aigle), etc. L'*r* se prononce entre le bout de la langue et le palais, et est si généralement un trille ou son vibrant que l'on peut le comparer au trille musical; l'*l* force celui qui le prononce à mettre le bout de la langue contre le palais, mais à laisser les deux côtés ouverts pour le passage libre du souffle.

Il existe encore deux voyelles simples, celle de *hurt* et de *hut* — blesser et hutte — (figurées par *ə* dans notre tableau) dont la qualité spécifique est due à une faible action de la bouche tout entière plutôt qu'à un rapprochement des organes sur un ou plusieurs points, et qui sont ainsi un *a* atténué;

nous les avons placés au centre du triangle des voyelles, plutôt parce qu'elles n'ont pas de place ailleurs que parce que c'est leur place nécessaire.

Les distinctions de voyelles longues et de voyelles brèves, quoiqu'elles impliquent toujours en anglais des différences de qualité aussi bien que de quantité, et les trois voyelles composées ou diphthongues, *ai* (l'*i* long de *aisle*), *au* (*out*, *how*) et *Ai* (*oil*, *boy*) ont été, pour simplifier les choses, négligées dans notre tableau. Il ne reste à y chercher une place et une définition que pour le son quelque peu anomal de l'*h*. Nous avons vu que dans les classes des sons muets et des sons *fricatifs*, les sons vont deux par deux ; les uns produits par le souffle simple. les autres, par le souffle et l'intonation réunis ; mais, tous par la même position des organes ; tandis que ce n'est pas le cas pour les autres sons plus ouverts. Nous pouvons donner des différences la définition générale suivante : à un certain degré de rapprochement des organes de la bouche, le souffle simple est suffisamment caractérisé pour former à lui seul un des éléments de l'alphabet dans chacune des positions articulatoires ; au-dessous de ce degré, l'intonation est nécessaire pour produire des éléments distincts le souffle sourd, quoique quelque peu différencié dans les différentes positions, ne l'est pas assez pour former dans chacune un élément d'alphabet ; les divers souffles ne comptent que pour une seule lettre, l'*h*. L'*h*, aspiration pure, est un souffle expiré dans une des positions où se forme la lettre qui y est jointe, que ce soit une voyelle, une semi-voyelle ou une nasale ; en anglais, cela n'a lieu que devant une voyelle ou devant le *w* et l'*y* dans des mots tels que *when* (quand) et *hue* (couleur). C'est, alors, le son sourd commun aux trois classes de sons sonnants mentionnées tout à l'heure.

Le tableau, ainsi tracé et décrit, peut être pris comme un modèle général, sur le plan duquel on peut arranger l'alphabet parlé de toutes les langues du monde, afin de comparer les divers alphabets dans leurs relations intimes et dans leurs rapports entre eux. Quoiqu'il ne soit pas parfaitement clair jusque dans ses moindres détails, il montre un plus grand nombre de rapports dans les sons alphabétiques, et les montre avec plus de justesse qu'aucun autre tableau. Et, si restreint que soit le nombre des sons qu'il note, comparé à l'immense variété de ceux qui composent le langage humain, — laquelle est de trois ou quatre cents, — cependant il comprend tous les sons principaux et ne laisse de côté que des variétés légèrement différenciées. Le nombre possible des mouvements articulatoires humains et des combinaisons est, théoriquement, infini; mais, en pratique, il est étroitement limité. Et un système comme le système anglais, qui contient environ quarante-quatre sons caractérisés distincts, est un des plus riches qui existent dans les langues anciennes et modernes.

Notre tableau a surtout cet avantage qu'il met convenablement en lumière le rapport des voyelles et des consonnes qui, bien que très-distinctes sous le rapport phonétique, ne sont nullement des systèmes indépendants et séparés, mais forment seulement les deux pôles d'une série continue, dont le milieu est territoire neutre : elles sont tout simplement les sons les plus ouverts et les sons les plus fermés du système alphabétique. De leur alternation et de leur opposition dépend le caractère syllabique ou *articulé* du langage humain : le courant du son est brisé en *articuli* ou *joints*, par la succession alternée des sons ouverts et des sons fermés, succession alternée qui à la fois les lie et les sépare, les rend flexibles, distincts, et permet une variété infinie de combinaisons. Une pure succession de voyelles manquerait de netteté; ce serait plutôt des sons chantés que des sons parlés; et, d'un autre côté, une pure succession de consonnes, quoiqu'on pût parvenir à l'articuler par un suffisant effort, serait un crachottement indistinct et désagréable.

Un autre avantage du même tableau, consiste en ce qu'il montre le développement historique général de l'alphabet. La langue primitive à laquelle remontent les langues de même famille que la langue anglaise, n'avait pas la moitié autant de sons qu'il y en a d'indiqués dans notre tableau, et ceux qu'elle possédait étaient les points extrêmes de notre système : parmi les voyelles, *a i* et *u* qui forment les trois coins du triangle des voyelles; parmi les consonnes, les sons muets seulement, ainsi que les nasales *m* et *n*, qui sont aussi des sons muets par la façon dont ils se forment dans la bouche ; dans toute la classe des sons fricatifs, elle ne possédait que l's. L'*l* n'était pas encore distincte de l'*r*, ni le *w* et *y* de l'*u* et de l'*i*. Les vides du système ont été remplis par des sons nouveaux et d'un caractère intermédiaire, formés par des positions d'organes moins fortement différenciées. Nous pouvons dire que, par le progrès des temps, les hommes ont perfectionné leurs organes de façon à pouvoir produire des sons plus voisins les uns des autres et plus modulés. Et ce n'est pas là une vague expression poétique ; non plus que ce n'est une raison de croire que les organes de la prononciation aient changé. Il en est de ceci comme de toute espèce d'exercice : le point de départ est le même ; mais le sujet adulte arrive à plus de perfection, et le point qu'il a atteint devient le modèle que les enfants s'efforcent d'atteindre à leur tour.

Dans le procédé, on trouve aussi une manifestation évidente de la tendance à la commodité. Non pas que les sons nouveaux soient en eux-mêmes d'une articulation plus facile que les sons anciens ; au contraire, ils sont quelquefois plus difficiles : car les enfants ont plus de peine à les apprendre et à les reproduire, et les langues humaines ne les possèdent pas d'une façon si générale ; mais ils sont plus commodes pour le parleur exercé, quand ses organes exécutent, dans la rapidité du discours, de continuelles transitions entre les voyelles et les consonnes, entre les positions ouvertes et les positions fermées. Raccourcir les mouvements que ces transitions rendent nécessaires, diminuer l'ouverture, dans les sons ouverts, et le rétrécissement dans les sons fermés, est une économie que les organes de l'articulation tendent à faire — tendance aveugle, sans doute — et qu'ils réussissent à faire par l'habitude. C'est là l'influence d'assimilation que les voyelles et les consonnes exercent mutuellement les unes sur les autres ; chacune des deux classes de sons tâche d'absorber l'autre classe : les voyelles deviennent consonnantales, les consonnes vocaliques. Il en résulte que la marche du changement phonétique est des extrémités au centre, dans notre tableau alphabétique : les sons muets deviennent *fricatifs* ; l'*a* (*far*) est changé en *e* (*they*), l'*i* (*pique*) ou en *o* (*note*) ou en *u* (*rule*). Le mouvement contraire n'est pas inconnu; mais il ne se produit que sous l'empire de causes exceptionnelles et spéciales; c'est, comme nous l'avons dit plus haut, le remou du courant. Les classes centrales des nasales et des semi-voyelles, qui subi-sent moins ce mouvement général, sont aussi, en somme, les moins convertibles des sons alphabétiques. Pour donner un exemple des effets de cette tendance, en sanscrit (la moins altérée, au point de vue phonétique, des langues de notre famille) l'*a* (*far*) forme au moins trente pour cent de la somme des sons articulés; et nous pouvons logiquement établir qu'il y a eu un temps où le son *a* et les sons muets formaient, à eux seuls, les trois quarts des sons du discours; en anglais, qui de toutes les langues de cette famille est la plus altérée, le son *a* ne se trouve guère que dans la proportion d'un demi pour cent dans la totalité des sons articulés, tandis que *i* (*pique, pick*) et *é* (*hurt, hut*), la plus fermée, la moins audible des voyelles, est dans la proportion de plus de seize pour cent; et les sons *fricatifs* sont devenus presque plus communs que les sons muets (chacune de ces deux classes formant dans la totalité des sons articulés, environ dix-huit pour cent [1]).

Nous avons appelé cela un progrès d'assimilation; et sous ce nom général nous pouvons grouper la plus grande partie des autres changements phonétiques qui se produisent dans le langage. La combinaison des éléments pour former les mots, leur contraction par l'omission des voyelles légères, rapprochent souvent des sons qui demandaient, pour être produits, un trop grand effort musculaire : on rend la chose plus facile en adaptant les deux sons l'un à l'autre. Par exemple, plusieurs combinaisons de consonnes sourdes avec des consonnes sonnantes sont si difficiles à prononcer, que nous les trouvons impossibles (ceci n'est qu'affaire de degrés), et il n'y a pas de fait plus commun dans toutes les langues que la transposition des sons muets et des sons sonnants. Il se produit aussi, dans ce cas, un mouvement plus général : puisque les éléments sonnants (y compris les voyelles) sont beau-

---

1. Voyez nos *Études Orientales et Linguistiques*, seconde série (1876), où plusieurs questions alphabétiques sont plus amplement traitées.

coup plus abondants dans le discours que les éléments sourds, la force d'assimilation s'exerce en faveur de la sonorité, et il arrive que les sons sourds sont convertis en sons sonnants, beaucoup plus souvent que le contraire n'a lieu.

Il y a un degré d'assimilation des voyelles aux consonnes qui s'y trouvent jointes; mais les cas sont sporadiques et même douteux. L'influence des voyelles sur les voyelles, même quand elles sont séparées par des consonnes, est plus marquée et produit certaines classes de phénomènes importants. La différence entre *man* (homme) et *men* (hommes au pluriel) est due, en dernier lieu, à ce que la terminaison plurielle était autrefois indiquée par un *i*, lequel déteignait, pour ainsi dire, sur la voyelle qui le précédait : en islandais, on voit la marque de cet effet dans les formes *degi* et *dögum* qui proviennent de *dagr*. D'un autre côté, dans les langues scythiques, c'est la voyelle finale du radical qui s'assimile la voyelle des suffixes suivants, comme nous le remarquerons plus tard (chapitre XII).

Quoique l'assimilation soit la loi principale de l'aggrégation des sons, la dissimilation se produit aussi quelquefois, et quand la succession ininterrompue de deux mouvements articulatoires semblables les rend trop incommodes, on les évite en changeant l'un des deux.

Non-seulement les parties des mots, dans leurs combinaisons, mais aussi les mots séparés, s'influencent mutuellement pour la position des sons, et cela se montre surtout dans leurs éléments terminaux. Il y a plusieurs circonstances qui concourent à ce résultat. Dans les langues de la même famille que la langue anglaise et dans la majorité des autres familles, l'élément formatif qui est le moins indispensable vient le dernier et est celui qui se conserve le moins, puisqu'il est le moins nécessaire. De plus, l'expérience montre qu'une *syllabe ouverte* qui se termine par un son ouvert, ou voyelle, est plus commode, plus naturelle à prononcer qu'une syllabe fermée qui se termine par une consonne. Un son muet employé comme finale est presque insaisissable pour l'oreille, à moins que le contact de la langue et du palais ne fasse place à une bouffée de souffle; et cette difficulté regarde aussi les autres consonnes à un certain degré.

Elle est presque invincible pour les Anglais. puisqu'ils permettent toutes les consonnes de leur alphabet (à l'exception du *zh*), à la fin des mots ou des syllabes devant une autre consonne; mais les dialectes polynésiens, par exemple. n'admettent aucun groupe de consonnes nulle part, et terminent tous les mots par des voyelles; le chinois littéraire n'a aucune consonne finale, excepté une nasale; le grec, aucune, excepté le ν, σ, ρ (*n s r*); le sanscrit en permet seulement environ une demi-douzaine; l'italien a rarement des consonnes finales; le français a, en général, des sons muets, excepté, *c, t, l, r;* l'allemand ne tolère aucun son muet sonnant à la fin des mots, et ainsi de suite.

Mais la loi de la commodité ne s'applique pas seulement à l'assimilation. Il n'y a rien de plus fréquent que de voir une langue prendre, pour ainsi dire, certain son particulier ou certaine classe de sons en aversion et les convertir en d'autres. Nous en trouvons un exemple dans le vieux son anglais de l'*h* du mot *cniht*, etc. La plupart des langues de même famille que la langue anglaise ont les anciens sons muets aspirés et les ont convertis en sons muets simples, ou en sons expirés. Les Grecs avaient de bonne heure rejeté l'*y* et plus tard le *w* : le dernier, qui est le *digamma*, prolongeant son existence dans la période historique. De curieux caprices, des discordances entre les différentes langues en matière de prédilection et d'aversion, se montrent en grand nombre dans ce genre de changements phonétiques. Les transpositions de deux sons substitués l'un à l'autre sont encore plus embarrassantes et plus étrangères aux règles : par exemple, la transposition, dans la langue arménienne, du son sourd et du son sonnant (*Dikran* pour *Tigranes*, et ainsi de suite), à laquelle la confusion vulgaire du *w* et du *v* et de la présence ou de l'absence d'un *h* initial, fournissent un analogue dans la manière de parler et d'écrire, en usage chez les illettrés. Et cela est d'une difficulté comparative qui est au moins comme le carré du nombre des éléments compris dans la loi de Grimm. ou la loi de la permutation des sons muets dont nous avons parlé plus haut (page 49). La science de la phonétique n'est pas encore assez avancée pour traiter avec succès un sujet comme celui-là;

et vouloir fournir une explication du phénomène en question, c'est montrer qu'on en ignore les difficultés réelles.

Il faut bien se persuader que l'étendue de la science phonétique et ses moyens de pénétrer la cause des faits et d'en rendre compte sont très-bornés. Il y a toujours au moins un des éléments des changements phonétiques qui se refusent à l'analyse scientifique : c'est l'action de la volonté humaine. L'œuvre est celle de l'homme, lequel adapte les moyens au but, sous l'impulsion de motifs et d'habitudes, qui sont le résultat de causes si multiples et si obscures qu'elles résistent à toute investigation. Le phonétiste ne peut jamais procéder *à priori;* sa seule affaire est de noter les faits, de déterminer les rapports entre les anciens et les nouveaux, et de rendre compte des changements du mieux qu'il peut, en montrant les tendances, ou plutôt la forme des tendances dont on peut penser qu'ils sont le résultat. La véritable raison qu'on peut donner d'un changement phonétique, c'est qu'une société, qui eût pu en effectuer tout autre, a voulu choisir celui-là, mettant aussi en lumière la prédominance de tel ou tel motif, parmi ceux qu'une induction attentive fait reconnaître pour les causes ordinaires de ces changements.

La tendance du changement phonétique est si décidément à l'abréviation et à la mutilation des mots et des formes qu'on l'a nommée assez justement, *le déclin phonétique.* Pour arriver à la commodité, les éléments du discours sont d'abord unifiés; ensuite, bouleversés et détruits. Ce sont les procédés de la combinaison (lesquels seront traités dans le septième chapitre, qui ouvrent un large champ à l'action de la tendance; si le langage était toujours demeuré dans sa simplicité primitive, la sphère des changements eût été beaucoup plus étroite et le résultat beaucoup moins comparable à un déclin.

Avant de quitter le sujet des changements de formes externes, nous donnerons un moment d'attention à une espèce de changements d'un caractère très-différent, quoique les causes qui les produisent aient des points d'analogie avec ceux que nous avons examinés : nommément, à la classe dont les modernes *ears* et *fured* comparés aux anciens *ear* et *fōr* (page 32) nous ont fourni des exemples. Quand la corruption phonétique a trop déguisé ou a détruit les caractères d'une forme de façon à en faire un cas exceptionnel et anormal, il y a tendance à la reconstruire sur un modèle dominant. Les cas les plus nombreux exercent une puissance d'assimilation à l'égard des moins nombreux. Or, on peut dire que c'est là une économie mentale : on s'épargne des efforts de mémoire, en évitant d'avoir à se souvenir de cas d'exception et à en tenir compte dans le discours. La distinction de forme entre le pluriel et le singulier est une de celles qui se sont effacées dans la langue anglaise sans qu'on y prît garde. De tous les signes du pluriel, celui qui avait le caractère le plus distinctif était l's. L'attention se concentra sur ce signe comme étant un affixe par lequel la modification plurielle du sens avait lieu et on l'employa dans des mots auxquels il n'avait pas été appliqué auparavant; le mouvement, une fois commencé, s'accrut, jusqu'à ce qu'il eût remplacé tous les mots qui servaient à indiquer le nombre pluriel. Il en fut ainsi du verbe. Par la prédominance numérique de formes comme *loved* de *love* (aimer), l'addition du *d* en vint à être plus visiblement associée à la désignation du temps passé et l'on commença à mépriser les exceptions. Dans la période moyenne de la langue anglaise, un nombre considérable de verbes changèrent ainsi, comme *fare*, leur vieux mode de conjugaison. Mais la tendance agit encore, et sur une petite échelle comme sur une grande. Les enfants surtout se trompent toujours dans cette direction, ils disent *gooder* et *badder*, *mans* et *foots*, *goed* et *comed*; même *brang* et *thunk*, et des exemples de pareils produits se glissent même quelquefois dans le langage des adultes. Le mot *its* a été fait de cette manière au seizième et dix-septième siècle; la langue anglaise a gagné ainsi les doubles comparatifs *lesser* et *worser* (moindre et pire). Il y a bien des gens qui sont conduits à dire *plead* (comme *read*) au lieu de *pleaded*, plaidé, et même à fabriquer des anomalies sans motifs comme *proven* au lieu de *proved* (prouvé). On recourt souvent à cette règle pour expliquer les procédés de formation des langues primitives. La force de l'analogie est, dans le fait, une des plus puissantes que l'on voit à l'œuvre dans l'histoire du langage; comme elle fait des classes entières de mots, elle change aussi les limites de ces classes.

CHAPITRE CINQUIÈME

DÉVELOPPEMENT DU LANGAGE : CHANGEMENT DU SENS DES MOTS.

Etendue et variété de cette espèce de changement; ses causes cachées qui sont : la nature arbitraire du lien entre le mot et l'idée, et la tendance à l'économie de moyens; noms génériques et noms propres; exemples : les *planètes* et leurs analogues. — Restriction de la signification générale des mots à une signification particulière. — Extension du sens des mots, du propre au figuré; exemples : *tête*, etc.; oubli de l'étymologie des mots. — Développement du vocabulaire des idées abstraites par des emprunts faits au vocabulaire des idées concrètes; manière dont se construisent les mots formels, ou formatifs, avec les noms de substances ou de choses; les auxiliaires sont des éléments formels ou formatifs des discours; les phrases.

Nous allons maintenant étudier le second grand aspect du changement des mots, celui qui consiste dans les altérations de leur sens. Ce sujet est aussi vaste que le précédent, et, s'il est possible, encore moins susceptible, à cause de son étendue et de son infinie variété, d'être traité dans les limites d'un chapitre. Le progrès du changement phonétique a été étudié avec beaucoup de soin, mis en ordre et systématisé par un grand nombre de linguistes, et les mouvements, comparativement peu nombreux et aisément saisissables des organes de la bouche, ont été observés, afin de servir de base concrète à leurs explications; mais, personne n'a encore essayé de classifier les changements de sens, et les procédés de l'esprit humain, dans leurs relations avec les circonstances variées, défient l'énumération.

Toutefois, nous pouvons espérer de poser, dans un espace raisonnable, les fondements du sujet, et d'indiquer quelques-unes des directions principales suivies par le mouvement.

Nous avons déjà remarqué que la double possibilité des changements internes et externes indépendants les uns des autres, repose sur la nature du lien entre le sens et la forme, nature toute accidentelle et arbitraire. S'il en était autrement, les deux espèces de changements seraient corrélatifs et inséparables ; en l'état des choses, chacune des deux suit sa propre marche et reconnaît ses propres causes ; lors même que l'histoire des deux espèces de changements suit une route parallèle et semble ne faire qu'une seule espèce. Nous avons vu aussi que les mots ont été affectés à leur usage spécifique (du moins, ne pouvons-nous pas suivre plus loin leur histoire), chacun à une époque déterminée, et en vertu de motifs qui ont suffi à leurs inventeurs, bien que ces mots n'eussent la valeur ni de définitions, ni de descriptions du concept ; et que le nom, une fois donné, a contracté avec la chose qu'il désignait un lien nouveau et plus étroit que celui qu'il avait avec son ancêtre étymologique. Nous avons choisi pour exemple le mot *évêque*, qui originairement signifiait un simple surveillant. Il en est de même du mot *priest* (prêtre), qui était originairement πρεσβύτερος, *presbyter*, *aîné*, littéralement une personne plus vieille ; du mot *volume*, quoiqu'un volume ne soit plus un *rouleau* comme du temps où ce nom lui fut donné ; du mot anglais *book* (livre), bien qu'un livre ne soit plus un bloc de bois de hêtre (*beech-wood*) ; du mot *papier*, quoique le papier soit composé d'un autre élément que du *papyrus* ; du mot *gazette*, quoique la gazette ne se vende plus pour un *sou* de Venise ; du mot *banque*, dont la signification est bien plus étendue qu'au temps où la banque était le *banc* du changeur sur la place du marché, et malgré que le *banqueroutier* soit soumis à d'autres peines qu'à avoir son *banc rompu* ; du mot *candidat*, quoique le candidat actuel ne soit plus vêtu de *blanc* ; des mots *cuivre*, *mousseline*, quoique le cuivre et la mousseline ne nous viennent plus de *Cypre* et de *Mossoul* ; du mot *lunatique*, quoique nous n'attribuions plus la folie à l'influence de la *lune* ; des noms d'*Indes* et

d'*Indiens* appliqués à l'Amérique, et à ses habitants, e
vertu d'une erreur des premiers navigateurs espagnols
erreur que nous avons corrigée depuis longtemps. Le
exemples de ce genre pourraient se continuer à l'infini.

Nous pouvons reconnaître, là, quelque chose de cett
tendance à la commodité et à l'économie de moyens qu
nous avons remarqué dans les changements de forme. S'
était aussi aisé, quand le concept se modifie ou se trans
forme, d'abandonner le mot ancien et d'en créer un nou
veau, qu'il l'est d'étendre un peu la signification d'un mo
déjà familier, il n'y aurait peut-être pas de changement d
sens, dans les mots ; en l'état des choses, les vieux maté
riaux du langage sont continuellement appliqués à de nou
veaux usages, sans que leur signification originelle y fuss
obstacle et cause trop de confusion dans les idées. En vert
du même principe, nos mots sont, presque universellement
des noms de classes. Il y a, si nous y regardons de près
dans tout être, tout acte, toute qualité, un degré d'indivi
dualité qui lui donnerait droit à un nom séparé; mais cel
rendrait le langage impossible ; et, dans la pratique, quand
nous avons donné un nom à une chose, nous appliquons le
même nom à toutes les choses qui lui sont assez semblable
pour faire classe avec elle. Ainsi, comme nous l'avon
remarqué dans le second chapitre, acquérir le langage, c'es
adopter des classifications; et une grande partie de la valeu
du langage, comme moyen de former l'esprit, consiste pré
cisément en cela. Les classes sont, sans doute, d'étendue
fort différente. Il y en a même — comme *soleil*, *lune*, *Dieu*
monde — qui se réduisent à une unité. Il y en a d'autres
dans lesquelles les unités ont pour nous une telle importance
que nous leur donnons, en plus, ce que nous appelons un
nom propre : tels sont les personnes humaines, les animaux
domestiques, les rues, les villes et autres localités, les planètes, les mois, les jours de la semaine et ainsi de suite. Ce
procédé attaché à cette classe, donne une facilité plus grande
encore pour changer le rapport du mot et de la chose ; car,
chaque classe est sujette à révision, par suite d'une connaissance plus exacte, d'une observation plus profonde,
d'un changement de critérium.

Nous établirons mieux ces principes fondamentaux et trouverons des motifs de classifications pour les modes du changement, en prenant quelques exemples.

Dans les temps anciens, certains corps célestes qui, en même temps qu'ils tournaient chaque jour de l'est à l'ouest autour de la terre, avaient, parmi les autres corps célestes, un mouvement lent et irrégulier, furent nommés, par une petite société habitant à l'est de la Méditerrannée, *planètes*, parce que le mot, en sa langue, signifiait *qui erre*. Nous leur avons emprunté ce nom, et les Anglais le mutilent de façon à en faire *planet*, mot qui n'a aucun rapport étymologique avec leurs autres mots. La classe comprenait le soleil, la lune, beaucoup plus petits que Jupiter et Mars; elle ne comprenait pas la terre. Mais il y a deux ou trois siècles, nous avons acquis de nouvelles notions qui nous ont conduits à changer cette classification et à donner une nouvelle valeur à sa nomenclature. Nous voyons maintenant que, dans un sens plus exact, le soleil n'est pas une planète mais que la terre en est une; et le mot planète ne signifie plus une étoile qui, vue de la terre, paraît errante, mais un corps qui tourne autour d'un soleil central. La lune n'est plus précisément une planète comme les autres, mais une planète secondaire, un satellite. Après avoir ainsi modifié le concept de *lune*, nous sommes tout prêts, quand le télescope nous fait découvrir d'autres satellites autour d'autres planètes, à changer ce nom propre en un nom générique et à appeler *lunes* tous les satellites. Il en est de même du *soleil* : ayant trouvé que le soleil a des rapports essentiels avec les étoiles fixes plutôt qu'avec les planètes, nous donnons le nom de *soleils* à toutes les étoiles fixes.

La classe des planètes est une de celles dont nous avons déjà parlé, dans lesquelles chaque membre séparé a un nom propre. Cependant, hors le soleil et la lune, ces corps célestes ne firent point d'abord assez impression sur l'esprit populaire pour recevoir des noms séparés et le soin de les baptiser resta aux astronomes-astrologues. Ceux-ci, bien qu'ils le fissent avec réflexion, ne le firent pas d'une façon arbitraire, et, puisque les noms de soleil et de lune avaient la signification de luminaires et de dieux, ils donnèrent aux planètes les noms de leurs divinités — et ils leur appliquèrent les noms de Jupiter, Saturne, Mercure, Mars et Vénus, guidés dans leur distribution par des motifs que nous pouvons en partie reconnaître : Mercure, par exemple, le rapide messager des Dieux, eut en partage la planète dont les mouvements étaient les plus changeants et les plus accélérés. C'est ainsi que plus tard les Alchimistes donnèrent le nom qui servait à la fois au dieu et à la planète, au plus mobile des métaux, et aujourd'hui bien que le Dieu Mercure appartienne à un ordre de choses évanoui depuis longtemps, *Mercure* et *mercure* sont encore dans notre vocabulaire ; nous enfermons le *mercure* dans un tube et nous lui commandons, comme Jupiter commandait au dieu Mercure, de monter et de descendre, pour nous donner des nouvelles du temps. Le Français donne encore au jour qui se trouve au milieu de la semaine le nom de jour de Mercure, *mercredi*, sans le savoir, et encore moins sans en savoir la raison : cette raison est que lorsque les astrologues distribuèrent les heures de la semaine entière aux planètes dans leur ordre, la première heure de ce jour échut à Mercure. Plus tard, ces noms latins de jours furent machinalement convertis en noms allemands pour l'usage des peuples germaniques, et *Mercurii dies* devint *Woden's day*, le *Wednesday* anglais ; il en fut de même des autres. C'est, certainement, une histoire très-curieuse des changement sd'acceptions que celle-ci, qui a fait sortir d'une série d'actes réfléchis de nomenclature un groupe de mots populaires ; tout cela fût resté, en Europe comme dans l'Inde, une fantaisie d'astrologues si ce n'eût été l'adoption par la chrétienté de la période juive des sept jours. De plus, les mêmes mots ont été encore appliqués à d'autres usages. Les astrologues pensaient qu'une personne née sous l'influence spéciale d'une planète était marquée d'une disposition particulière, et nous caractérisons encore ces dispositions par les épithètes de *mercuriale*, ou vive, *joviale*, ou gaie, *saturnienne*, ou méluncolique, *martiale*, ou guerrière, *vénérienne* ou amoureuse, lesquelles ont également rapport aux caractères attribués aux différentes divinités et à l'influence des astres.

Nous employons les mots de *soleil* et de *lune* pour désigner les jours et les mois et nous disons, tant de *lunes*, tant de *soleils*. Ce n'est là qu'une forte ellipse : nous voulons dire : tant de révolutions de la lune ou du soleil, comptant toutefois les révolutions d'une façon différente de la façon vraie; car sans cela un *soleil* voudrait dire : une année. Le mot *month* (mois) a été ensuite consacré à la désignation d'une période de vingt-huit à trente et un jours qui n'a rien de commun avec le mouvement de la lune, et cependant *month* dérive de *moon* (lune). Plus tard encore, une *moon* ou *lune* vint à signifier aussi, en matière de fortifications, un ouvrage avancé qui affecte la forme d'un croissant : analogie cette fois qui ne s'étend qu'à la forme. Et l'on ne veut point dire que la forme du croissant soit toujours celle de la lune, mais que la lune est l'objet le plus considérable de la nature qui présente cette forme. Quand nous voulons être plus précis nous disons : en forme de croissant. Mais, là aussi, il y a une ellipse et une ellipse très-remarquable; car, *croissant* signifie littéralement, *qui croit*, et ne signifie nullement la lune. De plus, la lune ne garde pas la forme du *croissant* pendant toute la durée de sa *croissance*, mais seulement pendant une période particulière, et elle l'a tout autant quand elle décroît que quand elle croît; de façon que *croissant* signifie en réalité : chose qui ressemble à la lune à un certain moment de sa croissance et de sa décroissance. On dit aussi en très-bon anglais qu'un *moon struck idler*, un fainéant, est *mooning*, sans admettre du tout que les influences de la lune aient donné lieu à cette expression.

Tout ce que nous venons de dire pourrait sembler une excursion inutile dans une partie de notre vocabulaire; mais son hétérogénéité est due au caractère des faits que nous avons à étudier et donne plus de valeur à l'exemple. Il est tout simplement impossible d'épuiser la variété des changements de significations qui ont eu lieu dans les mots. Il n'y a pas de direction dans laquelle ces changements ne se soient produits, et il n'y a point de chemin, si long qu'il soit, qu'un mot n'ait pu faire. Aucune classification claire et complète de ces variétés ne peut être faite; tout ce que nous pouvons, c'est d'indiquer quelques-unes des divisions principales, quelques-uns des grands courants, suivis, et nous laisserons de côté tout ce qui n'a point été classifié et ne saurait peut-être point l'être.

Une des classes les plus importantes (nous en avons déjà parlé plus d'une fois) fournit un exemple frappant dans le mot *croissant*. *Croissant* (qui croît) est un mot qui s'applique à beaucoup d'idées; un enfant, un arbre, une cristallisation, un feu récemment allumé, une réputation qui commence, un monde dans son évolution, tout cela croît aussi réellement qu'une *jeune* lune (comme on dit figurément). Prendre ce mot pour nom spécifique de la lune à sa croissance, c'est donc un acte de restriction très-hardi et très-arbitraire. Mais on peut encore faire une objection à ce choix. C'est que le nom ne répond qu'à un seul caractère et à un des moindres caractères d'un objet qui en a beaucoup d'autres. Tout ce que nous pouvons dire c'est que la nomenclature procède d'une façon libre et commode et que ces objections ne sont rien quand le besoin de mots se fait sentir. Il en a été de même de *Bishop* (évêque), qui voulait dire surveillant; de *green* (vert), qui voulait dire végétaux croissants; de *planète*, qui voulait dire vagabond. On croit chez les étymologistes que le mot de *moon* (lune), lui-même, vient aussi d'une racine dont la signification était *mesure*, et que notre satellite avait reçu ce nom dans les temps anciens, parce qu'il servait à mesurer les intervalles de temps : et qu'on disait, comme on dit encore, tant de *moons*. Certainement, son nom latin *luna* est pour *lucna*, et a du rapport avec *luc*, présentant ainsi l'objet qu'il désigne comme un corps brillant. On croit que le mot *soleil* a une origine analogue. La philologie comparative a la prétention d'avoir établi (comme nous le remarquerons plus tard) que les désignations des choses spécifiques étaient, au commencement, de cette nature, et que les radicaux du discours sont expressifs de l'acte et de la qualité. Quoi qu'il en soit, il est certain que dans tout le cours de son histoire, le langage a procédé, depuis, de cette manière : l'épithète est devenue le nom de la chose, et cela dans tous les départements de la nomenclature. La recherche des étymologies nous amène ordinairement à trouver comme points de départ, des concepts si vagues, si généraux, si décolorés, que nous sommes étonnés que de ce genre aient pu sortir tant d'idées précises. Pour citer encore un exemple ou deux, toutes les significations si nettes et si variées de *post* (après) reviennent à ce point de départ *put, placed* (*mis, placé*). L'idée de *rolling* (*roulant*) est spécialisée dans le *rouleau* de beurre ou de pâtisserie qui paraît au déjeuner, ou dans le *roulement* de tambour qu'on entend dans une revue; puis, par un chemin plus long, elle nous revient dans le mot *rôle*; et une légère addition en fait *contrôle*, mot dont le lien avec son étymologie échappe à tout autre œil qu'un œil curieux et exercé.

Un autre principe très-important est contraire dans ses effets à celui que nous venons d'exposer. C'est le principe de l'extension du sens des mots, opposé à celui de leur restriction. Un nom acquis par spécialisation commence une carrière indépendante et finit par être chef de tribu. M. Miller doit son nom à la profession qu'il exerce et qui est celle de meunier, de *mill* (moulin). Il devient l'ancêtre commun de toute une postérité de Millers, qui héritent de son nom. Un d'entre eux devient le fondateur d'une secte qu'on appellera les *millerites*, et ce nom deviendra aussi important dans la nomenclature théologique que celui d'Arius ou de Nestorius. Les *butterflies* (papillons) avaient d'abord été nommés ainsi parce qu'il y en a une variété qui paraît couleur de beurre quand elle vole (*fly* veut dire *voler*). Alors, on étend le nom à toutes les variétés, sans tenir aucun compte des différences de couleurs. Nous avons vu que *sun* (soleil) et *moon* (lune) sont devenus des noms génériques. *Croissant* a formé tout un groupe d'acceptions nouvelles, sans parler de la présence fortuite de la figure du croissant sur l'étendard de Mahomet. Personne ne sait au juste pourquoi la *rose* s'appelle rose : le botaniste en a fait le type d'une famille entière de plantes qu'il a nommée *rosacées* (semblables à la rose). La plupart de nos nouvelles acquisitions scientifiques ont pour effet de grossir les vieilles classes de mots et s'y font une place. Pour en choisir un exemple : la découverte d'un nouvel animal, d'une nouvelle plante, d'un nouveau minéral, agrandit le domaine de ces mots, ainsi que de toute la série qui s'y rattache, et cela, quelquefois, dans une proportion considérable. La conception zoologique de *cheval* n'a pas été peu développée par la découverte récente dans les Indes Occidentales de nombreuses espèces fossiles, très-variées de taille et de forme. Tout naturaliste explorateur fait sans cesse, d'une façon très-réfléchie, l'application des deux principes, que tous les hommes appliquent aussi sans le savoir. Quand il a dans les mains une plante nouvelle, il procède à la classifier, c'est-à-dire à examiner quel est le nom générique dont elle peut accroître le domaine : il trouve que c'est un cryptogame, un dycotylédon, un *rubus*, ou ronce; mais elle a ses particularités, qui lui donnent droit à une désignation spécifique, et celle-ci s'obtient par une autre méthode. Le nomenclateur choisit la qualité qu'il veut décrire et l'appelle *megalocarpus* (à gros fruits), *gracilis* (élégant) et ainsi de suite; ou bien, il tire le nom de la localité, de la situation, des circonstances de la découverte; ou bien encore, il le lie à un objet tout à fait étranger au sujet : pour faire une politesse à son ami, M. Smith, il appela la plante *Smithii*.

Toutefois, l'extension des applications d'un mot comprend beaucoup de choses qui sont moins simples et moins naturelles que celles-là. Ce ne sont pas seulement les rapports de genre, mais des relations bien plus éloignées qui relient les objets qui sont désignés par un même nom. Nous venons de voir un dieu payen, une planète, un métal, un tempérament, un jour de la semaine, tous rassemblés, par une union contre nature, sous une même désignation : *mercure*. Or, puisqu'un fruit est vert quand il n'est pas tout à fait mûr, *vert* deviendra le synonyme de *qui n'est pas à maturité*, et ainsi, on peut se permettre ce paradoxe linguistique familier que les mûres sont *rouges* quand elles sont *vertes*; et dans un style peu élégant on dit *vert*, en anglais, pour dire : qui n'est pas rompu aux usages du monde, et *vert*, en français, pour dire : qui a conservé sa jeunesse physique. Nous avons coutume d'appeler ces changements d'applications des figures. Ils ont leur raison d'être dans l'analogie, mais analogie en général si éloignée, si subjective, si fantaisiste, que nous ne pouvons point la regarder comme suffisante pour former le lien d'une classe. Nous avons autour de nous une foule d'exemples de ce genre dans nos mots les plus familiers, et cette espèce de changement est si importante dans l'histoire du langage, que nous devons nous y arrêter un peu. C'est un plaisir pour l'esprit que de découvrir des ressemblances étroites ou faibles, claires ou obscures entre les choses, et nous sommes toujours prêts à en faire la base d'une association qui fait qu'on donne un usage nouveau à un vieux nom. Ainsi, non-seulement un animal a une *tête*, mais aussi une épingle et un chou en ont une. Un lit a aussi une *tête*, et c'est le côté où se place la tête de celui qui l'occupe; et il a aussi un *pied* sans parler de ses quatre *pieds* de large et de ses six *pieds* de long, mesure dont le nom est encore dû à une figure. Une rivière a sa *tête* : le point le plus élevé de son parcours; elle a ses *bras*, ou, par une autre expression figurée, ses *branches*; ou, par une autre encore, ses *tributaires*: elle a son *côté* droit et son *côté* gauche, son *lit*, dans lequel, par un fâcheux assemblage de métaphores, elle *court* au lieu de reposer tranquillement. Puis, au point le plus éloigné de la *tête*, nous trouvons, non pas son pied, mais sa *bouche*, ou embouchure. Autres exemples : une armée, une école, une secte ont leur *tête*: une classe a sa *tête* et sa *queue*. Un livre a sa *tête* qui contient les *têtes* de chapitres; et quand nous avons assez d'une discussion, ou nous sentons trop pressés par une argumentation, nous demandons qu'on nous épargne sur ce *chef*.

Ces expressions ne nous embarrassent pas; elles ne nous frappent point comme quelque chose d'étrange; les figures font partie des applications du mot. Car, c'est un fait important dans le genre de changement qui consiste en changement de sens, que nous perdons par degrés la conscience d'employer une figure et que nous finissons par croire que le mot figuratif est le mot propre. Nous voyons encore une fois ici combien il est utile au développement du langage d'oublier l'origine des noms, et une fois qu'ils sont acquis, de les dégager de leurs vieilles associations d'idées et de leur en donner de nouvelles, conformes à leur destination présente. Il n'y en a peut-être pas dans la langue anglaise un exemple plus frappant que le mot *butterfly* (papillon). Son origine triviale et prosaïque est oubliée; il est devenu poétique et élégant, et quand nous pensons aux brillantes créatures qu'il désigne, nous ne nous souvenons guères qu'il signifie *mouche couleur de beurre*. Les débris d'étymologies oubliées, de métaphores fanées se trouvent en abondance dans tout notre vocabulaire. Il est dans la forme de notre entendement, de donner aux mots un sens direct et un sens figuré; nous avons hérité de notre vocabulaire dans ces conditions; et, par de nouvelles découvertes d'analogies, par de nouveaux transferts de sens, nous continuerions à ajouter à la confusion, si la confusion devait en résulter. Quelquefois, le rapport entre les différentes significations est saisissable à première vue; quelquefois, il est si obscur que nous ne pouvons le découvrir et que nous errons dans nos prétendues découvertes. Le plus souvent nous ne nous en inquiétons guères : nous employons les mots comme nous les avons appris et nous laissons aux lexicographes à suivre les ramifications des noms jusqu'à leur source étymologique.

Une branche importante du transfert des mots de l'acception propre à l'acception figurée, c'est l'application de termes qui désignent des choses sensibles, aux concepts purs et aux choses qui en dépendent. Il est inutile d'en apporter des exemples; car ces exemples se pressent en foule et s'offrent d'eux-mêmes : Nous remarquerons seulement quelques-uns de ceux qui sont contenus dans le paragraphe précédent. *Perplexe* signifie *tressé, entremêlé*; *simple* signifie *qui n'a pas de pli*, par opposition à *double* qui veut dire *qui a deux plis*; *simplicité* et *duplicité* expriment très-bien deux qualités morales contraires; *application* contient la même racine et dénote l'action physique de *plier*, tandis que *impliquer* indique ce qui est *plié dedans*. *Important* veut dire littéralement *qui porte dedans*; c'est-à-dire qui a un contenu, qui n'est pas vide. *Appréhension*, c'est la *prise* d'une chose. *Relation*, c'est *porter en arrière*, comme *transfert*, c'est *porter à travers*, en latin; et *métaphore*, en grec, est à peu près la même chose. *Investir* signifie *mettre dans des vêtements*; *développer* un sujet, c'est *lui ôter les enveloppes qui le cachent*. *Trivial*, c'est ce qu'on trouve en *traversant la rue*. Une *occurrence* est une chose qui *court au-devant de nous*. *Dérivation* évoque l'idée très-spéciale de *tirer de l'eau de la rive d'un fleuve*. *Suggérer* veut dire *porter sous*, ou fournir un argument ou une idée de dessous, pour ainsi dire, et non de dessus; et ainsi de suite. Ces exemples appartiennent dans la langue anglaise à l'élément latin de son vocabulaire, parce que le langage philosophique et scientifique en est plus particulièrement composé; mais l'élément saxon en offre également. *Wrong* (mauvais, injustice, tort) vient de *wrung*, qui signifie *tortueux*, par opposition à *right*, qui signifie *droit*, et *downright* implique la même figure qu'*upright*, indiquant qu'il n'y a rien d'oblique ni d'indirect dans l'un ni dans l'autre cas. L'expression : un exemple *striking* (frappant) n'a pas besoin de commentaire. *To forget* (oublier) est le contraire de *to get* (saisir), mais il ne signifie qu'une perte morale. Nous *voyons* des choses (*see things*) qui ne tombent pas sous le sens de la vue, et *point out* (montrer), *let drop* (laisser tomber), *follow up* (suivre), *lay down* (poser), *come into the head* (venir à l'esprit), *out of the way* (hors du chemin), sont autant d'exemples de phrases qui montrent le changement de sens du propre au figuré. Et, en fait, tout le vocabulaire des choses mentales et morales a été acquis de cette manière; l'étymologiste sait qu'il n'a point achevé l'histoire d'un mot, tant qu'il n'est pas remonté jusqu'à la conception matérielle dans laquelle, en vertu des analogies du langage, il a dû prendre sa source.

Ainsi donc, de même que la connaissance part de l'observation des choses sensibles, procède par l'analyse de leurs qualités et la détermination de leurs rapports, et finit par la découverte des choses cachées qui sont l'objet de la pensée humaine, de même, par une conséquence nécessaire, le vocabulaire se compose d'abord des désignations des choses sensibles, ensuite, acquiert des mots pour rendre des idées plus abstraites, plus formelles, et finit par exprimer des concepts purs. Considéré dans sa fin plutôt que dans ses moyens, il n'y a pas de phénomène plus imposant dans l'histoire du langage. Mais l'évolution du vocabulaire intellectuel n'est qu'une division du mouvement général; il y en a une autre, à laquelle nous devons donner un moment notre attention.

Il y a un verbe anglais, le verbe *be* (être), dont la fonction grammaticale, purement formelle ou formative, consiste à lier un sujet avec son prédicat. Ce lien manque dans plusieurs langues qui n'ont point de connectif de ce genre et qui sont obligées de juxtaposer les deux éléments, en laissant à l'esprit le soin d'établir leur rapport. La conjugaison de ce verbe est formée de plusieurs parties discordantes, qui cependant concordent en ceci qu'elles dérivent toutes de racines qui ont un sens physique distinct : *am* (je suis), *is* (il est), *are* (ils sont), viennent de *as*, qui signifiait *respirer* et *asseoir* ; *was*, *were* (était, étaient) viennent de *vas*, demeurer ; *be*, *been* (être, été), de *bhû*, *croître*. La langue française a formé la conjugaison de ce verbe du latin *stare*, *être debout*. Le développement du sens est analogue ici à ce que nous avons déjà vu, c'est-à-dire un cas de transfert et d'extension : extension si grande que tous les caractères distinctifs des mots ont disparu ; nous pouvons appeler cela une atténuation, une disparition, une formalisation complète, de tout ce qu'il y avait dans ces mots de solide, de positif, de substantiel.

Le même connectif général, *be*, quand il est employé avec le participe passé d'un verbe transitif devient un auxiliaire et forme la conjugaison entière de ce que nous appelons les verbes passifs. — *I am loved* (je suis aimé), etc.; joint au participe présent, il forme, en anglais, les temps continus ou imparfaits. — *I am loving* (je suis aimant), etc. Il est donc, pour nos langues, un élément aussi important de la formation grammaticale que le sont, pour d'autres langues, les différentes terminaisons des mots. Il y a beaucoup d'autres mots dont l'histoire et l'usage actuel sont à peu près les mêmes. Il existe en anglais le mot *do*, qui, de sa signification originelle de *mettre*, *placer*, en est venu à être une forme pour exprimer une action efficiente de toute espèce — *do good* (faire du bien), *do one's best* (faire de son mieux), *do to death*, etc., et qui aussi *does service* (rend service), comme auxiliaire verbal. — *I do love* (j'aime), *did I love* (si j'aimais, etc. La racine latine *cap* (*capere*) signifie *saisir*, *prendre avec la main*. Son correspondant est *hab*, en gothique *haban* ; en allemand *haben*, le *have* anglais. Mais ici le sens matériel de *prendre avec la main* a presque disparu (sens qui se montre encore dans le mot allemand *handhabe* et le mot anglais *haft, manche d'un instrument*), et il en est venu à exprimer le concept de *possession*. Il en est de même en latin où le double rapport de *habere* avec *capere*, d'une part, et *haben*, de l'autre, embarrasse les étymologistes. Enfin, ce mot a été employé comme verbe et, par un transfert qui, bien qu'il y en ait des exemples dans l'histoire de plusieurs langues, peut être appelé très-singulier, le mot qui devrait indiquer la possession présente — *j'ai* — indique l'action passée : *habeo cultellum inventum, habeo virgulam fissam, habeo digitum vulneratum (je possède mon couteau trouvé, je possède une baguette cassée, j'ai un doigt blessé)*. Ici, les différentes conditions ont été précédées des différents actes de trouver, casser, blesser. C'est sur cette base absurdement étroite qu'est construit tout l'édifice du temps *parfait*. Le centre de gravité de la phrase change de la condition exprimée à l'acte précédent impliqué, et *I have found the knife, ich habe das Messer gefunden, j'ai trouvé le couteau*, indique une variété de l'action passée, et marque que cette action est complétement terminée, *parfaite;* un autre exemple peut être tiré du sanscrit *kritavân (je suis) possédant (quelque) chose fait*, c'est-à-dire *j'ai fait;* également du turc *dogd-um (frappant mien)*, c'est-à-dire — *j'ai frappé*. On oublie, ensuite, comment le mot *have* (j'ai) indique le temps passé, et on l'emploie avec toutes sortes de verbes, d'une façon dont l'analyse étymologique ferait un continuel contre-sens — *I have lost the knife, I have lived, j'ai perdu le couteau, j'ai vécu*, et en anglais, *I have come, j'ai venu*, tandis que les autres langues disent plus justement : *je suis venu*.

Mais le même verbe remplit encore un autre office auxiliaire. Les phrases *habeo virgulam ad findendum, j'ai une baguette à fendre, ich habe ein Aestchen zu spalten, I have a twig to split* (au lieu de *for splitting*) indiquent l'action future. Elles deviennent des expressions verbales formelles quand, par le déplacement de l'emphase et du lien, la construction est changée en, *I have to cut a twig, j'ai à fendre une baguette*, et le nom n'est plus considéré comme l'objet de *have* mais plutôt comme celui de l'autre verbe employé à l'infinitif. Cela arrive plus encore quand la construction est étendue de façon à ce que l'on puisse dire *I have to strike,* j'ai à frapper, *I have to go,* j'ai à aller, *I have to be careful,* j'ai à être soigneux. Nous avons alors une phrase qui dénote la nécessité de l'action future et dans laquelle *have,* j'ai, qui a signifié l'action passée, en vient à signifier l'action à venir. La langue française va plus loin encore, sans appuyer comme la langue anglaise, sur l'idée de l'obligation, elle combine tout simplement l'auxiliaire avec le verbe et fait — *je fendrai,* pour *je fendre ai,* ou *j'ai à fendre,* forme habituelle du futur en cette langue, que tout Français emploie sans en remarquer les éléments, à moins qu'il ne soit philologue.

La langue anglaise a cette particularité d'exprimer la cause par ce même mot *have* : *I had my horse shod,* j'ai eu mon cheval ferré ; *I will have the book bound,* j'aurai le livre relié, sont des phrases qui indiquent un autre aspect de l'action, et présentent comme quelque chose qui est procuré et non exécuté par l'auteur de l'acte. C'est une autre forme encore de l'idée de possession.

Tous les auxiliaires verbaux de la langue anglaise ont des origines analogues. L'histoire de *shall* et de *will,* comme signes de l'action future, est une suite de transferts et d'extensions. En lui-même, et indépendamment de leur emploi dans la conjugaison des verbes, *shall* signifie en anglais, *je suis dans l'obligation :* et *will,* j'ai l'intention, la volonté. Ils sont des spécimens de cette importante petite classe de verbes allemands appelés *prétérito-présentiels,* parce que (par un changement diamétralement contraire à celui que nous avons remarqué plus haut) ils ont acquis la signification du temps présent à travers celle du temps passé. Et l'on veut que *shall* remonte à *j'ai offensé* (et par conséquent, *je suis sous l'obligation de subir une peine.* On veut également que *will* remonte à *j'ai choisi,* et plus loin encore à *j'ai enclos ou entouré.* Le grec κέκτημαι, *j'ai acquis* (qui se rend en anglais par *I have got*) et remplace, *je possède* est la même chose. Et, au fait, le grec et le sanscrit ont tous les deux un des verbes qui entrent dans cette petite classe des verbes germaniques dont nous venons de parler :

sanscrit *véda;* grec : οἶδα; gothique : *wait;* allemand : *weiss;* I *wot,* ou *je sais;* littéralement : *j'ai vu.* Le latin fournit un exemple semblable très-remarquable des changements de construction que nous avons vus, dans sa manière d'employer l'accusatif comme sujet de l'infinitif : tout cela est venu d'une extension inorganique de construction comme *dicit te errare, il déclare que vous errez.* L'anglais a des phrases très-analogues comme : *for him to err is a rare thing, pour lui, errer est rare chose* (il est rare qu'il se trompe). Un autre cas du même genre est l'emploi de l'infinitif dans le sens passif dans les phrases causatives allemandes : *er liess sich nicht halten,* littéralement, *(il pas laisser tenir lui* (il ne se laissa pas tenir).

Cette espèce de changement n'est pas limitée aux constructions verbales, ainsi que le montreront quelques exemples tirés d'autres parties du discours. En anglo-saxon, il n'y avait point d'équivalent du mot *of* distingué de *off* : leur séparation de forme et de sens est chose nouvelle. *Off* est le sens primitif, le sens matériel : quoiqu'il soit, lui-même, comme préposition, un signe de relation, et par conséquent un mot formel dans le vocabulaire général anglais. Mais dans *of,* on perd la trace de toute relation définie et définissable; ce mot est un signe vague, l'équivalent absolu d'une désinence, un lien entre un nom et un autre nom qui le modifie, l'indication du rapport objectif d'un nom à un autre. L'histoire du *de* français lui ressemble un peu. Le *for* anglais est un exemple de même genre presque aussi frappant. C'était originairement *fore (devant, en face de).* En allemand, le mot a pris une triple forme selon ses applications, *vor, für,* et le préfixe *ver,* dont chacune est de plus en plus affaiblie. *To (à)* conserve en général, en anglais, son ancienne signification d'*approche;* mais, comme signe de l'infinitif *to* est purement formel comme *of;* dans *to have,* par exemple, il n'est qu'une espèce de substitut moderne pour la vieille terminaison *an* de *haban.* Nous avons complétement perdu le souvenir de sa valeur réelle, en tant que préposition gouvernant un nom verbal.

Mais il y a un autre changement de construction, au fond de la classe des prépositions. Les plus anciennes étaient originairement, comme plusieurs d'entre elles continuent à être, des adverbes, des modifications de l'action verbale, qui aident seulement à déterminer le cas que le nom de l'action prendrait sans eux par une terminaison accessoire. Les conjonctions sont un autre exemple analogue; mais nous n'avons pas ici le temps d'entrer dans le détail de leur histoire. Et les articles, considérés quelquefois comme une des parties du discours, sont également des mots dont le sens primitif s'est évanoui. Il est certain que ces mots originaires étaient déjà des mots formels; mais ils se sont pour ainsi dire vaporisés : l'article défini est un signe démonstratif, dont la pleine valeur démonstrative s'est retirée; l'article indéfini anglais, *a*, par une atténuation progressive semblable, est sorti du nom numérique, *un*.

La grande variété et l'importance de cette espèce de changement nous entraîneraient à présenter beaucoup d'exemples; mais nous devons nous contenter, ici, d'en donner encore un. Les pronoms relatifs sont, avec les conjonctions, les principaux connectifs, qui servent à lier les propositions séparées, et à former des périodes de ce qui serait, sans eux, une aggrégation de phrases juxtaposées. Ce sont des pronoms qui ont une valeur conjonctive. Ils rattachent distinctement à ce qui précède, ce qui ne s'y rattacherait qu'implicitement. Il y a une foule de langues dans le monde qui n'ont pas un semblable appareil dans leur syntaxe, et les nôtres pourraient s'en passer, moyennant d'autres arrangements de mots. Dire *my friend had had a fever; he was not quite recovered; he was looking pale and ill* (mon ami a eu la fièvre; il n'était pas entièrement guéri; il était pâle et souffrant) suffit parfaitement à faire comprendre l'ordre des propositions. Nous suppléons très-bien par un acte mental, aux mots qui en marqueraient la liaison, et nous n'avons pas besoin de dire : mon ami *qui* a eu la fièvre *dont* il n'était pas guéri, etc.; ni, mon ami paraissait souffrant *parce que* il avait eu la fièvre, etc. Les différentes manières d'exprimer l'idée sont des moyens de présenter les divers aspects du fait et de ses causes, d'une façon plus spéciale, à notre attention; ce sont plutôt des changements de décoration que des ressources substantielles du langage. Ce sont des variations à l'usage de la rhétorique. Mais les mots de relation, qui, bien qu'ils ne soient point indispensables, nous semblent tels par l'habitude, sont d'acquisition récente. C'était autrefois des signes démonstratifs et interrogatifs, qu'on a appliqués à de nouveaux usages; ils ont été employés, d'abord comme mots qui contenaient une allusion tacite à ce qui précédait, et ensuite comme mots tout à fait allusifs. Leur rôle dans la construction des phrases fut longtemps vague et douteux dans la vieille langue anglaise, et *who* et *which* (qui, lequel), ont acquis beaucoup plus tard leur valeur comme pronoms relatifs.

Ce n'est pas seulement dans les phrases verbales et dans les autres cas de réduction de la signification substantielle des mots à une fonction purement formative, que les langues ont une tendance à oublier les étymologies. La plupart des langues sont remplies de phrases idiomatiques, de *locutions*, qui, lorsque nous essayons de les analyser, sont obscures ou absurdes, et qui pourtant forment une partie très-agréable du langage. *Take place* (avoir lieu) en est, en anglais, un excellent exemple; en allemand, *platz nehmen* signifie *s'asseoir*, et pour dire *avoir lieu* on dit *statt finden*. En français, nous avons *avoir beau* qui exprime l'inutilité d'une action : *il a beau s'excuser*; ou *en vouloir*, dont le sens est *avoir un ressentiment*. De ces trois expressions équivalentes : en anglais, *there is*; en français, *il y a*; en allemand, *es gibt*, on aurait peine à choisir celle qui implique le plus curieux enchevêtrement de sens. La matière, ici, devient si étendue et si hétérogène qu'on est découragé d'apporter des exemples.

Comme nous l'avons dit déjà, il est impossible d'épuiser la variété des changements de significations opérés pendant le développement du langage. Ce sujet seul a donné naissance à des volumes entiers très-instructifs et très-intéressants, et si nous voulions dire tout ce qui mérite d'être dit, nous ne nous arrêterions pas ici. Nous insisterions, par exemple, sur ce caprice de la destinée par lequel certains mots perdent graduellement leur signification substantielle jusqu'à n'être plus que le squelette, l'ombre d'eux-mêmes, tandis que certains autres deviennent tous les jours gros de sens et de force, comme *home*, *comfort*, *tact* (littéralement *le toucher*), *taste*, *humor* (littéralement *humidité*), qui veulent dire maintenant le *chez soi*, les *aises*, la *délicatesse d'appréciation*, le *goût*, une *certaine disposition d'esprit*. Nous ferions ressortir le contraste entre des mots qui, de nobles qu'ils étaient d'abord, sont devenus peu significatifs ou sont affectés à la désignation de petites choses, et ceux qui, de modestes qu'ils étaient à l'origine, comme le *knight* et le *knecht* dont nous avons parlé (page 40), se sont élevés à une signification considérable ; entre des mots qui deviennent pour ainsi dire tellement vides de sens que nous cherchons à les remplacer par des périphrases, et d'autres qui ont une signification si forte et si accentuée qu'ils ne se prêtent point aux nuances des idées ; entre des mots qui sont à la mode et des mots qui vieillissent, sans qu'on sache bien pourquoi, et qu'il faut éviter dans le style élégant. Nous reviendrons plus tard sur quelques-uns de ces cas quand ils se lieront à notre sujet. Pour le moment, il faut nous contenter d'avoir indiqué les principales tendances auxquelles le langage obéit dans son développement.

CHAPITRE SIXIÈME

DÉVELOPPEMENT DU LANGAGE : DISPARITION DE MOTS ET DE FORMES.

Disparition de mots ; ses causes ; mots usités et mots hors d'usage. — Disparition de formes grammaticales et des distinctions attachées à ces formes ; exemples ; combien ces disparitions ont été fréquentes dans la langue anglaise.

Nous avons vu, dans le chapitre III, que la disparition de certains éléments du langage fait partie de ce changement et de cette élaboration continue que l'on appelle son développement. Ici, la soustraction concourt à la croissance ; c'est comme dans les êtres organisés où l'élimination fait partie du développement aussi bien que l'assimilation. Et les exemples préliminaires que nous avons donnés, montrent que cette élimination porte aussi bien sur les noms entiers, que sur les signes formatifs des distinctions grammaticales.

La réduction d'un vocabulaire par la disparition de mots, est un fait si simple que nous n'aurons pas besoin de nous y arrêter longtemps.

Chacun des mots qui composent une langue se conserve par voie de tradition, et il est évident qu'une solution de continuité dans cette tradition, le fait disparaître. Pour un mot, être, c'est être usité ; être inusité, c'est le commencement de la mort. Tout ce qui met un mot ou une forme hors d'usage, conduit à la disparition de cette forme ou de ce mot, et il n'existe pas d'autres causes qui puissent produire ce résultat. Il y a, en conséquence, deux manières dont la disparition peut avoir lieu.

D'abord, quand une idée se perd, le mot qui l'exprimait se perd avec elle. Si un sujet, après avoir occupé l'attention d'une société, cesse de l'intéresser, la phraséologie appartenant à ce sujet tombe dans l'oubli, à moins qu'elle ne soit conservée comme mémorial du passé par quelqu'un de ces moyens qu'emploient les hommes cultivés. Il en a été ainsi, par exemple, de tout ce qui concerne les vieilles religions païennes des peuples germaniques. Il fut un temps où les noms de Thor et de Woden, de Tuis et de Freya, etc., étaient aussi familliers aux peuples de la Grande-Bretagne que le sont aujourd'hui ceux de Christ et de Marie, de saint Pierre et de saint Paul, etc. ; cependant, à part les traces qu'en ont gardé les noms affectés aux jours de la semaine, traces que le vulgaire n'aperçoit point, ils ne sont plus connus aujourd'hui que de ceux qui ont étudié l'antiquité. La même chose est vraie d'une foule de mots appartenant à l'ancien vocabulaire des arts, des sciences, des vieilles coutumes et des institutions disparues. Les mots techniques de la guerre au temps de la chevalerie, ont fait place à ceux de l'art militaire moderne. Seulement, nous avons çà et là, dans notre langue actuelle, des réminiscences d'un vieil ordre de choses, dans la forme des mots qui ont passé jusqu'à nous. Un mot aussi commun, aussi indispensable dans le discours que *influence*, a, dit-on, une origine astrologique, et ne signifiait, au commencement, que l'action exercée par les astres dans les affaires humaines ; *désastre* était un malheur dû à un aspect stellaire de mauvais augure ; nous avons déjà remarqué les mots *jovial*, *saturnien*, *mercurial*, comme étant nés du rapport entre les dispositions qu'ils caractérisent et le nom des planètes à l'*influence* desquelles on attribuait ces dispositions. De même, une partie du vocabulaire de la chasse au faucon a disparu, quand ce genre de chasse a été abandonné, ou a été transféré à d'autres usages : par exemple, *mousquet* était le nom d'une certaine espèce de petit faucon.

En second lieu, les mots tombent, par milliers, en désuétude et, conséquemment, meurent par milliers, quand on vient à leur donner des synonymes, qui, pour une raison

appréciable ou non, gagnent faveur et supplantent leurs
prédécesseurs. Nous avons trouvé des exemples de cette
marche des choses dans notre passage-type : les bons vieux
dérivés ou mots composés saxons, *Hœlend, reste-dœg, leorning-cnihtas* ont, eux-mêmes, été remplacés par les mots
étrangers de *savior, sabbath, disciple*. Ceci n'est qu'un détail dans l'histoire de la langue anglaise. La conquête normande a versé dans cette langue tout un torrent de mots
français qui l'ont certainement enrichie en lui fournissant
des expressions pour des idées nouvelles et en lui apportant
des formes et des procédés de langage qui ont leur utilité ;
mais il en est résulté des synonymes en abondance : comme
brotherly et *fraternal, outhlandish* et *foreign, forgive* et
pardon, rot et *decay, hue* et *color, stench* et *odor, foresight* et
providence. Et comme ces synonymes étaient souvent un
encombrement de richesses qu'aucune utilité ne justifiait,
l'adoption des mots nouveaux a amené l'exclusion des
anciens. C'est ainsi qu'une foule de mots saxons ont disparu
de la langue anglaise ; on pourrait en donner des exemples
innombrables : *despair* (désespoir) a remplacé *wanhope ;
remorse* (remords) a remplacé *ayenbite ; conscience* (conscience) a remplacé *inwit*, et ainsi de suite.

Ce n'est pas seulement à cause des importations étrangères que les anciens mots deviennent inutiles et sont éli-
minés. Il y a des cas nombreux où les mots deviennent hors
d'usage, inusités, *vieux*, comme on dit. C'est affaire de
hasard et de caprice. Nous en avons trouvé un ou deux
exemples excellents, dans notre passage-type (pages 32, 35)
fôr et *sôth*. En anglo-saxon le verbe *faran* (*fare*) employé
dans le sens de *aller, passer*, était d'un usage fréquent et familier. *Gán* (*go*), avec son prétérit irrégulier *eode* (*va, fut*),
était aussi du bon anglais ; de même *gangan* (*gang*) avec
son prétérit *géng* (*ganged*) qui veulent dire *société* ou *réuni*,
wendan (*wend*) et *wende* (*went*) qui signifient *tourner* et
tourné, étaient aussi très-usités. Mais il y avait trop de mots
pour dire la même chose, et l'anglais moderne a fait arbitrairement choix de *go* et de *went*, en laissant tomber tout le
reste, ou en restreignant, comme dans *fare*, l'usage des
autres mots à des choses particulières. C'est par le même

procédé qu'*equus* est tombé en désuétude, chez tous les peuples d'origine latine, pour signifier *cheval*, et a été remplacé par *caballus*, qui, originairement, était moins noble et répondait à notre mot *bidet* ; il s'est ennobli, depuis, dans *chevalerie*, etc. De même, *magnus* a été détrôné par *grandis* et *pulcher* par *bellus* ; en français, *vulpes* a fait place à *renard*, qui est le mot allemand *Reinhart*, nom propre qu'on s'avisa un jour de donner familièrement à un renard, comme en anglais on appelle un chien un *Tray* et, en français, un cheval un *bucéphale*. Il peut même arriver qu'un mot important disparaisse, sans qu'il lui en soit substitué un autre exactement équivalent : il en est ainsi de l'anglo-saxon *weorthan*, correspondant à l'allemand *werden* (*devenir*), pour lequel l'anglais n'a conservé que le mot *become* (littéralement *venir à côté, atteindre à, prendre possession*), lequel a fait tomber dans l'oubli son synonyme beaucoup meilleur, rendant ainsi impossible de faire, en anglais, les distinctions que font les Allemands au moyen du mot *werden* : particulièrement celle du vrai passif, *es wird gebrochen, il est devenant rompu*, c'est-à-dire, il se fait une fracture, par opposition à *es ist gebrochen, il est rompu* : et, à défaut de ces deux mots, obligeant de recourir à cette tournure gauche, mais inévitable, *il is beeing broken* (*il est étant rompu*).

De cette façon, il y a dans toutes les langues une certaine quantité de matériaux hors d'usage et arrivés à différents degrés de vétusté. Tantôt, ce sont des mots qui sont seulement peu usités, ou qui sont affectés à des locutions particulières (comme *stead* qui ne s'emploie que dans *in stead* (*au lieu de*); tantôt des termes consacrés au style archaïque ou au style poétique. Les uns sont devenus étranges, inintelligibles ; les autres ne se rencontrent plus que dans les dialectes locaux. Et les vieux monuments de toutes les langues montrent un nombre plus ou moins grand de mots qui ont péri sans retour.

Il est presque inutile de parler de la perte des idées attachées aux mots et aux phrases, quoique ce soit encore là, jusqu'à un certain point, un amoindrissement des ressources du langage. Les exemples de changement de sens que nous avons donnés dans le chapitre précédent, ont assez montré que ce n'est pas toujours, bien que ce soit ordinairement, une addition de significations nouvelles, sans suppression de significations anciennes. Il peut arriver aussi que le sens substantiel d'un mot demeure, tandis que ses acceptions accessoires s'effacent ; ainsi, quand Milton parle des dames qui *from their eyes rain influence »* (littéralement « de leurs yeux font pleuvoir l'*influence »*), nous ne comprenons pas ce qu'il veut dire si nous ne connaissons l'idée astrologique à laquelle il fait allusion. En lisant les vieux auteurs, nous sommes continuellement exposés à rencontrer des mots et des phrases dont le sens est perdu, à ne voir que la surface d'idées profondes, ou à nous imaginer que nous avons compris, là où le sens réel nous échappe.

Un sujet plus important et qui a, dans l'histoire du langage, des conséquences plus profondes, c'est la perte des anciennes distinctions de formes grammaticales. Nous en avons déjà mis rapidement quelques exemples en lumière dans notre phrase-type. Par la disparition, sous l'influence de la tendance phonétique dominante, de la vieille terminaison de l'infinitif, *an*, en anglo-saxon, et *en*, en vieil anglais et en allemand, l'infinitif des verbes ne diffère plus de forme, dans la langue anglaise, avec la racine de l'inflexion verbale, et comme on n'a pas cessé pour cela d'avoir l'idée contenue dans la forme, on a créé un nouveau signe, *to*, comme son équivalent pour le suffixe supprimé. Puis, ayant perdu les signes distinctifs de la pluralité, comme le *on* final de *ongunnon*, on n'a plus distingué le pluriel dans les temps des verbes, excepté dans *is* et *are*, *was* et *were* (*est*, *sont*, *était*, *étaient*), et cependant la différence que faisait autrefois la langue entre les noms et les pronoms pluriels et singuliers, différence dont elle garde à peine quelque trace dans l'indicatif (*they love* comparé à *he loves*, (*ils aiment* et *il aime*), se conserve tout entière dans les esprits. Mais, il y a le *se* et le *thà* anglo-saxon, l'un singulier, l'autre pluriel, dont le premier était spécifiquement masculin (le féminin faisait *seo* et le neutre *that*), qui nous fournissent un spécimen d'une classe de distinctions grammaticales que la langue anglaise a jetées par-dessus bord et qu'on a oubliées comme si elles n'eussent jamais existé : la variation des mots adjectifs selon le nombre et le cas. Dans l'anglo-saxon l'adjectif était plus sujet à l'inflexion que l'allemand et presque autant que le grec et le latin ; il avait même deux formes : l'une, pour l'article défini, l'autre, pour l'article indéfini, comme en allemand ; et la langue avait conservé l'accord, la correspondance de forme, entre le substantif et le mot qui le qualifie ou qui le représente, accord qui est fondé sur l'identité originelle du substantif et de l'adjectif, et qui est une des gloires des langues tout à fait inflectives ; mais depuis qu'elle l'a perdu, ceux qui parlent aujourd'hui l'anglais ne songent guères à le regretter et on ne les convaincrait pas aisément que lorsqu'ils disent *good men* (hommes bons) ils gagneraient quelque chose à donner au mot *good* une forme différente de celle qu'il a dans *good man* (homme bon) et plus encore à le distinguer de genre dans *good woman* (femme bonne); car cette distinction a été effacée dans l'anglais moderne jusque dans les noms. Les noms propres, eux-mêmes, ne prennent de genre qu'en vertu du sexe de la personne à laquelle ils sont donnés et l'on ne s'en embarrasse pas quand il s'agit des animaux; tandis que les Anglo-Saxons étaient aussi préoccupés du genre dans tous les objets de la pensée, et avaient autant soin de diviser tous les mots en masculins, féminins et neutres, même quand les choses qu'ils désignent n'ont pas de sexe réel, que le sont aujourd'hui les Allemands ou que l'étaient, autrefois, les Grecs et les Latins. C'était là un des principaux caractères de la langue dont la plupart des langues de l'Europe sont descendues. Le français n'a éprouvé que partiellement la même perte, ayant conservé la distinction entre le masculin et le féminin, mais confondu le neutre et le masculin par l'effacement de leurs formes respectives. Le vieux système des cas est à l'état de débris dans la langue anglaise, quoiqu'il soit aussi bon et utile, en lui-même, que jamais. L'anglais n'a ni datif, ni accusatif, excepté dans un petit nombre de pronoms (*him*, *them*, *whom*, etc.); le français est plus pauvre encore, et n'a pas même un pronom possessif bien distinct, quoiqu'il fasse dans quelques mots pronominaux une faible distinction du sujet et de l'objet. Les Anglais ont également dit adieu à la forme du subjonctif, qui, en allemand, est aussi riche que celle de l'indicatif.

La langue anglaise est, en réalité, entre toutes les langues de même famille, celle qui montre le plus ce genre de changement linguistique, qui consiste dans la perte des distinctions grammaticales formelles faites par des moyens synthétiques. Il n'y a pas d'exemple d'une autre langue qui, après avoir été si riche sous ce rapport, soit devenue si pauvre, qui ait tant dépouillé ses radicaux de l'appareil des suffixes et les ait tant réduits à la forme monosyllabique. Tout cela est le résultat de la tendance à la commodité et à l'abréviation, tendance qui dans ce cas, plus que dans tout autre, produit un vrai déclin. La force de conservation, la transmission traditionnelle, n'a pu résister à ses effets. Une grande partie des pertes faites a eu lieu dans les derniers siècles, et il serait facile d'indiquer les causes qui les ont accélérées. Quand un homme apprend une langue étrangère, non par l'étude mais par la pratique, il mutile aisément les terminaisons des mots, et, heureux d'en avoir saisi les syllabes principales, celles qui renferment le sens, il laisse au contexte le soin d'expliquer les circonstances dans lesquelles le mot est employé. C'est là ce qui a contribué à la décadence de la langue latine et l'a réduite, dans la bouche des Italiens, des Celtes, des Ibères et autres peuples, à n'être plus, à force de corruptions et d'abréviations, que des dialectes romaniques ; l'irruption en Angleterre des Normands qui parlaient français, et leur fusion avec les Anglais qui parlaient saxon, est venue ajouter une force nouvelle à une tendance déjà très prononcée chez les derniers Anglo-Saxons.

Mais ce n'est que par le degré que l'anglais diffère, en cela, des langues de sa famille et de celles des autres familles. La tendance à la commodité, à l'économie d'efforts, en matière d'expression, est universelle et aveugle. Elle a semé partout les ruines. Elle commence par fusionner des éléments indépendants et par en composer des mots ; ensuite, elle les contracte et les mutile, et cela a lieu dans les langues primitives d'une façon aussi certaine, sinon aussi rapide, que dans les langues modernes. On croit qu'il n'y a rien de plus ancien dans la langue anglaise que les terminaisons de la première personne, *mi*, au singulier, *masi*, au pluriel. Cependant, ce sont déjà des contractions et la tendance à l'économie avait agi sur ces formes, le *masi* surtout avait subi tant de changements que les philologues disputent sur son origine. Tout ce qu'il en reste dans la langue anglaise, c'est l'*m* de *am* (employé pour *as-mi*), et toutes les langues de la même famille ont subi la même perte, et bien d'autres, dans les différents départements de l'inflexion et de la dérivation.

Les plus riches langues connues n'expriment jamais d'une façon distincte toutes les relations qui existent entre les objets de la pensée humaine, relation que l'esprit comprend implicitement, lors même qu'il ne leur donne pas corps par une forme verbale. Aucun des rapports exprimés n'est, pas plus que les rapports sous-entendus, absolument nécessaire au discours. Quand l'esprit a trouvé l'expression, il peut contempler le signe, mais n'en dépend point, et ayant, pour ainsi dire, dans ce signe un gage de sécurité, il l'oublie momentanément et réalise au dedans de lui-même l'idée pure. Mais nous pouvons remarquer, pour notre consolation, qu'à moins qu'un peuple ne décline réellement par l'intelligence et la pensée, il ne perd point ce qu'il a une fois possédé, comme appareil inflexionnel, sans trouver le moyen d'y pourvoir par quelque équivalent. Il change de mode d'expression, mais ne renonce point à s'exprimer. La chute du système des cas a été suivie du développement de la classe des prépositions ; la perte des éléments pronominaux contenus dans les terminaisons personnelles, a conduit à faire des pronoms, c'est-à-dire des mots distincts et séparés ; l'appauvrissement du système des temps et des modes a été compensé par un riche appareil d'auxiliaires, lesquels suffisent à la fois à rendre les distinctions anciennes et à en exprimer de nouvelles.

Ceci nous amène encore une fois à reconnaître la dernière forme de changement du langage, savoir, l'acquisition de nouveaux moyens d'exprimer la pensée, et ce sera le sujet du chapitre suivant.

CHAPITRE SEPTIÈME

DÉVELOPPEMENT DU LANGAGE : PRODUCTION DE NOUVEAUX
MOTS ET DE NOUVELLES FORMES.

Importance spéciale de ce mode de changement linguistique: ses
effets. — Ceux-ci s'obtiennent en partie sans additions externes;
acquisitions, définitions, multiplications de sens dans les mots
existants. — On trouve de nouvelles formes de langage. — Additions externes; emprunts faits aux autres langues; nature et importance de ces emprunts; abus qu'en a fait la langue anglaise.
— Invention de mots nouveaux; l'onomatopée. — Mots nouveaux
formés par des combinaisons de mots anciens; nouvelles formes
produites par cette méthode. — Son importance et l'étendue de
ses effets; les changements dans la forme interne sont le résultat
des additions externes. — Différenciation de la forme d'un mot,
selon ses différentes applications. — On multiplie les acceptions
d'un mot par l'appareil des dérivés. — Conversion d'une des parties du discours en une autre.

Dans cette revue des procédés que suit le langage dans
son développement, nous devons, pour terminer, examiner
ce qui concerne l'acquisition de nouveaux matériaux, la façon
dont se trouvent compensés les effets destructifs du déclin
phonétique, et dont se créent de nouveaux moyens pour exprimer les idées et les faits. Ces moyens ont été déjà exposés ou mentionnés en partie; car, tous les modes du développement linguistique se confondent et se mêlent tellement
qu'il est impossible de discuter l'un, si brièvement que ce
soit, sans toucher plus ou moins le sujet des autres.

Ce dernier mode de changement, disons-le en commençant, constitue, dans un sens plus direct et plus naturel que

tous les autres modes, ce qu'on appelle le développement du langage, et met plus distinctement en lumière les forces qui président à ce développement.

L'objet général des additions apportées au langage est évidemment d'étendre et de perfectionner l'expression de la pensée, de fournir pour les idées nouvellement acquises et les faits récemment reconnus, des signes représentatifs nouveaux, et pour les vieilles idées et les vieilles connaissances de l'esprit humain de meilleurs moyens de se traduire. Mais, ce que nous devons faire remarquer d'abord, c'est que ce but est en grande partie atteint, sans le secours d'aucun changement apparent dans le langage. Cela a lieu très-souvent par des combinaisons nouvelles de syntaxe, et par des rapprochements inusités de mots, sortes d'emplois nouveaux qui fournissent d'immenses ressources; car, on leur fait produire une foule d'idées et de déductions inattendues. Cependant, ces variétés de combinaisons et d'usages ne peuvent avoir lieu sans affecter plus ou moins le sens des mots et sans rendre un peu mobiles les limites de leur domaine. Si, par exemple, nous faisons cette phrase : *le soleil se lève, répandant sa lumière et sa chaleur sur la terre*, il se trouve qu'elle est de celles que l'on eût pu prononcer dans toutes les langues depuis l'origine du langage et de la connaissance humaine ; mais combien est différente l'idée qui s'y attache pour un ignorant moderne, ou pour un sage de l'antiquité! Pour nous, l'expression : *se lever*, appliquée au soleil, n'est qu'une concession aux apparences; nous ne jugeons pas nécessaire de dire que la terre a tourné et que sa rotation a amené sous les rayons solaires la partie de sa surface sur laquelle nous nous trouvons; et quant aux mots de *s'élever* et de *tomber*, ce n'est que depuis que Newton a découvert la grande loi cosmique de la gravitation que nous savons réellement ce que c'est. Il y a beaucoup moins longtemps encore que nous savons que la lumière et la chaleur sont des modes particuliers du mouvement de la matière, modes dont nous sommes avertis par les effets qu'ils produisent sur notre organisme sensitif. La transformation de l'idée attachée aux mots de *terre* et de *soleil* n'a pas besoin d'être remarquée. Cet exemple est sans doute choisi parmi les plus considérables ; cependant, il est très-propre à servir de type, en montrant ce que devient le langage par le progrès des connaissances et des idées. Cette sorte de changements agit sans cesse sur la masse linguistique comme un levain, incorporant les significations des mots les unes dans les autres et multipliant les nuances et les distinctions qui résultent du développement graduel de la pensée humaine. Comme nous l'avons dit plus haut, l'esprit d'une société est continuellement à l'œuvre au milieu de l'édifice de la langue et en remue incessamment les matériaux.

Nous pourrions redire ici tout ce que nous avons dit dans le cinquième chapitre sur les transformations des mots, pris individuellement. et montrer ces mêmes transformations dans leur rapport avec le mouvement général de la pensée. Mais cela nous prendrait trop de temps, et nous devrons nous contenter d'indiquer brièvement certains aspects du sujet.

D'abord, on peut se rendre compte de ce qu'une langue acquiert de richesse par ce moyen, en voyant la variété d'acceptions que l'on donne à chaque mot. Si chacun d'eux était, comme les termes scientifiques, réduit à n'exprimer que des choses analogues ou strictement semblables. le nombre des mots existants serait loin de répondre aux besoins du langage cultivé. Alors, il arrive ordinairement qu'un mot ne couvre pas un point seulement, mais tout un territoire irrégulier, hétérogène, changeant. On sait qu'un lexicographe anglais distingué crut avoir accompli une grande chose quand il eut réduit les significations du mot *good* (bon) à quarante variétés, plus, un résidu insoluble d'une ou deux douzaines de phrases ; et, bien que nous ne soyons nullement obligés d'accepter toutes ses distinctions, leur nombre nous donne, du moins, une idée de l'état des choses. Il n'y a pas un écolier qui ne se rappelle son désespoir quand, au début de ses études, il jetait un coup d'œil sur la liste des significations d'un mot, dans ses dictionnaires grecs et latins, et quand il s'efforçait de trouver, au milieu de cette variété, celle qui pouvait convenir dans la phrase qu'il avait à traduire ; la même chose arrive à toute personne qui apprend une langue étrangère. Il appartient au lexicographe, en tous pays, de mettre l'ordre dans la confusion apparente en découvrant le nucleus, le sens étymologique vrai d'où tous les autres procèdent par changement, extension, transfert, et de montrer le lien qui les unit, si toutefois cela n'est point, comme c'est souvent le cas, tout à fait impossible. Si l'on comptait comme mot dans la langue anglaise chaque signification d'un mot, les cent mille vocables de cette langue deviendraient un ou deux millions. Comme exemple de cette manière de s'enrichir, nous citerons la langue chinoise, une des plus cultivées qu'il y ait dans le monde, et qui se compose d'environ quinze cents mots dont les acceptions et l'emploi ont été différenciés à l'infini. On peut imaginer quelle multitude d'idées se sont attachées à chaque mot, et la confusion apparente qui en résulte.

Le mode de transfert par lequel un mot s'enrichit d'une signification nouvelle est surtout la *figure*. Nous en avons parlé dans l'avant-dernier chapitre. Le langage philosophique est presque entièrement formé de figures. Mais le transfert du sens des mots ne se fait pas seulement de cette manière. L'esprit humain a une merveilleuse facilité pour saisir les ressemblances, pour les indiquer, et y prend cette sorte de plaisir qui s'attache à tout acte créateur. Cela donne de la variété, de la vivacité au langage. Nous en voyons un exemple frappant chez les gens qui vivent au milieu d'occupations toujours les mêmes et qui ont peu de culture intellectuelle; quand on leur parle de choses qui leur sont moins familières ou qu'on leur en montre de nouvelles, ils y voient continuellement des analogies avec les objets habituels de leur pensée et leur langage *sent la boutique.* Le matelot parle comme si le monde entier était un navire, et quand nous lisons un roman maritime, la fidélité de l'auteur à reproduire ce fait donne au récit un piquant et un naturel qui est plein de charme pour nous autres, marins d'eau douce. Or, beaucoup de termes techniques ou de phrases spéciales ont été ainsi acquises par la langue anglaise ordinaire; et si nous voulons nous rendre compte de la place qu'occupe la figure dans le langage courant, nous n'avons qu'à lire dans Mark Twain (*Roughing It*, CHAP. XVII) cette amusante et, à cet égard, instructive conversation entre un joueur de profession et un prédicant, auquel le premier demande un enterrement chrétien pour son associé défunt. Pour prendre plus haut nos exemples, voyez dans les poëtes védiques combien ils emploient la comparaison du bercail et du pâturage quand ils parlent de la condition humaine, et remarquez que les mots qu'ils ont employés par figure sont devenus les mots propres. Quand il s'agit de choses basses ou bizarres nous appelons cela l'argot, et nous le méprisons à bon droit ; mais l'argot n'est que l'abus et l'excès d'une tendance légitime et qui a été très-féconde dans l'histoire du langage. Il semble qu'il nous repose des mots de convention, des mots insipides, qui ont été, pour ainsi dire, usés par le trop long emploi qu'on en a fait, sans en comprendre la vraie valeur, et sans y mettre ni vie ni sentiment. Dans l'exubérance de son activité, dans le plaisir naturel qu'il trouve à créer quelque chose, l'esprit produit à la fois le noble langage figuré et l'argot. Tous deux, au fond, sont une même chose, et le dernier n'est qu'un mal nécessaire. Il y a des *argots* auxquels on peut, sans honte, trouver du charme, et un récit fait en argot est un récit fait par une série de peintures, au lieu d'une série de mots.

L'emploi des mots de convention a certainement aussi son utilité, et sert dans les relations sociales, non pas à exprimer mais à couvrir la pensée. Pour en prendre un des plus simples exemples, quand on dit à quelqu'un : *comment vous portez-vous ?* on trouverait fort ennuyeux, que la personne qu'on a saluée par ces mots vous répondit par un récit détaillé de tous les symptômes qu'elle éprouve dans sa santé ; nous commençons une lettre à quelqu'un que nous détestons, par *mon cher monsieur*, et nous nous déclarons l'*obéissant serviteur* d'un homme à qui nous ne permettrions pas de nous commander. Il en est de même dans beaucoup d'autres cas. Substituer une expression vraie à une phrase convenue, ce serait manquer à la politesse, c'est-à-dire faire une part trop large à notre personnalité. Il y a aussi des sujets dans lesquels la décence ou la délicatesse nous oblige de choisir nos mots avec soin pour ne point offenser ni dégoûter ceux qui nous écoutent. Et c'est là un des exemples les plus frappants de la puissance des mots en eux-mêmes, et de leur empire sur la pensée, que nous tolérons une expression indirecte, suggestive, là où nous trouverions révoltante l'expression propre. Ici, le contraire arrive de ce que nous avons remarqué plus haut : le mot, au lieu de s'user par l'emploi prolongé, acquiert une signification trop directe, et nous sommes obligé d'en chercher un autre.

Ainsi donc, indépendamment de tout accroissement de connaissances et d'idées, aussi bien qu'en raison de cet accroissement, l'instrument de la pensée subit de continuelles modifications et se perfectionne par l'application des mots à des idées plus vives et plus variées. Le même mode de développement du langage sert à deux choses : rendre plus d'idées et rendre plus agréablement les idées. Nous nous sommes suffisamment étendus, dans le cinquième chapitre, sur le grand mouvement qui fait passer les mots du sens concret au sens abstrait, donnant ainsi une expression à la pensée pure et à la pensée nouvelle par voie d'extension et de formation ; nous allons maintenant exposer ce procédé plus visible de développement du langage, qui consiste en additions externes, en adjonctions de mots nouveaux à l'ancien vocabulaire.

Commençons par l'adjonction des mots empruntés aux langues étrangères comme étant le procédé le plus externe. L'emprunt est, plus ou moins, le moyen commun de s'enrichir que toutes les langues ont employé. Il n'y a point de dialecte dans le monde qui n'ait pris quelque chose au dialecte voisin. Ce qu'on acquiert le plus aisément par cette voie, ce sont les substantifs qui désignent les institutions et les productions étrangères, auxquelles nous jugeons convenable, quand nous les adoptons ou les introduisons chez nous, de laisser les noms que leur avaient donnés les premiers possesseurs. Ainsi, *banane* est un fruit tropical et un nom tropical ; presque toutes les nations de l'Europe ont conservé le nom d'*ananas* au fruit que, par une dérogation à la règle générale, les Anglais appelent *pine-apple*, et l'institution du *tabou*, qui appartient à la Polynésie, est connue sous ce nom dans plus d'une langue d'Europe. Une langue comme la langue anglaise, qui est celle d'un peuple mêlé à toutes les nations du monde et dont la civilisation a fait à toutes des emprunts, a dû s'assimiler des mots appartenant aux langues les plus diverses. Ainsi, il y a les mots religieux tirés de l'hébreu, *sabbath* (sabbat), *seraph* (séraphin), *jubilee* (jubilé) ; les mots scientifiques arabes anciens, *algebra* (algèbre), *alkali*, *zénith*, *cipher* (chiffre), outre une liste hétérogène de mots comme *sugar* (sucre), *lemon* (citron), *sherbet* (sorbet), *magazine* (magasin) ; les mots persans *caravan* (caravane), *chess* (échecs), *shawul* (châle), et même le mot anglais si familier et si varié de significations, *check* ; il y a les mots indiens de *calico* (calicot), de *chintz* (étoffe de coton peinte), de *punch* (punch) ; il y a les mots chinois de *tea* (thé), de *nankeen* (nankin) ; les mots américains de *canoe* (canot), de *guano*, de *potato* (pomme de terre). Ce ne sont là que quelques exemples tirés d'une longue liste ; et la liste des mots empruntés à l'espagnol, à l'italien et à plusieurs autres langues d'Europe, est beaucoup plus longue encore. En somme, ces emprunts ne sont pas pour une grande part dans la totalité des mots anglais ; mais ils ont de l'importance théorique, parce qu'ils mettent en lumière le procédé général par lequel les noms sont donnés aux choses, procédé que nous exposerons dans le chapitre suivant. Ce n'est certainement pas en vertu du développement organique du langage que des mots appartenant à des sociétés que les Anglais connaissent à peine et dont ils se soucient moins encore, en viennent à faire aussi intrinsèquement partie de la langue anglaise, que les mots qui ont été importés par les Saxons ou qui « sont entrés en Angleterre avec Guillaume le Conquérant. »

Cette dernière expression nous conduit à remarquer cette autre espèce d'emprunts qui sont communs à la langue anglaise et à beaucoup d'autres. Toutes les nations de l'Europe ont reçu, directement ou indirectement, leur civilisation et leur religion de la Grèce et de Rome. Quelques-unes d'entre elles, comme les divers peuples de l'Italie, les Celtes de la Gaule, les Celtibères de l'Espagne, ont tout, ou presque tout emprunté aux Romains, de façon que leurs langues aujourd'hui ne sont presque pas autre chose que des dialectes issus du latin. Le même effet s'est produit chez les peuples du Nord, à un degré différent ; ils ont pris les mots des Romains dans la même proportion qu'ils ont pris leurs idées et leurs institutions. Il est donc entré dans les langues germaniques, slavoniques, celtiques, beaucoup de vocables grecs et latins. On les trouve déja en grand nombre dans le plus vieil anglo-saxon et ils abondent dans le vocabulaire allemand, même quand ils sont déguisés sous des dehors germaniques. La dépendance à l'égard de Rome, en matière de sciences et d'arts, a duré longtemps pour l'Europe. Le latin était la langue exclusivement employée et seule, alors, propre à l'être, pour exprimer la pensée dans l'ordre des choses élevées. Aujourd'hui encore, la jeunesse est imprégnée de latin. Ces circonstances ont maintenu chez les peuples de l'Europe l'habitude constante d'aller chercher dans la langue latine tout ce qui manquait à la leur. Cela était surtout facile pour ceux chez qui la langue vulgaire était déjà toute romane; mais les Anglais en firent autant, et les savants cherchèrent plutôt dans le latin que dans l'anglo-saxon les mots spéciaux à leur usage. Les sources grecques et latines étaient les plus abondantes et s'offraient d'elles-mêmes aux peuples européens. Dans d'autres parties du monde, d'autres langues ont joué ce rôle prééminent. Le sanscrit a été longtemps pour cette foule de nations et de tribus qui parlaient les dialectes si divers de l'Inde, la langue sacrée, la langue littéraire, celle qui était chargée de conserver les connaissances sublimes et les formes les plus hautes de la pensée; de façon que ces dialectes se sont peuplés de mots sanscrits et sont arrivés par eux à l'état de langues cultivées. Les Perses ont été forcés, il y a mille ans et plus, de recevoir la religion et les lois de leurs vainqueurs Arabes, et le persan moderne est aujourd'hui presque plus arabe que persan. Les Turcs ont fondu sur la Perse à l'état de sauvages, et comme ils ne savaient rien que tuer et piller, qu'ils avaient tout à apprendre, leur langue écrite est aujourd'hui plus remplie de mots persans et arabes que ne le sont les vers de Ronsard de mots grecs et latins. Les Japonais se sont faits, il y a quinze siècles, les élèves des Chinois, et leur vocabulaire a complétement absorbé le vocabulaire chinois.

Il n'est donc nullement particulier à la langue anglaise de faire des emprunts aux autres langues, et elle ne diffère des autres qu'en ce que quelques-uns de ces emprunts sont faits à des langues qui n'ont avec elle que les plus lointains rapports. Une évaluation digne de foi, faite des dérivations des mots anglais, montre que les cinq septièmes à peu près sont classiques et les deux septièmes germaniques (les autres, sont trop peu nombreuses pour entrer en ligne de compte). Il va sans dire que les mots employés dans le langage habituel ne s'y trouvent pas dans ces mêmes proportions ; parce que les mots usuels anglais et le cadre de la langue, sa charpente, pour ainsi dire, est germanique. Ainsi, dans l'œuvre de Milton, par exemple, les mots classiques sont dans la proportion des deux tiers au moins ; mais dans une page de Milton, prise au hasard, ils n'y sont plus que dans la proportion de dix à trente pour cent ; et même dans une page de Johnson, leur proportion n'est pas de beaucoup plus considérable.

Il existe des raisons faciles à reconnaître de l'abondance des mots classiques dans la langue anglaise. L'invasion normande qui a mis en conflit les deux éléments français et saxon, a introduit de force une grande quantité de matériaux latins, dont la présence dans la langue saxonne a préparé l'introduction naturelle d'autres matériaux de même origine. La disparition graduelle des modes de composition, de dérivation, d'inflexion, appartenant à la langue du pays, disparition causée par le même événement, a rendu cetie langue plus impropre aux besoins croissants de la science et de la pensée. Ainsi, quand les pressantes et vastes exigences des deux derniers siècles se produisirent, la ressource des emprunts fut plus employée que jamais. Quand une société vit paisiblement et n'a pas à accumuler beaucoup les fruits de la pensée, qu'elle se contente de vivre sur son fond, comme on dit, et qu'elle n'élabore que lentement de nouvelles idées, le développement purement organique de la langue, développement qui provient de la masse sociale toute entière, suffit à la situation. Mais, quand les sciences, les arts et la philosophie font de rapides progrès, quand les branches de connaissances se multiplient et sortent les unes des autres, appelant chacune tout un nouveau vocabulaire de termes nouveaux ; quand un nombre infini de faits et d'objets inconnus se présentent à la pensée humaine, la langue la plus fertile n'y peut répondre par ses ressources intrinsèques. La demande est pour les mots techniques, les mots scientifiques, et les savants s'adressent tout naturellement aux langues savantes. Ils y trouvent encore cet avantage, que tous les continuateurs de la même œuvre de civilisation ont ainsi une langue commune, au moyen de laquelle ils se comprennent, se répondent et s'unissent par-dessus les frontières. Les cinq septièmes des matériaux classiques de la langue anglaise sont consacrés aux usages techniques ou scientifiques et les enfants n'ont nul besoin de les apprendre quand ils apprennent à parler anglais; beaucoup d'hommes ne les savent jamais, et il y en a un très-grand nombre qui ne se trouvent que très-rarement même dans les livres. Cependant, sous certaines conditions de la vie pratique ou dans certaines professions, ils deviennent aussi familiers que ceux dont l'origine n'a rien d'artificiel. Nous en voyons un exemple dans les mots *dahlia, pétrole, télégraphe, photographie,* etc.

Il y a différentes manières et différents degrés d'emprunts. Ce qu'on emprunte le plus aisément à une langue, ce sont les noms et les épithètes, autrement dit les substantifs et les adjectifs. Les verbes sont plus difficiles à assimiler; on n'emprunte presque point les particules et très-peu les préfixes et les suffixes; moins encore les appareils de l'inflexion, terminaisons, conjugaisons, déclinaisons. La langue anglaise elle-même n'a rien ou presque rien d'étranger dans sa grammaire. Les articles, cette partie du discours qui sert à lier les idées, à montrer leurs relations, à former des périodes, sont tout à fait anglo-saxons. De façon que malgré la prédominance des éléments classiques, l'anglais demeure langue germanique.

Il y a peu d'exemples dans la période historique (car nous ne parlons pas de la période primitive du langage) qu'un mot nouveau ait servi à créer d'autres mots que ses dérivés naturels. Ainsi, il y a par exception le mot de *gaz,* donné, comme nous l'avons dit, par un chimiste à un état de la matière qui n'avait point encore assez frappé les yeux et les esprits pour qu'il semblât mériter un nom. Ce même chimiste proposa d'appeler *blaz* l'influence des corps célestes sur la température de la terre : ce mot parut trop fantaisiste pour être généralement adopté et il tomba dans l'oubli, pendant que l'autre se répandait universellement.

Il y a d'autres mots qui ne doivent point, comme le mot *gaz*, leur fortune à un heureux hasard ; ce sont ceux dont le mérite et la raison d'être consistent dans l'imitation des sons de la nature : comme *coucou*, *toucan*, noms donnés aux oiseaux qui les portent à cause de leur ressemblance phonétique avec le chant de ces espèces; ou bien les mots descriptifs, imitatifs, comme *craquer*, *cracher*, *siffler* et, en anglais, *buzz* (bourdonner). C'est là ce qu'on appelle les *onomatopées*, littéralement, en grec, *facteurs de noms*, parce que les Grecs faisaient leurs noms de cette manière et ne concevaient pas qu'on ne mît entre le nom et la chose qu'un lien purement conventionnel quand on pouvait mieux faire.

Nous allons maintenant passer à un autre procédé par lequel des matériaux qui ne sont pas tout à fait neufs, mais qui sont susceptibles d'enrichir considérablement une langue, viennent à être mis en œuvre ; procédé que l'histoire du langage prouve être plus important que tout autre. Nous voulons parler de la composition des mots, de la juxtaposition de deux éléments indépendants pour en former un mot. Nous en avons trouvé un exemple ou deux dans notre passage-type : *reste-dœg* et *leorning-cnihtas* (*jour de repos* et *jeunes gens apprenants*, autrement dit *sabbat* et *disciples*). De tels mots sont, logiquement, des phrases descriptives abrégées et dont on a élagué les signes de relations, les connectifs, les inflexions ordinaires. Les deux idées sont réduites chacune à un seul signe et les deux signes sont juxtaposés ; c'est à l'esprit d'inférer leurs rapports, en partant des circonstances connues. C'est un sacrifice, fait à la brièveté et à la commodité, des avantages d'une langue qui possède des éléments formatifs et des mots formels. La relation entre les deux parties des mots composés est sous-entendue et sa nature variable : ainsi, *headache* est un mal de tête ; *headchess* est une coiffure, *headland* une péninsule en forme de tête ; un *headsman* est un bourreau (un homme qui coupe les têtes) ; un mouvement *headway*, est un mouvement de progression qui se fait dans le sens où se trouve la tête d'un cheval ou de tout autre animal ; un *steamboat* est un bateau à vapeur ; un *railway*, un chemin fait avec des rails, etc., etc. Les mots ainsi formés n'ont qu'un seul accent ; c'est là le sceau extérieur de la fusion, mais ce n'est pas suffisant, car alors les deux mots : *the man* (l'homme), et ceux-ci, *have gone* (avoir été), et ceux-ci encore, *shall go* (il ira), qui se suivent de si près qu'ils n'ont à eux deux qu'un seul accent, seraient aussi des mots composés. Il n'y a rien de plus commun dans les langues que les combinaisons de deux mots qui n'en forment plus qu'un. Cependant toutes les langues n'en font pas usage au même degré : le sanscrit en abuse ; le grec et le latin en usent avec une sage modération ; le français semble avoir presque entièrement perdu la vertu d'en faire, et l'anglais, bien qu'il ne possède pas autant de mots composés que l'allemand, en a beaucoup, et les exemples cités plus haut montrent qu'il y a trouvé de grandes ressources pour l'expression de la pensée. Nous avons déjà vu combien les hommes sont prompts à perdre de vue l'origine des mots composés, à les unifier par des changements phonétiques et à les regarder comme des signes unitaires. Mais il nous reste à étudier un peu plus la carrière de ces mots dans une direction différente.

Parmi les nombreux adjectifs que les Anglais joignent aux noms pour former des composés, il y en a qu'en raison de leur sens qui les rend applicables à beaucoup de choses, on emploie fréquemment. Un exemple typique est *full* (plein — l'allemand *voll*) qu'on ajoute aux noms dans un sens si général que sa valeur spécifique est perdue et qu'il devient une espèce de suffixe : *dutiful* (obéissant) et *plentiful* (abondant) sont équivalents à *duteous* et à *plenteous*. Son contraire est *less* (moins), en allemand *los*. Ce n'est pas cependant, comme on pourrait le croire, cet adjectif qui entre dans les mots composés ; c'est *loose*, qui veut dire *lâche* (qui n'est pas ferme, qui se détache). Ce fait se prouve par la signification du mot allemand et par les vieilles formes de la langue anglaise ; et ici, le mot indépendant a été tellement déguisé par le changement phonétique qu'il n'est plus reconnaissable et n'est absolument qu'un suffixe. Nous avons suffisamment montré (page 34) que l'adverbial anglais *ly* (*godly* — divin — *homely* — domestique) vient de *like* (*semblable, de la nature de*); et qu'un certain cas du mot *like* a été converti en un suffixe général : *truly* (vraiment), *plentifully* (*abondamment*). Le suffixe adverbial français *ment* procède de la même manière de l'ablatif latin *mente : grandement* vient de *grandi mente* (*avec une grande pensée*). Le *wholesome* anglais (sain), en allemand *sam* dans *heilsam*, est une forme altérée du vieux *sam* identique avec *same* et qui, comme *like*, signifiait *semblable, de la nature de*. Il y a aussi des suffixes formatifs de noms qui ont une même origine. Les cas les plus communs sont *ship* (en allemand *shaft*), *lordship, herrschaft* et ainsi de suite : *dom* (en allemand *thum*), *kingdom, wisdom, königthum, weisthum* (royaume, sagesse); *ship* vient de *shape* (forme), et *dom* de *doom* (sentence). Nous avons aperçu en passant un cas ou deux dans lesquels le temps verbal a été formé par le même moyen. Le *don* de *hyngredon* (pluriel de *hyngrede*, page 35) était en langue gothique *dêdum*, évidemment un auxiliaire (le *did* anglais), qui, à une époque très-lointaine de l'histoire commune des dialectes germaniques (car on le trouve chez tous et il n'est dans aucune des langues de même famille), était ajouté à un mot verbal employé à l'infinitif (comme aujourd'hui en anglais, *I do love* — j'aime — *I did love* — j'aimais), et conjuguait le verbe mais sans se fusionner avec lui. Un fait tout à fait semblable se produit dans la langue française au temps futur des verbes, où l'infinitif est tout simplement fusionné avec le verbe avoir; exemple : *je donner-ai*. On trouve d'abondantes traces de ces compositions de mots, par voie de fusion, dans la langue latine, où elles ont produit de nouvelles formes verbales. Il est reconnu que les syllabes *bam, bo, ui* ou *vi* qui marquent, en latin, l'imparfait, le futur et le parfait sont des terminaisons d'un verbe auxiliaire qui a prêté sa forme à la conjugaison des verbes actifs et qui répond au verbe anglais *to be* (*être*). Le grec et le sanscrit pourraient offrir de semblables exemples à des époques plus ou moins reculées. On croit que le futur du sanscrit *syâmi* et le grec σω remontent à la période primitive de la formation des langues de notre famille.

Ce sont, parmi les nombreux exemples qu'on peut donner pour montrer que les suffixes des mots dérivés ou infléchis sont des mots originairement indépendants et distincts, les plus simples qu'on puisse choisir. Dans ces cas comme dans les autres, l'oubli, l'atténuation, le transfert de signification, l'abréviation, le changement de forme, ont eu leur part dans la création des mots ; car, tant que les deux éléments juxtaposés demeurent distinctement reconnaissables, ce sont plutôt des composés que des mots ; ainsi, le *ful* anglais (le *voll* allemand) n'est pas aussi véritablement un suffixe que *ly*, parce que *ful* a conservé une signification propre que l'esprit reconnaît toujours. Il faut qu'un mot soit déguisé sous le changement de forme pour faire un affixe, ou *élément formatif*, comme on l'appelle, avec raison, en le distinguant de l'*élément radical*, du mot essentiel auquel il est joint.

Et ce n'est pas là, — nous parlons des suffixes des mots dérivés et infléchis — la plus importante partie des éléments formatifs du langage, dont l'origine remonte à ce procédé. Si nous ne devions admettre, en matière linguistique, que ce qui repose sur des preuves évidentes, nous n'attribuerions pas au principe de la combinaison une grande part dans le développement du langage. Mais il serait extrêmement déraisonnable d'exiger en toutes occasions de pareilles preuves. Les modifications imprimées aux mots par les deux espèces de changements dont nous avons parlé sont telles, qu'après un long temps écoulé, nous ne pouvons que deviner (et quelquefois cela même est impossible) ce que ces mots ont été à l'origine. Nous ne pourrions pas expliquer ce que c'est que le suffixe anglais *ly* si nous ne pouvions recourir à d'autres langues pour nous éclairer. Nous ne saurions pas avec certitude d'où vient le *d* du mot *loved* si nous ne le demandions pas à la langue gothique, non plus que le σω, qui marque le futur dans la langue grecque, si nous ne pouvions point interroger le sanscrit. A chaque période de la vie du langage, il y a des éliminations faites, en vue du progrès et de la simplification, dans les parties connectives des mots, et les contractions poussées à l'excès rendent méconnaissables, même dans les dialectes romans, les anciens éléments des composés. Ce n'est donc point, parce que nous ne retrouvons pas dans une forme les caractères qui sont visibles dans les autres, qu'elle a une origine différente ; la présomption, au contraire, est en faveur de la parité, et au lieu d'avoir à prouver qu'elle existe, on a plutôt à prouver qu'elle n'existe pas. Or, en l'état de la science, cette démonstration probative n'a point été faite, et tous les résultats de l'étude donnent lieu de croire que l'agrégation des mots a été, depuis l'origine, dans les langues de même famille que la nôtre, la méthode féconde et suffisante du développement externe du langage, celle qui a donné les matériaux nouveaux qui, sous l'action d'autres causes, ont été appliqués aux besoins croissants de la pensée. Nous allons tout à l'heure parcourir brièvement l'histoire de ce développement, dans ses rapports avec le principe de la combinaison, tel que nous le présente la philologie comparée.

Mais, une partie des mots dérivés ou infléchis semblent formés par voie de modification interne plutôt que par addition externe. Sans doute on dit en anglais *boy* et *boys* (*garçon* et *garçons*), mais on dit aussi *man* et *men* (*homme* et *hommes*) ; on dit *love* et *loved* (*aimer* et *aimé*), mais on dit également *read* et *read* (*lire* et *lu*), et en allemand on trouve ce phénomène très-étendu et très-important de la variation de la voyelle radicale dans de grandes classes de mots, dont l'anglais présente l'analogue, par exemple dans *sing*, *sang*, *sung* et *song* (*chanter*, *chanta*, *chanté* et *chant*) : dans *break*, *broke* et *breach* (*rompre*, *rompu*, *bris* ou *rupture*). Le grec a de même, quoique d'une façon moins visible, un léger changement de voyelle radicale dans un grand nombre de verbes et de dérivés verbaux, comme λείπω, ἔλιπον, λέλοιπα ; et comme τρέπω, ἔτραπον, τέτροφα, τρεπτός, τράπηξ, τρόπος, etc. Ce sont là d'apparentes contradictions au principe du développement par addition externe, par agrégation. Cependant, si l'on arrive à prouver que ces cas, en apparence divergents, sont soumis à ce même principe, ils lui prêteront une nouvelle force.

Commençons par *read* et *read*, comme étant plus récents

et plus simples. En anglo-saxon, ce verbe et le petit nombre de ceux qui lui ressemblent n'avaient point cette différence de voyelle entre le prétérit et le présent, et ils prenaient la même terminaison que les verbes réguliers ou nouveaux : les formes étaient *rœdan* pour *rēad* (*lire*) et *rœdde* pour *rēad* (*lu*). Mais le principe phonétique de la commodité a agi ici comme ailleurs : la pénultième de *rœdde* avait une voyelle longue devant une double consonne et on allégea la difficulté en prononçant brève cette voyelle, procédé si commun dans toutes les langues germaniques que l'on marque presque toujours comme voyelles brèves, toutes celles qui se trouvent devant les consonnes doubles. Lors donc que, plus tard et par la suppression des voyelles finales des mots, les deux formes furent réduites à être monosyllabiques, la double consonne disparut et il ne resta point d'autre signe de la différence de temps entre *rēad* et *rēad* que la manière de prononcer la voyelle radicale, longue ou brève. Le cas est analogue d'une part, à *lēave*, *lēft* (*laisser*, *laissé*), *feel*, *fēlt* (*sentir*, *senti*), dans lesquels il y a prononciation brève de la voyelle pour la même raison, mais où le groupe des consonnes a été conservé ; d'autre part, à *set*, *put* (*mettre*) etc., qui ont aussi perdu leurs terminaisons au prétérit, mais qui, ayant une voyelle courte au présent, n'ont point été différenci dans les deux temps et ont conservé la même forme. La distinction entre *rēad* et *rēad* (lire et lu), entre *lēad* et *lēad* (conduire, conduit) est donc purement un accident phonétique ; c'est un moyen de rendre compte, dans un but grammatical, d'une différence qui s'est produite d'une façon secondaire comme conséquence imprévue d'une addition externe, quand cette addition a disparu par le déclin phonétique. On appelle ces distinctions *inorganiques*, par opposition à celles qui, comme *loved* (aimé) de *love* (aimer), vont directement à leur but.

Quant à *man* et *men* (homme et hommes) c'est un exemple de ce que, en allemand, on appelle **umlaut**, ou modification de voyelle, phénomène très-commun dans la langue germanique et très-rare dans la langue anglaise. C'était dans l'origine le changement du son de l'*a* au son de l'*e* par l'influence assimilante de l'*i* qui suivait (voyez page 60) :

changement qui dépend du caractère des terminaisons des
cas et qui n'a rien à voir avec la distinction du nombre. Il
arrivait en anglo-saxon qu'un des cas singuliers (le datif)
prenait l'*e* et que deux des cas pluriels (le génitif et le datif)
prenaient l'*a*. Mais en vertu de leur influence d'assimilation,
les terminaisons disparurent (de la même manière que le
second *d*, par la suppression duquel on avait raccourci la
voyelle longue de *read*); de façon que datif et génitif per-
dirent au pluriel leur forme distincte, et que *man* et *men*
restèrent en face l'un de l'autre, le premier comme expression du singulier, et le second du pluriel. Et parce que cette
différence de voyelle suffisait à distinguer les deux nombres, on ne fit point double emploi en ajoutant un *s* comme
dans *ear, ears*, épi, épis (voyez page 32). Ceci est encore
un cas dans lequel on s'est appliqué à faire une distinction
grammaticale, d'une différence de forme qui dans son origine
a été inorganique, c'est-à-dire accidentelle.

Il faudrait beaucoup plus d'espace que nous n'en avons
pour discuter et pour expliquer le cas qui reste, celui de
l'*ablaut* ou variation de la voyelle radicale dans *bind, bound,
band, bond* (lier, lié, bande, lien), etc., et cela nous con-
duirait à soulever quelques questions restées obscures et
sur lesquelles disputent encore les chercheurs. Mais nous
ne trouverions, dans l'histoire de ces variations, rien d'essentiellement contraire aux principes qui ressortent des
exemples déjà cités. Le prétérit, le participe, le dérivé,
avaient chacun, dans l'origine, leur élément formatif externe :
le premier avait la réduplication, comme dans *cano, cecini,*
τρέπω, τέτροφά, *haldan, haihald;* les deux autres, leurs terminaisons de dérivées, et il n'existait pas de différence de voyelle.
Quand cette différence commença à se montrer, elle n'avait
pas plus de signification que celle de *feel* et de *felt* ou de
l'allemand *männer* de *mann:* elle ne s'était produite que
sous des influences purement euphoniques : c'était tantôt
l'affaiblissement de son d'un *a*, l'accroissement de force
donné à un *i* ou à un *u* au moyen d'un accent, et la fusion
de la réduplication qui appartenait au prétérit avec la racine
du mot. Il n'y a pas lieu d'admettre ici des exceptions
à cette règle générale que, dans nos langues, les formes

sont nées de l'agrégation externe des éléments séparés.

Il y a ici un fait à remarquer qui constitue une importante addition aux moyens par lesquels s'enrichissent les langues, c'est que l'esprit a saisi des différences accidentelles et les a appliquées à de nouveaux usages. Un mot se fractionne de cette manière en deux ou plusieurs mots qui chacun ont leur carrière distincte et séparée : nous en avons déjà vu quelques exemples notables. Le *ân* anglo-saxon est devenu le nom numérique anglais, *one* (*un*), en même temps que l'article *an* ou *a* (qui signifie également *un*); *of* a formé *off* (*en dehors de, au delà de*, etc.) et *of* (*de*); *also* (*aussi*) et *as* (*comme*), semblables aux mots allemands *also* et *als*, représentent une idée antécédente; *fore* (*devant*) et *for* (*pour*), comme les mots allemands *vor, für, ver; through* (*à travers*) et *thorough* (*profond, complet*) sont des exemples d'une sorte particulière de divorce, laquelle est accompagnée de la conversion d'un adverbe en adjectif; *outer* (*exérieur*) et *utter* (*prononcer*) sont les deux faces d'un même mot et d'une même idée; *cónduct* (*conduite*) et *condúct* (*conduire*) sont des spécimens d'une classe de mots couplés que la position de l'accent distingue seule; *minúte* (*petit, menu*) et *mínute* (*minute*) sont des distinctions fort sages qu'on voudrait voir étendre à *second* (*seconde* et *second*), mot dont rien ne distingue les différentes acceptions; *genteel* (*qui est d'un gentilhomme*) *gentile* (*payen*) et *gentle* (*doux, modéré*), tous mots issus du latin *gentilis*, montrent à la fois dans la variété de leurs significations et dans l'unité de leur racine, qui voulait dire simplement *être né*, à quel degré peuvent arriver les mutations du langage.

Le procédé de développement qui consiste à agréger les mots d'une langue pour en faire des mots nouveaux et quelquefois de nouvelles formes est naturellement beaucoup plus lent que la méthode des emprunts, surtout quand on recourt à cette méthode aussi volontiers que le fait la langue anglaise. La création des formes se fait par un progrès insensible et il faut une longue suite de générations pour faire d'un mot, un suffixe. Mais, quand ce résultat a été obtenu, les accroissements auxquels il sert de point de départ deviennent beaucoup plus rapides. Quand, par exemple, on en est arrivé à faire de *did*, une terminaison du prétérit, on l'applique au temps passé de tous les verbes nouveaux, quel qu'en soit le nombre; et il y a peu d'adjectifs dans la langue anglaise, dont on ne puisse faire un adverbe au moyen du suffixe *ly*, quoiqu'il y en ait peu que l'on puisse composer au moyen du mot *like*. Mais si nous songeons à l'antiquité du langage qui remonte à des milliers d'années, et au nombre de langues qui n'ont pas été dans le cas de faire beaucoup d'emprunts aux autres, nous trouverons que le procédé d'accroissement par agrégation y tient une place très-importante. Les langues peuvent acquérir par le triple secours des variétés d'acceptions, des variations de formes et de l'agrégation des éléments, tout ce qui leur est nécessaire pour constituer leur développement organique. Elles peuvent aussi, par ces seules forces, se transformer, au point de vue de la grammaire, créer des distinctions nouvelles et remplacer celles que le temps, qui détruit tout, fait disparaître.

Nous avons à examiner un autre procédé d'accroissement du langage qui a quelque rapport avec celui-ci : la facilité qu'ont toutes les langues à flexions de multiplier l'emploi de leurs matériaux anciens ou nouveaux en les faisant passer par le procédé de la flexion ou de la dérivation. On ne peut certainement pas utiliser ainsi toutes les formes contenues dans une langue : les distinctions anglaises, par exemple, de *he* et *him*, *they* et *them*, *man* et *men*, *give* et *gave*, *sit* et *set*, *true* et *truth*, *land* et *landscape*, quoique inflectives, sont mortes et ont donné tout ce qu'elles pouvaient donner ; mais les noms d'importation récente peuvent recevoir d'abord un *s* pour indiquer le pluriel, et la troisième personne de l'indicatif, comme *telegraphs ;* puis on en fait un verbe avec toutes ses formes infléchies, *telegraphed* (télégraphié), *telegraphing* (télégraphiant). Ensuite on fait appel aux suffixes (*telegraphic*) ; puis aux composés. *telegram*. Un certain nombre de suffixes, comme *ful*, *less*, *ous*, *ish*, *y*, sont encore assez vivants pour qu'on puisse en faire des applications pratiques. Outre que l'on peut tourner les adjectifs en substantifs, comme *le bon*, *le beau*, *le vrai*, il y a en anglais un suffixe *less* qui est très-commode pour exprimer l'absence, la négation, *lifeless* (sans vie). Il y a dans cette langue le *ly*, qui de tout adjectif fait un adverbe, *telegraphically* (télégraphiquement). Le verbe a aussi ses moyens de mutation et *to telegraph* (télégraphier) peut faire *telegrapher* (employé de télégraphe), *telegraphy* (télégraphie) et *telegraphist* (qui cultive l'art de la télégraphie). Les langues ont encore la facilité de faire des verbes avec des noms et des adjectifs ; exemples : *endurcir*, *révolutionner*, *démoraliser*, et ainsi de suite. Cette dernière méthode est, dans toutes les langues de notre famille, une grande source de verbes nouveaux, les verbes *dénominatifs*, comme on les appelle, qui apparaissent en grand nombre à toutes les périodes de l'histoire du langage. Tout cela vient de ce que l'on a la facilité de traiter les éléments formatifs de la même manière que les éléments radicaux. Qu'une syllabe modificatrice, bien que réduite à n'avoir plus qu'une valeur formelle ou formative, devienne d'un usage assez général pour acquérir un sens dans l'esprit d'un peuple, et ce peuple s'en sert dans tous les mots auxquels il veut adjoindre ce sens, aussi volontiers que d'un connectif ou d'un auxiliaire. C'est un exemple remarquable de la façon dont un suffixe, même d'origine étrangère, peut devenir un instrument formatif dont on use et l'on abuse que le *ize*, *ism* et *ist*, empruntés par l'anglais à la langue française, qui elle-même les devait à la langue grecque. Les personnes qui parlent mal ou parlent un langage affecté, en sont venues à employer des formes monstrueuses comme *walkist* (*promeneur*), *haircuttist* (*coupeur de cheveux*), etc.

Il est d'une haute importance, si nous voulons pénétrer dans la construction du langage, de distinguer son appareil vivant d'inflexion et de dérivation de l'ancien appareil détruit dont il n'existe plus rien que les effets et les traces dans les vieux mots de la langue. Et c'est, en grande partie, par la destruction des vieux instruments qui ont jadis servi à créer les formes qu'une langue garde son caractère individuel et, comme la langue anglaise, est particulièrement analytique. Chaque langue à cet égard a sa manière de procéder : le français est plus pauvre même que l'anglais, en appareils de dérivation ; les langues slaves, comme le russe, sont plus riches que tous les dialectes germaniques et néo-latins.

La langue anglaise conserve un reste de son ancienne

puissance comme langue à flexion, dans la facilité qu'elle
a de changer une des parties du discours en une autre, sans
qu'aucun signe extérieur vienne avertir de ce changement.
Les langues de la même famille ont eu autrefois un moyen,
un élément formatif, pour faire des verbes dénominatifs avec
des noms et des adjectifs ; l'anglais a perdu ou supprimé le
moyen, l'élément, et il continue à faire des verbes sans lui,
tout aussi bien qu'avec lui ; exemples : *to head an army*
(littéralement *têter* une armée), *to foot a stocking* (littéralement *piéter* un bas), *to hand a plate* (littéralement *maner*
une assiette, c'est-à-dire la présenter), *to toe a mark* (littéralement *orteiller* une marque, c'est-à-dire marquer du
bout du pied), *to mind a command* (*espriter* un ordre, c'est-
à-dire avoir un ordre présent à l'esprit), *to eye a foe* (littéralement *œiller* un ennemi, c'est-à-dire regarder son ennemi
en face), *to book a passenger* (*livrer* un passager, c'est-à-
dire l'enregistrer), *to stone a martyr* (littéralement *pierrer*
un martyr, c'est-à-dire le lapider), et ainsi de suite à l'infini.
Ces exemples font voir que le rapport du sujet à l'objet est
extrêmement variable et n'est déterminé, dans chaque cas,
que par les circonstances connues. Une autre facilité qu'a
la langue anglaise, c'est de faire, sans cérémonie, des noms
avec des adjectifs : ainsi les Anglais disent *a gold watch*
(littéralement une *or montre*), tandis que les Français sont
obligés de dire une montre en or et les Allemands aussi ; *a
steam-mill* (un *vapeur moulin*) pour un moulin à vapeur ; *a
China-rose* (une *Chine rose*), pour une rose de Chine, et
ainsi de suite. Cela provient d'un relâchement des liens de
composition, d'une élimination des parties connectives du
discours. Cette variabilité d'emploi est quelque chose de
très-différent du caractère indéterminé des mots dans les
langues qui n'ont pas d'inflexions. Le sentiment des distinctions entre les parties du discours, est suffisamment conservé dans les esprits par la présence dans une langue d'un
très-grand nombre de mots qui appartiennent uniquement
à l'une des dix de ces parties, et l'on peut en supprimer le
signe sans risquer, par là, d'en faire perdre l'idée ; cela fait
que la langue anglaise conserve en cela beaucoup de puissance pour multiplier les ressources du langage.

CHAPITRE HUITIÈME

Revue des procédés de changement : leur part dans la confection
des mots. — Jusqu'à quel point la confection des mots est le fruit
de la réflexion. — La conception de l'idée précède le signe; explication; examen des arguments opposés à cette opinion. — Sources
des éléments des noms. — Le lien entre le nom et l'idée est artificiel. — Recherches étymologiques. — Raisons d'être des noms :
science de la morphologie. — Force qui concourt à la création des
noms; la faculté linguistique; examen des erreurs et des causes
d'erreurs, à ce sujet. — Part qu'a la société dans les procédés des
langues. — Ses rapports avec l'action individuelle.

Nous avons achevé de passer en revue les procédés distincts
— du moins les principaux — par lesquels se développent les
langues comme les nôtres. Si nous voulons comprendre le
mouvement historique d'une langue à une période donnée,
il faut l'analyser dans ses rapports avec chacune de ces différentes méthodes de développement, voir comment elles ont
opéré ensemble et séparément, tenir compte de la proportion
dans laquelle chacune d'elle a concouru au résultat et trouver, s'il est possible, la raison des différences. Dans l'exposé que nous avons fait et les éclaircissements que nous
avons donnés, nous avons eu surtout en vue les effets des
divers procédés d'accroissement des langues considérés dans
leurs rapports avec la langue anglaise, et nous ne croyons
pas nécessaire de les montrer dans leurs rapports avec les
autres langues, si ce n'est incidemment et par complément
de démonstration. Nous allons plutôt examiner certains
principes généraux qui ressortent des faits existants et qui

portent sur la confection originelle des noms, c'est-à-dire sur l'acquisition première de signes pour les idées. Les autres aspects du développement linguistique sont, comme nous l'avons vu, d'une importance subordonnée et d'une explication facile. Mais comprendre comment on en vient à pouvoir exprimer toutes choses, c'est comprendre la nature essentielle du développement linguistique et celle du langage lui-même.

Nous commencerons par dire qu'il y a une partie de la confection des noms qui est, de toutes manières, très-facile à observer et qui se fait au grand jour. Quand un être humain naît, une coutume fondée sur la commodité veut qu'il ait un nom, et ceux qui sont responsables de sa naissance le fournissent d'après leur goût, qui n'est autre que le goût de la société à laquelle ils appartiennent. Des parents anglais ne donnent point à leurs enfants des noms sioux ou chinois et *vice versa* : le nom du saint qui est vénéré le jour de la naissance, un ami éminent, un parent dont on attend l'héritage, ou toute autre circonstance accidentelle détermine leur choix. N'importe, pourvu que l'individu ait un nom, et un nom qui ne révolte pas les habitudes de la société dans laquelle il vit, lesquelles deviennent ses habitudes. Ceci semble n'avoir rien de commun avec les faits de langage ; toutefois, ce n'est pas toujours le cas : le nom propre, *Jules*, a fait que le septième mois de l'année s'appelle chez nous *juillet* ; le surnom de *César* a donné leur titre aux chefs de deux grands peuples, l'Allemagne et la Russie (*Kaiser, czar*) ; quand on a baptisé le petit enfant *Vespucci* du nom d'*Amerigo*, on a nommé l'*Amérique* et les *Américains* : Herschel a été le parrain d'une planète et Leverrier d'une autre ; mais ils ont été guidés par l'usage établi ; le nom de *Georgium sidus*, qu'on donnait par flatterie à un monarque, est tombé dans l'oubli. Ceux qui ont découvert des astéroïdes ont joui du même privilége. Ils en jouissent pourtant sous une réserve : la nécessité de respecter la coutume, et ils doivent prouver leurs droits de nomenclateurs. On sait que dans les sociétés savantes, le droit de nommer un objet découvert est vivement disputé, au nom de certaines règles établies, par ceux qui ont eu part à la découverte. Il en est de

même parmi tous les inventeurs ; de même encore, pour ce
qui concerne le vocabulaire technique des arts, des sciences
et de la philosophie. Le métaphysicien qui fait une distinction
nouvelle lui donne un nom. Il lui est permis de rejeter toute
la terminologie ancienne de sa science s'il y trouve un avantage et d'en créer une nouvelle à son usage, à condition
qu'elle soit bonne. Et si les autres philosophes trouvent que
ses innovations sont utiles ils les ratifient en les adoptant.

Tout cela se fait sciemment. On commence par avoir
besoin de s'exprimer ou de s'exprimer mieux, et l'on finit
par trouver moyen de le faire.

Or dans ce fait très-simple, à des degrés différents et avec
la conscience plus ou moins nette de son existence, se trouve
impliqué le phénomène de la confection des mots avec
toutes ses variétés. S'il n'en était pas ainsi, le langage se
composerait de deux parties discordantes : une partie serait
produite d'une manière, une partie, d'une autre. Examinons-
le un peu plus en détail, dans ses rapports avec les principes
qu'il suppose.

D'abord, il y a toujours et partout une idée qui précède le
mot. Dans toute phrase ordinaire, nous pensons d'abord et
formulons ensuite notre pensée. Cela est si évident que personne ne peut songer à le nier. Essayer de le faire, ce serait
prétendre qu'un objet nouveau ne peut être connu avant
que d'avoir reçu un nom, ou que l'enfant n'est pas né avant
que les fonts baptismaux ne l'aient vu. Il est aussi impossible de méconnaître que l'idée précède le mot qu'il l'est de
méconnaître que l'enfant existe avant d'avoir un nom, bien
que l'évidence en soit moins palpable. Le principe de vie,
par exemple, a été nommé *animus* (*soufflant*) ou *spiritus*
(*respirant*) parce que les nomenclateurs avaient une faible,
pour nous insuffisante, idée de quelque chose qui existait
dans l'organisme et qui en paraissait distinct, qui le gouver-
nait, le dirigeait, et qui pouvait cesser d'être pendant que le
corps existait encore. Et, comme le souffle semblait être une
manifestation particulière de ce quelque chose, et que la
cessation du souffle était le signe le plus visible de la mort
de ce même quelque chose, ils appliquèrent le mot à une
idée préexistante, de même que les anatomistes appliquè-

rent par une figure hardie le mot d'*inosculation*, à la liaison observée des artères et des veines. Tout transfert de sens du propre au figuré, repose sur la perception de l'analogie entre une chose et une autre. Nul ne dit : *je comprends,* sans avoir préalablement senti que ses organes atteignaient les objets offerts à leur activité. Nous provoquons la répétition de l'acte quand nous disons : *avez-vous compris?* Personne ne s'est jamais servi de ces phrases : *ceci me frappe, cette idée me vient* (en allemand, *fällt mir ein, tombe en moi*), si ce n'est en vertu d'un rapport que son esprit découvre entre son intellect et sa sensitivité. Quand une certaine nuance de rouge fut produite par le génie de la chimie moderne, la seconde chose qu'on fit, fut de lui donner un nom et l'on choisit avec réflexion celui de *magenta*, parce que des causes historiques avaient dans le moment rendu célèbre le nom de la ville de Magenta. Ce nom n'était pas plus indispensable à la couleur en question que le nom de *vert* ne l'avait été à celle qu'il désigne à une époque si reculée que nous ne pouvons la fixer : les hommes dirent *green* (vert) quand ils virent que les choses vertes étaient presque toujours des choses *growing* (croissantes). Nous trouverions à tous les autres mots des étymologies analogues. La genèse des formes et des mots formatifs ne diffère pas de celle des noms. *Off* fut changé en signe du génitif (signe virtuel) et *to*, en signe de l'infinitif, par une série de modifications dont chacune avait pour effet d'étendre ou de varier l'acception première du mot, parce qu'on sentait le besoin d'exprimer l'idée qui se développait; de la même manière et par la même cause, se sont produites les formes grammaticales *loved, donnerai, amabam, δόσω, asmi (am)*.

On parcourrait toute la liste des exemples que nous avons donnés et de ceux qu'on pourrait donner encore, sans trouver une exception à cette règle, L'opinion que toute conception est impossible sans un mot pour l'exprimer est un paradoxe insoutenable, et qu'on ne peut défendre que par des malentendus et de faux raisonnements. Il n'est pas hors de propos d'en citer un ou deux.

Ceux qui ne veulent point admettre que l'idée précède le signe, prétendent qu'il y aurait en ce cas accumulation d'i-

dées latentes dans les esprits; puis, ensuite, dévolution de
noms faite d'une façon réfléchie et délibérée. C'est là une
manière grossièrement fausse de représenter les choses. Il
faut dire, plutôt, que tout acte de nomenclature est précédé
de sa conception; le mot vient aussitôt que le besoin s'en
fait sentir. Il peut même se produire avant toute conscience
de ce besoin. Quelquefois le pas en avant fait par l'intellect
peut être si petit que ce n'est qu'après qu'il a été répété
plusieurs fois que l'esprit lui-même s'en aperçoit et voit le
chemin qu'il a fait. C'est alors que l'acte nomenclatoire suit
instantanément l'acte conceptuel. D'autres fois une idée, faible et vague, flotte d'une façon obscure dans l'esprit d'un
peuple, jusqu'à ce que tout à coup quelqu'un s'en saisisse
et la condense pour ainsi dire dans un mot; tout le monde
alors lui donne la même forme (forme trompeuse peut-être)
et le nom lui reste attaché, bien qu'il eût pu être autre ou
meilleur. Il est certain qu'aussitôt qu'une idée s'est formulée,
elle est devenue infiniment plus perceptible et plus mania-
ble; mais, c'est une erreur de croire que ce qui n'est qu'un
progrès est une nécessité; c'est encore une erreur que de
penser que, parce que l'esprit ne pourrait accomplir tout ce
qu'il accomplit de nos jours sans le secours de la parole, il
ne peut se passer de ce secours dans chaque acte particulier,
si simple que cet acte soit; c'est comme si l'on disait qu'un
homme ne peut pas monter au haut de l'église Saint-Pierre
ou aller de Rome à Constantinople, parce que la distance est
plus grande que la longueur de ses jambes. En réalité, il fait
les pas l'un après l'autre, et chaque pas fait, devient un nouveau point de départ; de cette manière il n'y a point de
limites à sa puissance déambulatoire que les limites de sa
vie. Il en est de même de l'esprit; il fixe dans les mots
chacune de ses acquisitions, et l'emmagasinement fait,
il repart pour de nouvelles conquêtes et travaille à de nouvelles moissons. Comme nous l'avons déjà vu, l'esprit
fermente sans cesse sous la couche externe du langage;
refondant ou corrigeant les classifications d'idées dont les
mots sont les signes; se rendant de plus en plus maître des
formes d'expression pour les appliquer à des conceptions
trop faiblement ou trop mal rendues; et gonflant les vieux

mots de significations nouvelles, comme on remplit des vases jusqu'au bord. Tout cela s'accomplit à l'aide du langage, mais dans chaque acte envisagé isolément, et il n'y a rien de nouveau quant au mode de production des nouveaux mots. L'esprit non-seulement refait et aiguise ses vieux outils ; mais il continue d'en faire d'autres, dans son incessante activité.

Quand la faculté humaine de donner des noms aux choses est en éveil, elle prend simplement, et sans suivre d'autre loi que celle de la commodité, les matériaux qui se présentent, ne s'enquiérant pas trop curieusement d'où ils viennent. En réalité, l'objet auquel elle tend, c'est de trouver un signe qui puisse désormais être étroitement lié à un concept, et employé à la fois pour la pensée intime et pour la pensée communiquée. Chercher autre chose serait vraiment inutile, quand le lien par lequel tout le vocabulaire se rattache à l'esprit est, chez chaque individu, un lien purement conventionnel. Nous avons suffisamment vu dans le deuxième chapitre que l'enfant prend les mots comme on les lui donne et les associe aux mêmes idées qu'il voit les autres le faire. Les questions d'étymologie ne sont rien pour lui, non plus que le choix de la langue qu'il va apprendre. Mais la vérité est que ces questions n'importent guère plus aux adultes, et l'étymologiste lui-même ne s'en embarrasse point dans la pratique. Les plus savants ne peuvent que suivre quelques pas en arrière l'histoire de la plupart des mots et, arrivés à une époque plus ou moins reculée, dire comme le paysan : *c'était l'usage.* Une société, à un temps donné, a employé tel ou tel signe de telle ou telle manière, et c'est de là, qu'à travers des changements que nous pouvons en partie connaître, est venu le signe que nous employons aujourd'hui. Nous avons remarqué plus d'une fois combien les hommes sont prompts à oublier les origines de leurs mots et à supprimer, comme d'inutiles encombrements, les souvenirs étymologiques, afin de concentrer toute la force du mot sur l'objet nouveau auquel il est lié. C'est là une des tendances les plus fondamentales et les plus importantes de la faculté de faire des mots; elle contribue pour une part essentielle à rendre le langage plus pratique.

Même, lorsqu'il n'y a pas transfert visible et que le changement d'acception est si lent et si insensible que chaque signification nouvelle demeure liée à la signification précédente, il n'y a point persistance de valeur dans les mots, et le point auquel on arrive est souvent très-éloigné de celui d'où l'on est parti. Nous en avons vu un exemple dans *have*, dont le sens premier est *saisir, prendre avec la main,* et qui est devenu dans une même langue le signe de toute espèce de possession physique et morale, de l'action passée, de l'obligation à venir et de la causation. Or, il n'y a rien d'anormal dans ce cas, et toutes les langues en présentent un grand nombre de semblables. Mais elles offrent aussi beaucoup d'exemples de mutations de sens plus rapides et plus sommaires et auxquelles président des raisons si triviales et si déplacées, que, si les langues tenaient compte des incongruités, presque tous les mots seraient condamnés. Ainsi, deux formes des grandes forces qui gouvernent la matière, l'*électricité* et le *magnétisme* ont reçu leur nom, l'une, d'un mot grec qui signifie *ambre*, l'autre, d'une province inconnue de la Thessalie ; et cela, parce que les premiers phénomènes électriques qui frappèrent l'attention des fondateurs de notre civilisation se produirent à l'occasion du frottement d'un morceau d'ambre, et que les pierres qui leur firent découvrir la force magnétique provenaient de Magnésia. Le nom de *Galvanisme* a une meilleure raison d'être, puisqu'il sert à honorer l'homme qui nous a, le premier, fait connaitre cette espèce de phénomène ; cependant, il n'y a pas un lien essentiel et raisonnable entre un fait de ce genre et le nom d'un docteur italien. *Tragique, tragédie* et tous leurs dérivés, viennent, par une filiation non encore bien comprise, d'un mot grec qui signifie *bouc ;* celui de *comique* et *comédie,* descendent probablement du mot κώμη, village, le même que le *home* anglais. Nous pourrions rappeler ici, comme venant à l'appui de notre démonstration, plusieurs des étymologies que nous avons déjà citées ; mais il est inutile d'insister ; notre thèse est déjà suffisamment établie. Si un lien direct et nécessaire devait exister tout d'abord entre l'idée et le mot, des signes nouveaux surgiraient incessamment dans le discours, au lieu d'être, comme il arrive, de rares phénomènes. La raison qui nous fait puiser dans le magasin des vieux outils de la pen-sée est en cela, comme dans tout le reste, tirée de la tendance à la commodité. Peut-être après tout n'y a-t-il pas de meilleure et plus vaste preuve de la vérité de ce principe que le fait général suivant : Quand un peuple vient à se trouver en contact avec un autre peuple, il s'approprie les ressources de son langage sans bornes et sans mesure, et une nation comme la nation anglaise, par exemple, en vient à donner certains noms à une foule de choses, par la raison peu philosophique qu'une autre nation du sud de l'Europe dénommait à peu près ainsi, il y a fort longtemps, des choses semblables ou quelque peu similaires.

Nous ne voulons pas dire, par là, qu'il n'y a point de causes qui président à la dévolution des noms. Il y a, au contraire, des raisons à tout; seulement, l'usage actuel du mot n'en dépend point; elles ne sont pas toujours découvertes, et, si on les découvre, on trouve qu'elles sont fondées sur la commodité, non sur la nécessité. Elles se réduisent à ceci : l'idée en question est rendue de cette manière, parce qu'on la rendait autrefois d'une manière analogue, et la même chose était arrivée auparavant; et auparavant encore, il y avait une conception mère de celle-là qu'on exprimait à peu près ainsi; et cette régression se continue indéfiniment jusqu'aux limites de notre connaissance et de notre vue. Pour nous, l'histoire d'un mot est l'histoire de ses transmutations de sens et de ses changements de formes, transmutations et changements qui sont quelquefois parallèles, mais toujours indépendants, et dans lesquels il n'entre d'autre force que la force libre de la volonté humaine, agissant là, comme ailleurs, sous l'influence des conditions et des motifs. Pour le bien comprendre, nous aurions besoin de pouvoir nous mettre à la place du nomenclateur et de nous représenter l'état de ses ressources acquises en matière de langage et les habitudes d'esprit qu'il leur devait; il faudrait que nous pensions exactement comme il pensait et fussions portés par les mêmes circonstances à nous exprimer comme il s'exprimait. Mais cela est impossible ; nous ne pouvons jamais reprendre la position *à priori* ; nous sommes condamnés à ne voir la question qu'*à posteriori* et à raisonner par déduction, en partant de l'acte de nomenclature et en finissant par les causes intellectuelles qui l'ont produit.

Nous voyons par là ce que peut être la science de la morphologie, ou des adaptations et réadaptations des signes articulés à l'expression de la pensée. En tant qu'impliquant l'existence de lois nécessaires qui présideraient au développement de ces signes et serviraient à rendre compte des phénomènes, cette science n'est pas possible. En tant que méthode pour classifier et arranger l'infinie variété des faits et pour montrer les opérations de ce développement et les directions qu'elles suivent, elle peut avoir une grande utilité. Ce que nous avons fait dans le chapitre V n'est qu'une esquisse; le sujet mériterait une étude large et profonde, qui portât sur les langues de toutes ou de presque toutes les familles.

Encore une fois, il n'y a rien dans le procédé compliqué de la confection et de la dévolution des noms qui demande à être expliqué par autre chose que par l'opération raisonnable, c'est-à-dire l'opération réfléchie des hommes, leur motif n'étant, ainsi que nous l'avons montré plus haut, que l'adaptation de leurs moyens d'expression à leurs besoins changeants et à leurs préférences variables. Cette grande et importante institution, quoique transmise dès le premier jour, a été, dès le premier jour aussi, soumise à l'action de ceux qui la recevaient. S'ils trouvent quelque avantage à changer la forme, la syntaxe ou la signification des mots, rien ne peut l'empêcher; si un nom n'a plus sa raison d'être, c'est-à-dire si l'objet qu'il désignait n'existe plus, il disparaît; si d'autres objets s'offrent à l'esprit de l'homme et viennent lui demander un nom, ce nom est trouvé d'une manière ou d'une autre, selon le cas. Le procédé n'implique point l'existence d'une faculté spéciale de l'esprit, d'un instinct linguistique, d'un sens du langage, comme on voudra l'appeler; il n'est que l'exercice dans une direction particulière de cette grande et complexe faculté qui est, plus que toute autre, caractéristique de la raison humaine, la faculté d'adapter les moyens au but, d'avoir un dessein et de l'atteindre; il ne diffère point, dans sa nature essentielle, de cet autre procédé qui n'est pas moins caractéristique de l'homme, et qui consiste à créer et à employer des instruments. Ainsi que nous l'avons déjà remarqué, il n'y a pas deux autres manifestations de la raison humaine qui soient si parallèles entre elles, et qui s'éclairent si bien l'une l'autre.

Ce point est évidemment de l'importance la plus fondamentale, la plus vitale, dans l'histoire du langage. Il y a des personnes qui tiennent encore que les mots sont appliqués aux choses en vertu d'un procédé mystérieux de la nature auquel les hommes n'ont point part; qu'il y a dans le langage des forces organiques lesquelles par fermentation, digestion, cristallisation, ou quelque autre opération de la nature, produisent les nouveaux matériaux et altèrent les vieux. Personne, cependant, n'a jamais essayé, croyons-nous, de montrer ces forces à l'œuvre et, certainement, ne les a jamais montrées. On n'a point analysé leurs procédés opératoires, on n'en a point exposé les effets détaillés, on n'a point fait voir les résultats individuels qu'ils donnent. Prenez une unité quelconque produite par le développement du langage, vous trouverez qu'elle provient d'un acte humain, acte qui tendait à un but sous l'influence d'un motif, bien que l'homme qui l'a accompli pût n'en pas avoir la conscience réfléchie. Or, il serait absurde de reconnaître une force dans les parties et une autre force dans le tout. Si nous nous contentons de spéculer sur l'ensemble et ne descendons point aux détails, il n'est théorie si fausse dont nous ne puissions pour un temps nous contenter. On pourrait aussi bien regarder les pyramides comme de grands cristaux produits par les forces organisatrices de la nature, qu'on pourrait considérer le langage comme la manifestation extérieure d'une force organique intrinsèque; dès qu'on en examine de près les parties intégrantes, on y trouve partout la marque du travail humain, et, nous-mêmes, nous bâtissons sans cesse de semblables édifices, quoique sur une moindre échelle que nos ancêtres. Les lois ou tendances générales du langage ne sont, si nous ne voulons pas nous laisser tromper par les mots, que les lois de l'activité humaine agissant sous la double influence de l'habitude et des circonstances. Les donner pour des causes efficientes, c'est de la pure mythologie ; nous pourrions, en ce cas, ériger aussi en forces les lois qui président au développement des institutions politiques, les tendances qui, à une époque donnée, assurent dans un pays la victoire d'un parti sur un autre ; or, ces lois se résolvent tout simplement dans l'action des esprits, pris individuellement, lesquels sont doués de la faculté de se déterminer et de choisir, sous l'influence très-étendue des motifs et des entraînements, influence facile à reconnaître dans ses effets, si elle ne l'est point dans le détail de ses opérations intimes.

Une des grandes raisons pour lesquelles les hommes sont conduits à nier l'action de la volonté humaine dans le développement du langage, c'est qu'ils n'ont point conscience de cette action s'exerçant en eux-mêmes. Personne ne s'est dit ou n'a dit aux autres : « Notre langue est défectueuse en ceci ou en cela ; à l'œuvre ! changeons-la, » pas plus qu'on n'a dit : « tout bien considéré, ce mot est devenu inutile ; supprimons-le. » L'objet auquel on tend est général ; c'est de s'exprimer d'une façon plus satisfaisante, et encore, ne le sait-on pas bien soi-même. Une nécessité se présente à laquelle ne répondent pas les ressources existantes du langage, et l'on y pourvoit d'une des manières que nous avons décrites ; ou bien, on rencontre l'occasion d'abréger les mots et les formes du discours, de prendre un chemin de traverse et on le prend. Quelqu'un qui fait une addition à la langue n'y pense pas plus que les parents ne songent, quand ils donnent un nom à leur fils, qu'ils augmentent par là le nombre des adresses de la ville. Si l'on veut qu'il n'y ait de volontaires que les actes réfléchis, on pourra soutenir que le langage n'est pas le produit de la volonté humaine ; car, tout ce que l'homme veut, c'est s'exprimer d'une façon nouvelle si l'expression ancienne ne lui suffit pas ; le changement de formes, de significations et de mots, vient de lui-même. C'est ainsi que le reptile qui s'est glissé un jour sur un rivage permien ou jurassique n'a pas fait volontairement de son être un monument pour servir à l'étude du géologue à venir ; et, cependant, s'il n'eût point rampé à la surface de la terre humide par un mouvement volontaire déterminé par des influences suffisantes, il n'y eût point eu monument.

Certainement, il ne faudrait point tomber dans cette erreur d'attribuer une trop grande part à l'action volontaire, même quand cette action a pour objet un changement linguistique. Ainsi, par exemple, en ce qui concerne le changement phonétique, un mot naît d'une série d'actes très-compliquée de la part des organes vocaux; l'omission inaperçue ou indifférente d'un de ces actes, aboutit à la mutilation d'un mot, ou bien un léger relâchement dans l'articulation affecte le caractère d'un des sons qui entrent dans la composition de ce mot; et comme il se trouve que le vocable n'en remplit pas moins son office, on n'y prend point garde et l'on continue; cependant, personne ne prétendra que la corruption phonétique provienne d'une autre source que des hommes eux-mêmes, agissant volontairement; pas plus qu'on n'attribuerait à un agent extérieur la chute d'un homme qui après avoir sauté tous les jours un fossé, ne déploierait pas, à un jour donné, une force suffisante pour exécuter le saut et tomberait dans le fossé. S'il y avait un aussi grave inconvénient que cela à prononcer négligemment les mots, le changement phonétique serait réduit à peu de chose. Et ce n'est pas là le seul résultat de la paresse de prononciation. Une quantité d'autres changements n'ont point d'autres sources et sont dus à l'omission des distinctions, aux erreurs d'analogies, faites par ceux qui n'ont pas bien étudié une langue et ne connaissent pas la valeur des mots qu'ils emploient. Cependant, il n'est aucun de ces cas dans lesquels le changement ne soit aussi bien l'œuvre et uniquement l'œuvre de ceux qui font usage des mots, que lorsque le naturaliste consulte son dictionnaire grec ou latin pour donner un nom à une plante ou à un minéral nouveau.

Une autre raison pour laquelle on soutient l'opinion que nous combattons, c'est que tout le monde se sent hors d'état d'accomplir un changement dans la langue par sa seule autorité et arbitrairement, et sentant qu'il ne le peut faire, il en conclut que personne ne le peut. Cela est assez vrai; en un sens, ce n'est pas l'individu, c'est la société qui fait et qui change la langue; mais il faut bien savoir en quel sens, de peur de nous tromper gravement. Il s'agit là d'un fait que nous avons déjà plus ou moins clairement signalé, à savoir la différence de participation dans l'œuvre du langage qui existe entre l'individu et la société.

La part de la société dans l'œuvre du langage, est due à ce fait fort simple qu'une langue n'est pas une propriété individuelle mais collective. Elle existe (ainsi que nous le montrerons plus spécialement dans le chapitre XIV) non-seulement en partie mais avant tout, comme un moyen de communication entre les hommes ; ses autres usages sont secondaires. Pour la masse humaine, elle n'existe même que pour cela, et les hommes qui pensent ont seuls conscience du rôle que le langage joue au fond de l'esprit. Une langue que personne ne pourrait comprendre, hors un seul individu, n'aurait pas droit au nom de langue. Pour que des sons articulés puissent s'appeler langue, il faut qu'ils soient acceptés par une société, si limitée qu'elle puisse être. De là vient que l'action individuelle sur le langage est restreinte et conditionnelle. D'abord, les additions ou changements faits par un individu, s'ils ne sont acceptés par la communauté et conservés par la tradition, meurent avec lui. Ensuite, si l'individu dépassait les bornes et sortait trop des habitudes convenues, il serait inintelligible et cela suffirait à circonscrire son activité ; mais cette barrière est inutile, parce que, en dernière analyse, l'individu vit sous l'empire des mêmes habitudes que ses concitoyens et pense à peu près comme eux. Il n'incline pas plus qu'eux à se défaire des formes usitées du discours, et à prendre la tangente pour aller en quête de quelque mode d'expression étrange. Tout, dans le langage, procède par analogie ; ce qu'une langue a l'habitude de faire, est ce qu'elle continue à faire, à des nuances près. Les habitudes sont lentes à se former, lentes à disparaître, et une fois disparues, ne reviennent plus. Elles arrivent et s'en vont sans qu'on en ait presque ou du tout conscience, et la raison de tout, c'est la préférence commune de ceux qui font usage d'une langue. Nous désignons vulgairement ce fait par l'expression mythologique de *génie d'une langue* : les Allemands disent le *Sprach-gefühl*, le sentiment du discours, ou instinct linguistique, mots vagues, sous lesquels les penseurs inexacts cachent souvent une multitude de conceptions erronées ou non définies. Ce qu'on veut dire en réalité, c'est qu'il y a une somme ou résultante des préférences d'une société, préférences dont la composition actuelle du langage, aux différentes époques, rend témoignage. En dehors des variations insensibles, la société ne fait ni n'accepte rien de nouveau, en matière de significations, de mots, ni de phrases.

Ce n'est pas nier l'action individuelle en matière de langage que de reconnaître la société pour l'arbitre souverain par lequel est décidée la question de savoir si une innovation passera dans la langue. Il faut que quelqu'un commence ; si on le suit, l'œuvre est faite ; si on ne le suit pas, elle est avortée. La communauté ne peut agir autrement que par l'initiative des individus. Chaque parcelle du discours a son temps, son lieu et son occasion déterminante. Un mot s'étend de proche en proche, jusqu'à devenir d'un usage général ; ou bien il tombe dans l'oubli. Il en est vers lesquels l'esprit public incline si visiblement et qui sont si voisins de ceux déjà en usage que plusieurs personnes les trouvent à la fois et qu'ils ont, pour ainsi dire, une multitude de berceaux. Il en a été probablement ainsi du mot anglais *its* (*son*, *sa*, *ses*) quand, il y a deux ou trois siècles, il affl ua subitement dans la langue anglaise, malgré l'opposition des puristes, et cela en vertu de son apparente analogie avec les autres pronoms possessifs anglais ; cela a été probablement le cas de *is being done* (littéralement *est étant fait*), la forme passive correspondant à la forme active *is doing*, comme *is done* correspond à *does*, phrase qui, grâce à cette même opposition des aristarques, n'a pas encore réussi à se faire place dans le bon anglais. Les changements phonétiques surtout sont volontiers généraux dès l'origine. On en voit un exemple notable dans le *umlaut* allemand, ou modification de voyelle (voyez page 60) qui ne peut avoir appartenu aux langues germaniques avant leur séparation puisque le gothique ne l'avait point, mais qui s'est produit plus tard d'une façon indépendante et simultanée dans les dialectes hautallemands et scandinaves, sans doute comme un résultat d'habitude de prononciations préexistantes dans la langue germanique primitive.

Après avoir ainsi reconnu la nature de la force qui, malgré la puissance du lien traditionnel, modifie sans cesse et toujours les matériaux transmis du langage, et après avoir vu comment et sous quelles influences elle agit, nous allons voir maintenant cette même force produire par les mêmes modes d'action, non plus seulement les variations continuelles du langage, mais également, sous certaines conditions extérieures, ses migrations et son fractionnement en dialectes différents.

CHAPITRE NEUVIÈME

**Différences des dialectes issus d'une même langue; particularités
linguistiques entre les individus, les classes et les localités. — Ce
qui fait l'unité d'une langue. — Influences qui restreignent ou qui
accroissent les différences de dialectes; effets de la culture intellectuelle en cette matière. — Exemples. — Histoire des langues
germaniques; histoire des langues romanes. — Forces centripètes
et forces centrifuges; le développement séparé cause la séparation
des dialectes; exemples. — La ressemblance des verbes prouve la
communauté d'origine des mots et des langues; précaution avec
laquelle il faut appliquer cette règle. — Degrés de parenté. —
Constitution de la famille indo-européenne et évidence de son
unité. — Universalité des rapports entre les familles et les dialectes. — Valeur relative des deux mots *langue* et *dialecte*.**

Nos études sur les phénomènes du langage nous ont
montré que chacun acquiert sa langue par voie de tradition et, après l'avoir reçue, travaille à la modifier. Sa part
d'action est infinitésimale, sans doute, et proportionnée à
son importance relative comme individu vis-à-vis de la société; mais ce sont toutes ces portions infinitésimales qui
arrivent à constituer le tout. C'est l'individu qui continue la
tradition du langage; c'est lui et rien autre qui l'altère.
Chaque parcelle d'addition ou de changement a son origine
dans l'initiative individuelle, et s'est étendue par l'accepta-
tion de la société. Chaque mot a son stage d'épreuve, pendant lequel il cherche à se faire adopter.

Mais, s'il en est ainsi, il y a donc eu dans toutes les langues et dans tous les temps des progrès de différenciation qui ne sont pas arrivés à être complets, des mots et des formes de mots à l'état transitoire; des formes changeant mais non changées, des phrases employées mais non ordinaires, des expressions usitées et d'autres inusitées, des manières de prononcer vieillies et qui commencent à sembler étranges, d'autres nouvelles et qui deviennent à la mode, et cela dans toutes les branches possibles du changement du langage.

Et c'est là précisément ce qui arrive dans toutes les langues du monde : état de choses qui ne peut s'expliquer que par les causes que nous avons examinées. Cela est vrai même de l'anglais, qui, pour des raisons que nous expliquerons tout à l'heure, se trouve dans des conditions peu favorables à ce résultat. Il ne faut pas nous exagérer l'uniformité des langues existantes; elle est loin d'être absolue; en un sens, on pourrait dire que chaque personne a sa langue. On apprend et l'on parle la langue anglaise en raison de sa capacité et des circonstances où l'on se trouve et personne ne parle exactement de la même manière; les différences peuvent être légères mais elles existent. Car, il est évident que personne ne pense exactement de même et que chacun possède une individualité, formée du caractère, de l'éducation, des connaissances, de la façon de sentir, etc. Il n'est personne, non plus, qui échappe à l'influence des particularités locales et personnelles de prononciation, de phraséologie qui, lorsqu'elles deviennent très-prononcées, prennent le nom de dialectales. Ces nuances se propagent et s'accentuent en districts et en classes. Chaque province, dans un grand pays parlant la même langue, a ses formes locales plus ou moins fortement marquées, même lorsque, comme il arrive en Amérique, il n'y a pas de vieille langue nationale, ainsi qu'en Angleterre, en Allemagne, en France, et enfin à peu près partout. Toute classe d'hommes a ses différences dialectales : telles que celles, par exemple, qui sont formées par les différentes professions ; chaque branche de commerce et d'industrie, chaque département de l'étude et de la science a son vocabulaire technique, ses mots et ses phrases, qui sont inintelligibles pour les profanes. Le charpentier, le forgeron, le mécanicien, aussi bien que le médecin, le géologue ou le métaphysicien, prononcent tous les jours des mots qu'en dehors des gens de leur profession, personne ne comprend à moins que d'être instruit de tout. Il y a encore les différences de degré d'éducation ; les gens parfaitement bien élevés ont une manière de s'exprimer qui est inimitable pour le vulgaire. Les gens instruits ont à leurs ordres une foule de mots et de noms dont quelques-uns arrivent à toutes les classes de la société (comme *dahlia, pétrole, télégraphe*) et deviennent aussi usités de tous que les mots *is* (est), *head* (tête), *long* (long), *short* (court) au lieu de rester des noms de classe. D'un autre côté, les gens incultes emploient une foule de mots impropres, de mauvaises constructions grammaticales, de prononciations vicieuses, de termes d'argot, d'expressions basses ou vulgaires, toutes choses qui, en partie, proviennent de la tradition et ne sont que le vieux langage, tel que l'ont parlé quelques siècles auparavant les classes cultivées, en partie sont des bégaiements, des essais plus ou moins heureux de formes nouvelles, destinées à entrer plus tard dans la langue, mais jusque-là, sont repoussées par les classes supérieures comme de mauvaises innovations. Enfin, il y a les différences d'âge qui influent sur la manière de parler : les nourrices parlent une langue dont sont charmées les oreilles des enfants et offensées celles des hommes. Les jeunes écoliers ont aussi leur vocabulaire; mais celui-là est très-limité.

Chacune de ces différences est essentiellement dialectique, c'est-à-dire qu'elles sont semblables par la nature et dissemblables par le degré de celles qui constituent les véritables dialectes. Elles sont toutes, en ce qui concerne leur origine, soumises à ces modes divers de changements que nous avons observés. Ce sont autant de déviations d'un type primitif et elles n'ont cours que dans les limites d'une classe d'hommes ou d'un district; ou bien, elles sont des souvenirs de ce type lui-même alors qu'il est généralement abandonné. Nous pouvons citer, en exemple de ce dernier cas, les manières de parler que les Anglais rejettent et stigmatisent du nom d'*américanismes*, lesquelles ne sont autre chose que du bon vieil anglais, et beaucoup des particularités de prononciation conservées en Irlande, qui viennent de la même source. Sans doute, il est aussi mauvais de s'attarder que de courir en avant ou de s'égarer de côté. Il faut marcher avec la société à laquelle on appartient, en matière d'usages linguistiques, et quand ceux qui parlent le mieux une langue changent ces usages, ceux qui ne se conforment point au changement prennent rang avec la classe des illettrés.

Et pourtant, malgré toutes ces variétés, la langue est une; elle est une, parce que bien que ceux qui la parlent puissent ne pas se comprendre sur certains sujets, il en est d'autres, plus familiers et d'intérêt commun, sur lesquels ils peuvent échanger leur pensée. Comme l'objet direct du langage est la communication de la pensée, la possibilité de cette communication fait l'unité d'une langue. Personne ne saurait donner une définition abstraite du mot *langue*, parce qu'une langue est une grande institution concrète, un corps d'usages qui prévaut dans un lieu et dans un temps donné, et tout ce qu'on peut faire, c'est de montrer et de décrire ces usages. Vous les trouverez dans les grammaires, dans les dictionnaires et aussi dans les habitudes du langage que ni grammaire ni dictionnaire ne peuvent donner, et vous pouvez tracer les limites géographiques dans lesquelles il sont établis avec toutes leurs variétés.

Ce fait que les différences quasi-dialectiques qui existent dans une langue au sein d'une même société sont d'autant plus marquées que les classes sociales sont plus distinctes et séparées les unes des autres, sert évidemment de corollaire à notre opinion sur la nature des forces qui président au développement du langage. La nécessité de communiquer ensemble s'oppose aux changements, et en même temps, la communication habituelle généralise promptement les changements adoptés, de manière que l'unité de la langue se maintient dans la communauté. Tandis que tout ce qui affaiblit le lien politique ou social, tout ce qui concourt à fractionner un peuple, soit en tribus, soit en castes, accroît le nombre des discordances au sein du langage général.

Différentes causes contribuent de diverses manières à amener ce résultat. D'une part, dans un état social barbare, la condition et les occupations humaines varient peu. Tous les membres d'une même communauté sont, au fond, au même niveau. A de faibles différences près, ils ont les mêmes connaissances, la même industrie, les mêmes habitudes. La somme totale des idées n'est pas trop grande pour que chaque individu ne puisse se les assimiler toutes et s'en servir. D'autre part, les différences entre les localités sont très-marquées, puisque ce n'est que la civilisation qui peut réunir les hommes et en faire de grands corps de nations. Au delà des plus étroites limites, l'influence de la barbarie est une force de désagrégation. Un peuple sauvage, quand il multiplie et s'étend sur un grand territoire, se fractionne aussitôt par ses divisions et ses haines, et chacune des fractions altère la langue générale à sa manière. Si des éléments de civilisation s'introduisent, ils tendent, au contraire, à conserver la langue et préserver son unité. L'apparition d'un sentiment national d'un ordre assez élevé pour impliquer le culte du passé, conduit au respect des actes et de la langue des ancêtres et, par là, fait surgir une littérature qui devient une forme sur laquelle se jugent toutes les futures tentatives de changement dans le langage. Une littérature écrite, l'habitude de conserver les souvenirs et de lire, la prévalence de l'enseignement, sont autant d'influences qui agissent dans le même sens; et quand elles ont atteint le degré de force auquel elles parviennent chez les nations civilisées, ces influences dominent complétement dans l'histoire du langage. La langue est fixée, surtout en ce qui touche ces altérations qui tiennent à la négligence et à l'inexactitude : non-seulement les différences locales ne se produisent plus, mais elles sont effacées partout où l'éducation se répand. Il y a aussi un état de choses intermédiaire entre la barbarie et la civilisation; c'est lorsque la culture ne s'étend qu'à une classe, à une minorité dans l'état. Celle-ci alors possède seule les monuments du langage, et s'en servant comme de modèles, elle se transmet la langue, fixée de génération en génération, pendant que la masse du peuple change par degré la sienne, sans entraves. La langue qui d'abord était une, se scinde en deux parts : un dialecte savant qui est la vieille forme du langage, un dialecte populaire qui en est issu ; jusqu'à ce que le dernier envahisse le premier et devienne à son tour langue cultivée dans un nouvel ordre de choses. C'est là l'histoire du latin et des derniers dialectes qui en sont issus, lesquels sont devenus, depuis, les véhicules de grandes et nobles littératures ; c'est également celle des langues aujourd'hui cultivées de l'Inde aryenne moderne, dans leurs rapports avec le sanscrit.

Supposons donc une société donnée, X, possédant une langue unique. Elle est divisée entre les territoires A, B, C, les classes A, B, C, les professions *a, b, c,* etc., toutes ces divisions se confondant un peu sur leurs limites et s'entrecroisant de diverses manières. La langue commune est, comme toutes les langues vivantes, dans un état de croissance continue ; le changement y est toujours possible, sous les conditions et par les procédés que nous avons examinés plus haut, de façon que toute innovation qui vient à se produire, sur un point ou sur un autre, se répand partout, à moins que cette innovation ne soit renfermée dans un district à titre de dialecte local, ou dans une classe, à titre de mot de caste ou de mot populaire. Ces résidus divers constituent dans une langue des discordances peu importantes qui n'empêchent point son unité générale. Aucune langue n'en est exempte ; mais elles sont, dans les différentes langues, dans des proportions fort inégales.

Tout cet état de choses dépend des circonstances historiques dans lesquelles se trouvent les langues. Supposons que notre cas hypothétique représente la langue allemande, au commencement et depuis le commencement de notre ère. Ici, tandis que les séparations des classes et des occupations étaient peu marquées, celles des territoires, A, B, C, l'étaient beaucoup ; elles l'étaient même tellement qu'elles s'opposaient presque à l'unité du langage. Outre des discordances locales innombrables, il y avait de province à province des différences si considérables qu'on se comprenait à peine, et, si aucune force nouvelle n'était intervenue, les choses auraient pu continuer toujours ainsi, et même la séparation des langues s'accentuer de plus en plus. Mais une force étrangère survint ; c'était celle de la civilisation gréco-romaine, laquelle allait devenir la civilisation européenne : elle ouvrit le chemin à l'unité des institutions civiles et politiques. Cependant elle n'influa point tout de suite avec une force prépondérante sur les habitudes du langage. Chaque province eut d'abord sa civilisation séparée, et il se produisit des essais de littérature locale, dont les monuments existent encore, et qui n'étaient point intelligibles au delà des frontières. Mais enfin, au commencement du seizième siècle, les temps étaient accomplis, les conditions politiques et sociales permettaient un mouvement moitié naturel, moitié artificiel vers l'unité du langage, et A, qui certainement était déjà devenu jusqu'à un certain point, la forme la plus notoire de langage, fut adopté par les classes cultivées. C'est A qui sera désormais la langue écrite de l'Allemagne, la langue modèle, la langue des écoles. Son autorité s'est, en effet, toujours accrue depuis, à mesure que la puissance nationale et la civilisation se sont développées, et, aujourd'hui, l'étranger croit que A est la langue allemande tout entière. Cela pourtant est loin d'être vrai. Ce n'est que la langue d'une classe que les conditions de la civilisation moderne ont faite la plus nombreuse, la classe dominante. B, C, D, etc., subsistent encore ; il y a des régions entières de l'Allemagne où les dialectes parlés sont inintelligibles pour qui n'est versé que dans la langue littéraire ; mais ils ne sont employés, pour la plupart, que par les classes inférieures de la société, E et F, ou par les professions a, b, c, etc., et encore l'influence de la langue littéraire pénètre-t-elle profondément dans toutes les classes et dans toutes les professions. A modifie tout, transforme tout, et promet même, si les forces de l'éducation continuent à se développer, de faire disparaître toutes les variétés du langage, sauf les termes professionnels.

Sa puissance ne s'exercera pas cependant sur tout le territoire autrefois occupé par les tribus qui parlaient le haut et le bas allemand. Il y a eu, du moins, deux grandes variétés locales que nous désignerons par E et F qui ont échappé aux influences unificatrices dont a profité A. L'une, E, est la langue anglaise, dont l'individualité a été préservée par la distance et par les mers. Les Angles germaniques et les Saxons qui portèrent, à travers la mer du Nord, leur dialecte germanique en Bretagne, et qui en délogèrent la langue celtique, ont subi, de leur côté, une série de changements linguistiques analogue à celle que subissaient, du leur, leurs anciens compatriotes. Les subdivisions locales, E′, E″, E‴, etc., ou sociales, E′, E″, etc., qu'ils ont formées, ont passé à leur tour sous l'influence d'un autre dialecte littéraire de même origine que pour l'Allemagne. Même fait s'est produit dans les districts nord-est de la Germanie continentale ; séparés d'intérêts, ils se séparèrent de langage, et tandis que les provinces de la Basse-Germanie ne parlent plus que le haut allemand, comme langue littéraire, la Hollande a, de même que l'Angleterre, une langue distincte d'une valeur égale. Il n'importe pas comment les variétés locales A, B, C, ont été séparées et comment elles en sont venues à ce que leurs changements linguistiques ne puissent plus se confondre ; le fait est qu'elles ont pris toutes les trois un chemin séparé et qu'elles deviendront en leur temps trois langues distinctes.

Les mêmes forces ont agi, avec des détails nombreux, différents dans la production des langues romanes modernes, issues du latin. Quand les armes, la civilisation et la politique de Rome eurent fait prévaloir sa langue dans l'Italie tout entière et dans de vastes provinces en dehors de l'Italie, celle-ci était déjà divisée par l'effet de l'éducation et par de profondes distinctions sociales en variétés correspondant aux classes de la société. Toutes ces variétés furent transmises à la fois, et le dialecto savant, A. comme nous le désignerons encore, a été conservé jusqu'à nos jours dans toute sa pureté par les moyens appropriés, mais il a été restreint à une classe de moins en moins nombreuse. Les variétés inférieures, B et C, etc., sont celles qui ont servi de points de départ à l'histoire d'un nouveau langage. Les altérations du latin furent d'autant plus nombreuses et rapides que cette langue fut transmise dans un état déjà inférieur à des peuples qui la tenaient de seçonde main et qui la subissaient par force. Et comme le lien social était faible, les communications difficiles, le bas-latin fut différencié par les séparations géographiques en une foule de formes locales qu'il faudrait plusieurs alphabets pour représenter exactement. Des circonstances historiques qu'il serait aisé mais inutile d'indiquer, conduisirent à avoir plusieurs langues, occupant cha-

cune une grande région — C, F, I, P, S, W — qui toutes
sont des langues savantes servant aux usages littéraires,
pendant qu'une foule de patois se partagent le peuple des
provinces et des campagnes.

On pourrait continuer à citer des exemples de cette nature, mais cela serait inutile. Les procédés du changement
linguistique énumérés plus haut et dont l'action est balancée
entre l'initiative de l'individu et la résistance de la société
qui tantôt accepte et tantôt rejette les innovations, suffisent
à expliquer les phénomènes du développement des langues
sous tous leurs aspects et dans tous les cas. Dans l'individu
est la force de variation, la force centrifuge du langage en
voie de développement; et comme il n'y a pas dans le
monde deux personnes dont le caractère, l'éducation, la
constitution physique, etc., soient parfaitement identiques,
il n'y a pas identité dans l'action que chacun exerce sur la
langue qui lui a été transmise. Mais jusqu'où s'étendent les
moyens de communication entre les hommes, les individus
sont réfrénés dans leurs excentricités par la force centri-
pète de la communauté qui pèse de tout son poids pour
maintenir l'unité du langage. Pour employer les termes de
notre hypothèse de tout à l'heure, aussi longtemps que les
changements survenus dans A, B, C, etc., s'introduisent
dans la masse X ou sont rejetés entièrement par elle, X demeure une langue unique. Cette langue peut et doit nécessairement s'altérer d'âge en âge; elle peut même changer
tellement dans l'espace de deux ou trois siècles (comme il
est arrivé à la langue anglaise dans l'espace de mille ans)
que ceux qui l'ont parlée au début et qui la parlent à la fin
de cette période fussent hors d'état de s'entendre s'ils pouvaient être mis en contact; mais, aux différentes époques, la
société à laquelle appartient cette langue n'a pas cessé de
s'entendre par son moyen, parce que les changements se
sont faits simultanément dans tous les esprits et dans toutes
les bouches. Mais que A B et C soient séparés d'une manière
ou d'une autre, de façon que ces changements, au lieu de
s'opérer partout, ne s'opèrent que dans l'un d'eux, alors
commence le développement des dialectes, et de nouvelles
langues sont nées qui deviendront distinctes. Une muraille en

briques qui séparerait ceux qui les parlent, compléterait la séparation de ces langues, si toutefois chaque groupe se cantonne sur un territoire différent, ce qui est ordinairement le cas. Les frontières artificielles ou naturelles y suppléent, et les circonstances politiques et sociales, commençant à différer aussi, la divergence linguistique s'en trouve rapidement accélérée.

La suppression d'une influence régulatrice commune s'exerçant sur les variations incessantes et interminables d'une langue, peut sembler d'abord une cause légère de la divergence des dialectes ; et cela est vrai en soi-même : mais cette cause est pleinement suffisante pour rendre compte du phénomène des langues distinctes sortant d'une langue commune. Qu'importe le degré d'un angle si les deux lignes qui le forment sont extrêmement prolongées : l'extrémité de ces deux lignes finira par marquer deux points aussi distants l'un de l'autre qu'on le voudra. Et non-seulement cela, mais encore l'angle de la divergence dialectique est un angle qui s'ouvre sans cesse davantage. Au début, la somme des analogies directrices dans chaque dialecte est, à très-peu de chose près, la même ; les habitudes de langage se ressemblent comme les matériaux ; mais chaque variation nouvelle qui s'introduit séparément dans une langue, diminue l'accord ; d'autres habitudes se forment, et le mouvement de divergence en devient plus rapide. C'est l'histoire de l'anglais dans ses rapports avec le bas-allemand dont il s'est séparé au cinquième et sixième siècle. On n'en saurait trouver un exemple plus frappant.

Or, comme la sécession des dialectes a pour cause le développement linguistique, et que la stabilité d'une langue rendrait impossible qu'elle donnât naissance à d'autres langues, il est évident que la force de sécession dépend de la force de développement. Et, ainsi que nous l'avons vu, les influences de la barbarie et celles de la civilisation sont diamétralement opposées l'une à l'autre en cette matière, bien qu'elles ne soient nullement les influences décisives qui accélèrent ou qui ralentissent le mouvement intrinsèque de développement du langage. C'est la civilisation qui, par une double action, a maintenu la parité de langage entre les deux grandes nations parlant anglais que sépare un vaste océan; d'abord, en rendant les communications entre elles plus faciles qu'entre deux tribus sauvages qui sont porte à porte; ensuite, en leur donnant une littérature, c'est-à-dire un grand corps d'écrivains qui parlent pour les deux peuples et aux deux peuples à la fois ; et enfin, en modérant tellement les progrès du changement linguistique que ses résultats peuvent atteindre et pénétrer les populations des deux côtés des mers, à l'aide d'un temps suffisant. L'absence des mêmes influences conservatrices fait que le français des *habitants* du Canada et l'allemand des colons de la Pensylvanie, diffère beaucoup plus de la langue-mère que l'anglais des Américains du nord ne diffère de l'anglais de la Grande-Bretagne.

En somme, l'exemple le plus facile à saisir et le plus instructif du développement des dialectes est celui que nous offrent les langues romanes, parce que, d'abord, nous avons là un groupe important de langues très-cultivées avec leur légion de dialectes subsidiaires, et ensuite, que nous possédons encore, beaucoup mieux qu'on ne possède en général les langues mortes, la langue-mère d'où ils sont sortis. Le linguiste trouve là tout un monde de faits à étudier, à comparer, à décrire depuis leur origine, dans leurs effets et dans leurs causes. Sa tâche, quoique simple et facile sous certains rapports est, sous d'autres, difficile et propre à confondre celui qui l'entreprend, car là, sous les yeux de l'histoire pour ainsi dire, se sont produits des changements qui défient l'investigation, des résultats qu'on ne peut parvenir à faire remonter à leur source. Voyons, comme spécimen, un ou deux des chemins qu'ont suivis les langues dans leur sécession avec la langue latine.

Le latin avait un mot, *frater*. En français, il a subi des abréviations phonétiques mais est encore très reconnaissable : *frère*; mais, en italien et en espagnol, il a éprouvé de plus grandes mutilations : un *fray* espagnol, un *frate* ou même un *fra* italien, c'est un religieux de quelque communauté ecclésiastique, un *friar*, comme on dit en anglais, à peu près dans la même forme. Cette application particulière force chaque langue à chercher un autre mot pour désigner la consanguinité au premier degré. L'italien prend le diminutif *fratello*; l'espagnol se sert du mot latin *germanus* (proche parent) et en fait *hermano*. Autre exemple : le latin disait pour *femme*, *mulier*, et *femina* dans le sens de *femelle*, dans le sens générique, soit qu'il s'agit de l'espèce humaine ou des autres espèces animales. L'espagnol a retenu le premier de ces mots sous la forme de *muger* et lui a laissé le même sens; l'italien l'a fait également, avec une variante, *moglie*, mais cette fois en restreignant sa signification au sens d'*épouse* : le français a tout à fait perdu ce mot, et celui de *femina*, qui en latin se rapportait exclusivement au sexe, a pris dans *femme* une acception plus étendue, y compris celle d'épouse, tandis que, dans son sens originel, il est devenu *femelle*. Pour signifier *femme* (*mulier*) l'italien a fait un nouveau mot, *donna*, qui vient du latin *domina* (maîtresse), et l'espagnol s'en sert aussi, plus du mot *señora*, féminin de création récente de *senior*, autre mot latin qui signifiait, *le plus âgé*. Voilà des exemples de la façon dont sont réunis et travaillés les matériaux d'une langue, tant sous le rapport du sens que sous celui de la forme, par les peuples qui se font leurs propres langues avec ces mêmes matériaux. Si nous jetons un regard sur la classe des verbes, nous trouverons que les choses s'y sont passées de même. Le verbe anglais *to be*, par exemple, est fait d'un débris du verbe latin *esse* et de lambeaux du verbe *stare* que tous les dialectes ont diversement cousus ensemble : ainsi, les mots français, *étais*, *été*, sont des formes très-corrompues de *stabam*, *status* (nous en avons parlé page 46) et le verbe *aller* est composé, on ne sait trop comment, de *ire*, de *vadere* et peut-être de *adnare* (*arriver par eau*) et de *aditare* (*procurer l'arrivée de quelqu'un*), ou quelque chose de la sorte.

Les dialectes germaniques, ces voisins de la langue anglaise, présentent les mêmes sortes de ressemblances au sein de la diversité. Les mots germaniques de *broeder* en hollandais, *bruder* en allemand, *brodhir* en islandais, *broder* et *bror* en danois et en suédois, qui tous répondent au *brother* anglais (*frère*), ne sont pas moins clairement des variations d'un même mot que les différents produits du *frater* latin. Le vieux mot germanique *weib* (*femme*) se trouve dans la plupart des langues modernes et y a conservé une forme très-reconnaissable et une valeur identique ; mais en anglais, où il fait *wife*, il a pris le sens de l'italien *moglie* (*épouse*). Il y a un autre vieux mot gothique, *quens* et *qui-non*, qui dans quelques dialectes est le nom accepté de *femme* mais qui, en anglais, a eu cette étrange destinée de recevoir deux acceptions fort distantes l'une de l'autre et qui se rapportent néanmoins toutes les deux à l'idée de femme, *queen* (*reine*) et *quean* (*coquine*). Les verbes anglais *be* (*être*) et *go* (*aller*) sont également composés de diverses racines, réunies ensemble à diverses époques. Nous les avons remarqués ailleurs, en passant (pp. 75, 85), et il est inutile de nous y arrêter davantage.

Nous sommes donc forcés de tirer des innombrables rapports existant entre la langue germanique et les dialectes qui en sont issus, la même conclusion que des correspondances qui se trouvent en re le latin et ses descendants. Il n'est pas moins certain que *wife*, *weib*, *vif* et le reste, sont le même mot, qu'il ne l'est que *muger* et *moglie* sont le latin *mulier*. Le fait est peut-être moins évident, mais il n'est pas plus douteux. Nous croyons aussi bien à l'existence du grand-père que nous n'avons jamais vu, parce qu'il est mort depuis longtemps, quand nous avons devant nous un groupe de cousins, que nous croyons à celle du grand-père qui vit encore au milieu de ses petits-enfants. Avec l'expérience que nous avons acquise de la manière dont se procréent les hommes et les mots, le doute n'est pas possible. La marche du changement linguistique dans notre temps et dans le passé suffit à nous rendre compte de l'existence, dans un groupe de langues, d'un groupe de mots analogues mais non identiques, et pas n'est besoin de recourir à des hypothèses aventurées pour en donner l'explication.

Ce fait, légitimement généralisé, nous découvre ce grand principe que la présence de mots véritablement correspondants, si éloignés que puissent être leurs rapports, dans différentes langues, prouve que ces mots ont une racine commune, puisque la parenté dans les mots comme chez les hommes indique qu'ils ont eu un ancêtre commun. Et ce qui est vrai des mots d'une langue est vrai des langues elles-mêmes : les langues dans lesquelles il se trouve en majorité des mots de même origine sont les filles d'une même mère.

Il faut seulement appliquer ce principe avec prudence et sous réserves; et se garder de deux sources d'erreurs vers lesquelles il pourrait nous entraîner. D'abord, les mots s'empruntent et passent de cette manière d'une langue dans une autre, comme nous l'avons expliqué dans le chapitre VII. Il y a dans la langue anglaise beaucoup d'éléments latins et d'autres qui lui ont été donnés par les autres peuples et qui ne constituent pas une parenté linguistique avec eux. Ensuite, des correspondances tout à fait accidentelles se rencontrent entre des mots qui n'ont point de lien historique : ainsi, par exemple, entre le grec ὅλος et l'anglais *whole*; entre le sanscrit *loka* et le latin *locus*; entre le grec moderne μᾶτι, qui veut dire *œil*, et le polynésien *mata*, qui veut dire *voir*; et ainsi de suite. Ces deux difficultés commandent à celui qui se livre à l'étude des langues comparées, de n'être point trop précipité dans ses conclusions. Cependant les coïncidences ont leurs limites, et, en général, il est possible de reconnaître ce qui provient de la transmission traditionnelle, de ce qui provient d'acquisitions accidentelles. Le linguiste s'efforce de voir quels sont dans une langue le nombre et le degré de ses rapports avec une autre, et sur quelles classes de mots portent ces rapports. Si nous ne savions point par l'histoire politique ce qu'est la langue anglaise, elle nous le dirait d'elle-même. Nous n'aurions qu'à regarder quelle est la partie de son vocabulaire qui concorde avec les langues germaniques et quelle est celle qui se rapproche des romanes.

Mais la parenté dans les langues comme chez les humains reconnaît des degrés, et cela pour la même raison. Les Français, les Espagnols, les Italiens sont cousins par des causes inutiles à rappeler; mais leurs langues sont encore plus parentes qu'eux-mêmes. Il en est de même des langues germaniques. L'anglais appartient à un groupe de Bas-Allemands qui occupent encore les rivages nord de l'Allemagne d'où sont venus les ancêtres de la nation anglaise; il y a

aussi un groupe de Hauts-Allemands qui habitent la partie
centrale et sud de l'Allemagne; il y a encore le groupe
scandinave qui est en possession du Danemark, de la Suède
et de la Norwége; et en outre, il y a un dialecte, le mœso-
gothique, dont nous conservons encore quelques rares
monuments et qui seul représente pour nous un autre
groupe dont nous ignorons l'étendue. De l'existence de ces
groupes secondaires, ressortent les mêmes conséquences
que de l'existence des plus grands : ils sont historiquement
des centres de divergence plus récente, laquelle s'opère
toujours en vertu des mêmes lois et est toujours de la même
nature.

Et les rapports de physionomie et de parenté ne finissent
pas ici. Entre le mot germanique *brothar* et le mot latin
frater, il y a un air de ressemblance, et cette ressemblance
devient plus évidente quand nous comparons à ces mots
d'autres mots de la même classe, *mothar*, *fathar* (mère,
père) et leurs correspondants latins *mater*. *pater*. Mais il y a
encore d'autres groupes de langues dans lesquelles se trouvent de semblables signes de parenté. Nous avons le grec
φράτηρ (qui signifie certainement un membre d'une confrérie
comme le *fray* et le *fra* mentionnés plus haut) et μήτηρ et
πατήρ; nous avons le sanscrit *bhratar*, *matar* et *pitar*. Les
langues persanes, celtiques et slaves ont des mots pour
exprimer les mêmes idées qui ont des ressemblances avec
ceux-ci, assez grandes quoiqu'un peu moins marquées. Ces
faits proclament une parenté originelle entre ces groupes
de langages; ce sont, pour ainsi dire, des paillettes répandues
à la surface d'un filon et qui invitent l'explorateur; car, en
premier lieu, les rapports sont trop nombreux, trop étendus
pour que l'on puisse les expliquer par la coïncidence ou le
hasard; en second lieu, il n'est pas davantage possible d'en
rendre compte par des emprunts que ces langues auraient
faits les unes aux autres. Comment pourrait-on croire que
ces tribus, largement séparées les unes des autres, que l'on
trouve à l'aurore des temps historiques dans toutes les variétés de culture primitive, auraient reçu d'une source commune, et par transmission des unes aux autres, des noms
pour des conceptions comme celles-ci dont la formation doit

avoir été accompagnée des premiers développements de la vie de famille? Évidemment toutes les probabilités sont contraires à cette supposition.

On ne saurait donc baser ses conclusions, dans un fait si important, sur des fondements aussi étroits, et l'on cherche plus loin et dans d'autres classes de mots. Il n'y a pas de sauvages dans le monde, si peu développés qu'ils soient, qui ne puissent compter *un*, *deux*, *trois*, quoiqu'il y en ait qui ne sont pas allés plus loin par eux-mêmes et qui ne connaissent pas les nombres plus élevés ou qui les ont reçus de leurs voisins. Si nous trouvons que les signes de ces nombres concordent dans les langues que nous avons nommées, ce sera un très-fort témoignage qui viendra corroborer celui que rendent les noms de parenté. Or, l'accord existe, et il a le plus frappant caractère, non-seulement dans les trois premiers nombres, mais aussi dans ceux qui suivent : *dwa* est la racine commune de tous les noms qui signifient *deux* et *tri* de tous les noms qui signifient *trois* dans la grande masse des dialectes. Les pronoms sont une classe de mots dans laquelle le soupçon de l'emprunt est plus impossible encore; or, dans le *toi* (*twa*), dans le *moi* (*ma*), dans le pronom démonstratif *ta* et l'interrogatif *quoi* (*kwa*) nous trouvons un degré de ressemblance qu'il n'est pas au pouvoir du hasard d'avoir produit.

Nous avons vu encore (page 100) que l'appareil des flexions et la structure grammaticale sont des choses que les langues ne s'empruntent pas les unes aux autres; or, leur similitude dans tout ce groupe de dialectes, similitude que nous découvrons aussi loin que nous pouvons suivre leur histoire, n'est pas moins convaincante. Ainsi, par exemple, dans les inflexions verbales, il y a des altérations diverses d'une terminaison originale, qui faisait au singulier et à la première personne *mi*, au pluriel, *masi* (première personne), *si* et *tasi* à la seconde personne, *ti* et *anti* à la troisième; également, d'une forme originale du temps parfait qui consistait en la réduplication de la consonne; également encore, d'un signe du conditionnel, et ainsi de suite. Dans la déclinaison des noms, les traces d'un moule commun sont plus effacées, mais pourtant reconnaissables. Le comparatif et l'adjectif s'expriment partout par les mêmes moyens. Les participes et autres dérivés prennent les mêmes suffixes de dérivation.

Enfin, il y a surabondance de preuves que les langues de tous les peuples que nous avons nommés plus haut, lesquels comprennent presque toute l'Europe ancienne et moderne ainsi qu'une importante partie de l'Asie, sont parentes dans le sens où nous avons pris ce mot. Il n'y a point de raison théorique à opposer à ce fait, et toutes les conclusions qu'on peut tirer des phénomènes du langage sont en faveur de cette opinion. Nous savons que la séparation et l'isolation des différentes fractions d'une société, amènent un fractionnement correspondant de la langue en plusieurs dialectes, et que cet effet se reproduit indéfiniment ; nous savons aussi que les dialectes qui se sont sécessionnés récemment, seront plus ressemblants entre eux, que ceux qui se seront séparés à une époque plus reculée ; en d'autres termes, que les rameaux seront plus rapprochés entre eux que les branches ; et enfin nous ne connaissons pas d'autre fait d'où puisse sortir la ressemblance dans la diversité. Nous en inférons donc, que tous les dialectes en question sont les représentants multipliés d'une seule langue appartenant, à une certaine époque et dans un certain pays, à une certaine société, dont la dispersion a produit, avec le temps, toutes ces discordances ; et à cette grande collection de dialectes qui se ressemblent plus ou moins, nous donnons, par une figure permise, le nom de famille, terme emprunté au vocabulaire de la généalogie.

Ce que nous venons de voir nous montre le chemin que l'on doit suivre pour arriver à classifier toutes les langues de la terre. Les premiers pas sont assez faciles, et pas n'est besoin d'être sorcier pour voir que l'anglais de Londres, du Yorkshire, de l'Écosse et des colonies est une seule et même langue ; il ne faut pas, non plus, être grand observateur pour découvrir, quand on sait l'anglais et qu'on apprend l'allemand, le hollandais ou le suédois, qu'on a affaire à des dialectes du même genre que le premier. Mais il faut plus d'étude et de pénétration pour reconnaître les marques de l'unité première entre l'anglais, le français, le gallois, le russe, le grec moderne, le persan, l'indou ; et il faut recourir, dans chacune de ces langues, à l'étude de langues plus anciennes en suivant son ascendance la plus directe, lesquelles langues ont conservé moins altérés les anciens matériaux communs à toutes. Il n'y a donc qu'un chercheur instruit et expérimenté qui puisse pousser sûrement jusqu'à ses dernières limites l'œuvre de classification ; et cette œuvre ne peut être complétée que par le concours d'un grand nombre de linguistes, experts chacun dans leur département. Ce grand ouvrage n'a pu encore, même par ce moyen, être achevé ; mais beaucoup a été fait. La grande majorité des langues a été groupée, en vertu de leurs affinités, par familles et par branches, et ce sont les résultats de cette classification que nous allons passer brièvement en revue dans les chapitres suivants.

Car, ainsi qu'il ressort des principes que nous avons exposés comme étant ceux du développement du langage, il n'y a pas une langue dans le monde qui ne soit soumise à la division en dialectes, de sorte que la langue de chaque peuple est un membre d'une famille plus ou moins étendue, à moins toutefois qu'on ne rencontre, par hasard, une langue isolée et tellement près d'être éteinte qu'elle n'est plus parlée que par un petit nombre de familles, quelquefois même un seul village. Des langues, même aussi peu répandues que celle des Basques des Pyrénées, ou quelques-unes de celles du Caucase, ont leurs formes dialectales très-reconnaissables ; parce qu'un peuple non civilisé ne peut pas se former en camps isolés et cependant conserver cette unité sociale qui est nécessaire à l'unité de langage.

La condition linguistique du monde suit un cours parallèle à sa condition politique. Au commencement des temps historiques, et même aussi loin que peut remonter la science archéologique, on aperçoit la terre peuplée de ce qui semble être une masse hétérogène de clans, de tribus, de nations. Mais personne, pas même le plus hétérodoxe des naturalistes qui soutient la diversité d'origine de l'espèce humaine, ne croira que ces clans, ces tribus et ces nations sont sortis du sol qu'ils habitent et s'y sont immobilisés : ces sociétés procèdent de la multiplication et de la dispersion d'un nombre restreint de familles primitives, sinon, comme quelques-uns le pensent, d'une seule famille. Il en est de même du langage : si loin que notre œil puisse atteindre, soit par le secours des monuments, soit par celui de l'étude comparée, on le trouve dans un état de subdivisions sans fin, et, cependant, tout linguiste instruit sait que cette apparente confusion est le résultat de l'extension et de la sécession d'un nombre limité de dialectes primitifs, et nous examinerons plus tard les raisons qu'on peut avoir de ramener ces dialectes à un seul. A l'aurore des temps historiques la barbarie couvre la terre ; les centres de culture ne sont qu'au nombre de deux ou trois; ils ne rayonnent qu'à de petites distances et sont sans cesse en danger d'être éteints par la masse de force brutale qui les entoure. De là vient que la force de sécession linguistique est à son apogée, les dialectes se multipliant par l'action des mêmes causes qui les ont produits. Mais, partout où commence à s'exercer l'influence de la civilisation, une force contraire se développe dans la politique et dans le langage. La multitude de tribus hostiles se groupent en corps de nation, et de la Babel des dialectes discordants sortent des langues dont l'unité grandit tous les jours. Les deux espèces de changements marchent côte à côte parce qu'ils sont liés et qu'ils dépendent l'un de l'autre : rien ne peut faire une grande langue qu'une grande nation, et rien ne peut faire une grande nation qu'une civilisation avancée. De même qu'on voit dans l'histoire, la civilisation grandir sans cesse jusqu'à devenir ce qu'elle est aujourd'hui, la force dominante dans le monde, à tel point que les races non civilisées ne subsistent presque plus que par la tolérance des civilisées, de même, sous l'empire de causes extérieures dont chaque opération peut être clairement définie, de même les langues cultivées étendent leur domaine et balayent devant elles les patois qui s'étaient formés sous un ordre de choses disparu, gagnant tous les jours tant de terrain que les hommes commencent à rêver d'un temps où la même langue pourra être parlée par toute la terre ; et quoique ce rêve puisse être une utopie, il n'y a point là-dedans d'impossibilité théorique. Il ne faut qu'un certain concours de circonstances extérieures pour rendre ce résultat inévitable.

Il est possible qu'on se méprenne assez sur ces faits pour croire que le langage a commencé dans un état de divisions dialectales infinies et a tendu dès le début à la concentration et l'unité. Mais, pour cela, il faut ne pas s'être rendu compte des forces qui agissent dans le développement du langage et de leurs modes d'action réciproque. Dites à l'ethnologiste que la race humaine se composait, au commencement, d'un nombre indéterminé d'individus isolés, qui se sont condensés en familles, celles-ci en clans et en tribus, ces tribus en confédérations, ces confédérations en nations, desquelles peut encore sortir, par un même procédé, une seule race homogène qui couvre la terre, et il ne fera pas même à votre théorie l'honneur de l'accueillir par un sourire. L'opinion analogue en matière de linguistique n'est pas moins absurde. Ce n'est que parce que le sujet est plus obscur pour le grand nombre qu'on saisit moins l'absurdité et le ridicule de cette théorie.

Avant de clore ce chapitre, nous devons remarquer la valeur différente des mots *langue* et *dialecte*, dans leurs rapports l'un avec l'autre. Ce sont les deux noms d'une même chose que l'on emploie selon que l'on se place à un point de vue ou à un autre. Tout corps d'expressions qui sert à une société, si petite et si humble qu'elle soit, d'instrument et de moyen de communication à la pensée, est une langue, et personne ne dirait qu'un peuple possède un dialecte, mais on dit qu'il possède une langue. D'un autre côté, il n'y a pas une langue dans le monde que nous ne puissions, sans employer un mot impropre, appeler dialecte, si nous la considérons comme un corps de signes linguistiques, relativement à un autre corps. La science du langage a rendu cette distinction banale ; elle nous a enseigné que les signes que chaque homme emploie pour s'exprimer constituent sa langue ou une langue, mais qu'il n'est point de langue, si cultivée qu'elle puisse être, qui ne soit un dialecte appartenant à une certaine classe et à une certaine localité, grande ou petite. L'anglais écrit est une des formes de l'anglais dont se servent les classes éclairées pour un objet déterminé, et qui a des caractères dialectiques qui le distinguent du discours parlé de la même classe et encore plus des autres clas-

ses ou sections de la communauté anglaise; chacune de ces
formes a la même valeur pour l'étude comparée du langage,
que la forme dite supérieure. Mais l'anglais, le hollandais,
le suédois, etc., sont les dialectes de la langue germanique,
et celle-ci, de même que le français, l'irlandais, le bohême
et les autres, sont les dialectes de la grande famille dont
nous avons tracé les limites. C'est là la signification du mot
dans le langage scientifique. Dans le langage populaire qui
est peu exact, on essaye de faire des distinctions de degrés
et d'importance au moyen des mêmes mots, et tandis que
l'on réserve à la langue littéraire d'un pays le nom de
langue, on donne aux formes inférieures celui de dialectes.
Pour l'usage ordinaire, ces différences d'acceptions convien-
nent assez; mais, elles ne sont point autrement acceptables
et ne font point partie de la science linguistique.

CHAPITRE DIXIÈME

LES LANGUES INDO-EUROPÉENNES

Classification de genre. — Famille indo-européenne; différents noms qui lui sont donnés; ses différentes branches et leurs plus anciens monuments : le germanique, le slavo-lettique, le celtique, l'italique, le grec, l'iranien et l'indien; branches douteuses. — Importance de cette famille. — Sa valeur pour l'étude du langage. — On ne peut déterminer la date et le lieu de son origine. — Méthode scientifique appliquée à l'étude de son développement structural; les mots sont formés par l'agrégation et l'intégration des éléments ; ce principe suffit à expliquer la formation de la langue. — Il en ressort la doctrine du monosyllabisme radical original. — Racines indo-européennes. — Développement de formes. — Structure du verbe et du nom. — Pronoms; adverbes et particules; interjections; leur analogie avec les racines. — Question de l'ordre dans lequel le développement s'est produit et du temps qu'il a fallu pour l'opérer. — Structure synthétique et analytique.

Après avoir examiné aussi en détail que le permet l'espace dont nous disposons les fondements sur lesquels peut reposer une classification généalogique de toutes les langues du monde, nous allons esquisser rapidement cette classification d'après les recherches des linguistes. Nous avons vu que les ressemblances sont telles, soit par leur nombre, soit par leur nature, qu'on ne peut les attribuer au hasard ou aux emprunts, et qu'elles ne s'expliquent que par la tradition séparée d'une langue originairement commune, tradition dans laquelle une partie des formes originales se sont conservées, tandis que les autres ont subi tant de changements et de rénovations que l'on a peine à en découvrir le lien primitif. Comme exemple, nous avons jeté un coup d'œil sur la grande famille de langues parentes à laquelle la langue anglaise appartient, et donné quelques spécimens des preuves sur lesquelles s'appuie la croyance générale à leur unité. Nous devons maintenant faire mieux connaître la constitution de cette famille et esquisser les traits principaux de sa figure et de son histoire.

D'abord, on lui donne différents noms, dont aucun ne s'est fait encore accepter généralement et de tous. Nous emploirons celui de *indo-européenne*, parce qu'il nous semble le plus légitime. Il a été adopté après mûre réflexion par Bopp, le grand interprète des rapports qui existent entre les langues de cette famille, et il a été, depuis, très-employé par les autres linguistes. La plupart des compatriotes de Bopp préfèrent maintenant le nom d'*indo-germanique* par la seule raison qu'il contient l'appellation étrangère choisie par leurs maîtres et conquérants, les Romains, pour désigner la branche qu'ils représentent. D'autres répudient ces deux noms comme incommodes et longs et disent *aryenne*, nom qui commence à se répandre beaucoup. L'objection qu'on peut faire à son adoption, c'est qu'il appartient à la division asiatique, composée des branches iranienne et indienne, et qu'on en a encore besoin pour les désigner. On dit aussi *sanscritique*, c'est-à-dire descendu du sanscrit, et *japhétique*, nom emprunté au fils de Noë à qui la Genèse donne pour descendants quelques-uns des peuples qui parlent ses dialectes; mais ces deux derniers noms vieillissent et ne sont plus usités que dans des cas particuliers.

La famille indo-européenne se compose de sept grandes branches : l'indien, l'iranien ou persan, le grec, l'italique, le celtique, le slave ou slavo-lettique, et le germanique ou teutonique.

Prenant ces branches en ordre inverse, nous avons d'abord la germanique, laquelle se divise en quatre rameaux déjà notés : 1º le mœso-gothique, ou dialecte des Goths de Mœsie, dont le seul monument existant est un fragment de version de la Bible fait par leur évêque Ulfilas au quatrième siècle de notre ère. Ce dialecte est éteint depuis longtemps comme langue parlée. 2º Les dialectes bas-allemands, qui se parlent encore dans le nord de l'Allemagne depuis le

Holstein jusqu'aux Flandres, et qui comprennent deux grandes langues cultivées, le hollandais et l'anglais. Les monuments littéraires anglais remontent au septième siècle, les hollandais, au treizième ; il existe un poëme en *vieux-saxon*, le *Héliand* ou le *Sauveur*, qui date du neuvième siècle, et la littérature des Frises date du quatorzième siècle. 3° Le corps des dialectes haut-allemands, représentés aujourd'hui par une seule langue littéraire. l'allemand, dont la littérature commence avec la réforme dans le seizième siècle; avant cette période, que l'on appelle la nouvelle période haut-allemande, il y a la vieille période haut-allemande dont la littérature, écrite en plusieurs dialectes un peu différents, remonte au huitième siècle. 4° La division scandinave, formée du danois, du suédois, du norwégien, de l'islandais. Les monuments écrits de l'islandais sont du douzième siècle et sont, sous le rapport du style et des idées, plus vieux que tout ce qu'on trouve dans le haut et le bas-allemand. L'Edda est la source la plus pure et la plus abondante où l'on puisse puiser pour connaître la condition de l'ancienne Germanie. L'islandais est aussi, surtout sous le rapport phonétique, le plus ancien des dialectes germaniques vivants. Outre les souvenirs littéraires, il y a les inscriptions runiques qui se composent ordinairement d'un mot ou deux et qui remontent, dit-on, jusqu'au troisième et même au second siècle.

La branche slave a toujours été très-voisine de la branche germanique et s'étend à l'est de celle-ci. Elle a, la dernière, acquis son importance historique. Sa division orientale comprend le russe, le bulgare, le serbe, le croate, l'esclavon. Le bulgare est celui qui a les plus vieux souvenirs : sa version de la Bible faite au neuvième siècle, dans la même région où la version gothique avait été faite cinq siècles auparavant, est devenue la version canonique, et son dialecte est la langue de l'Église grecque dans la division slave. La langue russe est de beaucoup la plus importante de la branche; elle a des souvenirs qui datent du onzième siècle. Quelques-uns des dialectes du sud présentent des spécimens d'une date encore plus éloignée. A la division occidentale appartiennent le polonais, le bohème, dont le morave et le slovaque sont des rameaux très-rapprochés, le sorbe de Lusace et le polabe. Le polonais ne possède pas de monuments antérieurs au quatorzième siècle; ceux du bohême ou tchèque vont jusqu'au dixième.

Cette branche est souvent désignée par le nom de slavo-lettique parce qu'on y comprend une subdivision, le lettique ou lithuanien, qui, bien que beaucoup plus éloigné du slave qu'aucun autre de ses dialectes, n'en est pourtant pas assez distinct pour former une branche séparée. Il se compose de trois dialectes principaux : le vieux prussien, qui a disparu pendant ces deux derniers siècles, le lithuanien, et le livonien ou letton, tous groupés autour du grand arc de la mer Baltique. Le lithuanien est le plus important et le plus ancien, car il possède des souvenirs écrits qui remontent au milieu du sixième siècle. Il est remarquable par la conservation des matériaux et des formes du langage.

La branche celtique a sans cesse perdu du terrain depuis le commencement des temps historiques et est réduite à n'occuper plus que l'extrémité occidentale de l'Europe, après avoir couvert de vastes régions à l'ouest et au centre de cette partie du monde. On ne connaît pas assez bien les dialectes du nord de l'Italie, de la Gaule et de l'Espagne, pour pouvoir leur assigner une place dans la sous-classification de la branche. Les dialectes conservés forment deux groupes, communément appelés le cymrique et le gaélique. Le cymrique comprend le gallois qui possède des gloses du neuvième siècle environ, et une littérature du douzième, dont la substance est probablement plus ancienne et remonte au sixième siècle ; le cornique, qui s'est éteint comme langue parlée à la fin du siècle dernier, laissant derrière lui une littérature considérable presque aussi ancienne que la littérature galloise ; l'armoricain de Bretagne, si voisin du cornique qu'on le croit importé par des émigrés du pays de Cornouailles. Le groupe gaélique comprend l'irlandais dont les monuments vont jusqu'à la fin du huitième siècle, le gaélique d'Écosse dont les souvenirs sont assignés au sixième, et le dialecte peu important de l'île de Man.

La branche italique n'est représentée dans les langues vivantes que par tous les dialectes romans issus du dialecte de Rome, le latin. Nous avons déjà remarqué quelques particularités touchant leur histoire et leur degré d'importance. Ils sont tous sortis à peu près dans le même temps, c'est-à dire du onzième au treizième siècle, de la condition de *patois* locaux produits par la corruption du langage populaire, pendant que le latin continuait à être la langue des lettrés. Il y a des parties du français, qui sont plus anciennes et qui datent du dixième siècle ; sa littérature commence un ou deux siècles plus tard ; celles de l'Italie, de l'Espagne, du Portugal sont à peine du douzième siècle. Ces quatre langues sont les membres les plus en évidence du groupe. Mais il y avait aussi, du onzième au quatorzième siècle, une riche littérature appartenant à l'un des principaux dialectes du midi de la France, le provençal, qui, sauf deux ou trois efforts sporadiques récents, n'a plus été en usage depuis comme langue cultivée. Il y a aussi dans les provinces septentrionales de la Turquie, en Valachie et en Moldavie, une vaste région où l'on parle un dialecte roman moins cultivé, le roumain, vestige des agrandissements de la suprématie romaine vers l'est : il n'a point de littérature propre. De plus, certains dialectes du sud de la Suisse diffèrent assez de l'italien pour être classés, comme langue distincte, sous la dénomination de rhœto-roman ou de romanche.

Les anciens rameaux de la branche italique liée au latin, ont été depuis lontemps balayés, mais il en reste encore quelques débris, surtout de l'ombrien, au nord de Rome, derrière les Apennins, et de l'osque, au sud de l'Italie. Le latin lui-même, dans ses plus vieux monuments, ne date pas de plus de trois siècles avant l'ère chrétienne, se montrant là sous une forme étrange et à peine intelligible pour ceux qui n'ont appris que la langue cultivée du dernier siècle avant Jésus-Christ.

La branche grecque est d'une antiquité beaucoup plus vénérable, les chefs-d'œuvre du génie humain, les poèmes d'Homère, ayant précédé notre ère d'environ mille ans. A partir de l'an 300 environ avant J.-C., toute la littérature grecque est en dialecte attique ou athénien, comme la littérature allemande moderne est en haut-allemand nouveau. Mais avant ce temps, de même qu'il arrivait dans la période du vieil haut-allemand, chaque auteur se servait plus ou moins distinctement de son dialecte local ; de façon que tant par le moyen de leurs écrits que par celui des inscriptions, nous avons une représentation assez complète des variétés qui scindaient la langue grecque dans les temps préhistoriques. Il existe, cela va sans dire, une variété semblable de dialectes aujourd'hui ; mais il n'y en a qu'un seul écrit, le grec moderne ou romaïque ; il s'éloigne moins du grec ancien, que l'italien ne s'éloigne du latin. Malgré le grand empire qu'a exercé la civilisation grecque et l'extension qu'a prise l'empire grec sous Alexandre et ses successeurs, la langue grecque, en dépit de sa supériorité incomparable, n'a pas eu la vaste carrière de la langue latine. En dehors de la Grèce même, elle n'est parlée que dans les îles et sur les bords de la mer Adriatique, et sur les rivages nord et sud de l'Asie Mineure.

La branche qui vient ensuite est le persan, plus proprement dit l'iranien, puisque la Perse n'est qu'une des nombreuses provinces qui constituaient le territoire de l'Iran (*Airyana*), patrie des Aryens d'occident. Il a deux anciens représentants : le vieux persan ou le persan achœménide de Darius et de ses successeurs, et la langue de l'Avesta, appelée le zend, ou le vieux bactrien. Le vieux persan est d'une époque déterminée (cinq siècles avant J.-C.), et on le lit dans les inscriptions cunéiformes récemment déchiffrées. L'autre est d'une date inconnue ; il peut être plus récent ou plus ancien. L'Avesta est la Bible de Zoroastre dont la date et le lieu d'origine sont obscurs. On croit qu'elle a paru plus de mille ans avant J.-C., et si elle est en partie, comme on le prétend, l'œuvre de Zoroastre lui-même, elle a cette antiquité. Les modernes sectateurs de cette religion, ceux qui gardent les livres sacrés, sont les Parsis de l'Inde occidentale, lesquels ont fui la persécution mahométane et se sont réfugiés dans leur terre natale. Outre l'Avesta original, ils en ont conservé une version faite en huzvâresh ou pehlevi du temps des Sassanides, dialecte d'un caractère particulier et problématique. La littérature persane moderne, qui est féconde et riche, a commencé à se former environ mille ans après J.-C., et lorsque le pays avait passé sous le luminoir du mahométisme.

Ce sont là les membres du corps linguistique iranien. Le

kurde n'est qu'un dialecte fortement distinct de la même langue. L'osséte, qui règne dans une petite province du Caucase, est plus éloigné du type quoiqu'il lui appartienne d'une façon reconnaissable. L'arménien, dont l'importante littérature remonte au cinquième siècle (et qui, ainsi qu'on le croit d'après les découvertes nouvelles, possède des fragments cunéiformes de mille ans plus vieux), est aussi du type iranien. Enfin, l'afghan, sur les confins de l'Iran et de l'Inde, est aussi regardé comme iranien, quoique des linguistes dignes de foi le tiennent pour indien.

La branche de la langue indo-européenne qui s'étend dans l'Inde n'occupe pas tout le pays. La race dravidienne, qui a sans doute été chassée par l'invasion des Aryens du nord, règne encore dans la plus grande partie de la péninsule méridionale, le Dekhan. La plus ancienne des langues indo-européennes est le sanscrit, surtout son premier dialecte, appelé védique, qui est celui des hymnes religieuses, lesquelles ont, avec quelques additions littéraires un peu plus récentes, formé la Bible de l'Indostan, le Véda. Il semble que, pendant la période à laquelle appartiennent ces vieilles hymnes, les peuples qui parlaient le sanscrit n'occupaient pas le grand bassin du Gange, mais étaient enfermés dans les vallées de l'Indus et de ses affluents du côté nord-ouest de l'Inde et non loin de l'Iran. On ne saurait en déterminer la date avec exactitude. C'était probablement deux mille ans avant J.-C. Le sanscrit classique est un dialecte qui, à une époque plus rapprochée (après que le Brahmanisme fut sorti de la religion et de la civilisation plus simples et plus primitives des temps védiques et se fut emparé de tout l'Indostan), a été conservé comme la langue littéraire du pays tout entier et a toujours gardé ce caractère. On apprend encore à le lire et à l'écrire dans les séminaires brahmaniques. Comme on a trouvé des inscriptions du troisième siècle avant J.-C., en dialecte nouveau, on en conclut que le sanscrit avait cessé avant cette époque d'être la langue vulgaire. La seconde forme de la langue de l'Inde à laquelle ces inscriptions appartiennent est appelée le prakrit. Un des dialectes du prakrit, le pali, est devenu à son tour la langue sacrée du Bouddhisme dans le sud-est, et on l'enseigne encore à ce titre à Ceylan et à l'extrémité orientale de l'Inde. Les autres dialectes sont représentés d'abord dans les drames sanscrits où ils sont introduits à titre de patois parlés par les personnages inférieurs, et ensuite par quelques productions littéraires qui leur appartiennent. Enfin, il y a les dialectes modernes de l'Inde, nombreux et variés, mais dont on peut faire une classification grossière sous les trois dénominations générales d'hindis, de mahrattes et de bengalis, et qui ont des littératures d'origine récente. Celui qu'on appelle hindustâni ou urdou est l'hindi, avec une grande infusion de mots arabes et persans qui s'y sont introduits sous l'influence du mahométisme.

Les limites de cette grande famille sont plus distinctement tracées que celles d'aucune autre. Mais elles ne sont pas immuables. Il y a une ou deux langues isolées en Europe qu'on pourrait encore appeler indo-européennes. Ainsi le skipetar ou langue des Albanais sur cette partie de la côte de la Turquie d'Europe qui fait face au talon de l'Italie. On croit qu'il représente l'ancien illyrien et qu'il est plus probablement indo-européen qu'autre chose. L'étrusque, la langue obscure et si longtemps discutée de ce peuple singulier dont les relations avec les premiers Romains jusqu'à leur absorption finale par Rome sont familières à tout écolier, vient d'être déclarée (1874) langue indo-européenne par des linguistes d'une si haute autorité que leur conclusion doit être acceptée jusqu'à preuve du contraire. Il est évident cependant que dans la théorie il doit se présenter des cas, comme celui-ci, d'une classification douteuse. Il n'y a point de limites aux altérations des langues et leur parenté originelle peut devenir méconnaissable.

Il y a plusieurs raisons pour lesquelles la famille indo-européenne est prééminente parmi les langues du monde, et qui font que les linguistes lui ont toujours donné la plus grande part de leur attention. La moindre de ces raisons c'est que les langues que nous parlons appartiennent à cette famille, quoique ce soit certainement là un motif légitime d'intérêt; la principale, c'est qu'elle appartient à une race qui domine l'histoire du monde, et qui aujourd'hui, comme autrefois, n'a pas de rivale. Les institutions civilisées des grandes nations sont celles qui demandent le plus d'étude et qui en sont le plus digne objet. Les langues et l'histoire des Grecs et des Romains seront toujours, comme elles sont aujourd'hui, le fond d'une éducation libérale ; et l'histoire toute entière de la langue indo-européenne aura sa part aussi dans l'étude, parce qu'elle éclaire l'étude du grec et du latin, ainsi que celle des langues latines, germaniques et slaves, sur tous les points qui nous touchent de plus près et qui intéressent le plus les nations studieuses.

Mais il y a encore une raison plus impérieuse qui a fait de l'étude de la langue indo-européenne l'école de la science linguistique, à tel point que pour beaucoup de gens, l'étude de cette langue et la philologie sont une seule et même chose. C'est qu'en général les monuments de l'histoire linguistique sont incomplets et rares. Si l'histoire toute entière du langage était représentée sur une grande feuille de papier, les parties qu'on pourrait dire connues seraient marquées par des points dans l'espace. Pour ce qui concerne la plupart des races, les langues vivantes seules peuvent être connues. Puis, quelques rayons de lumière se projettent dans le passé du côté de l'ère chrétienne ; quelques-uns seulement s'étendent un peu plus loin : quatre ou cinq probablement éclairent d'une faible lueur la période qui s'est écoulée entre l'an 1,000 et 2,000 avant J.-C., et il n'est qu'un de ces rayons, la langue égyptienne, qui aille plus avant dans les ténèbres du passé. Nous ne faisons que commencer à soupçonner qu'il y a eu avant cela une longue histoire du langage et une longue histoire de l'humanité. Telle étant la topographie du terrain, comment le linguiste eût-il pu procéder autrement qu'il n'a fait, c'est-à-dire en prenant pour point de départ ce corps de faits historiques liés les uns aux autres qui embrassait le plus grand nombre de rapports connus dans le passé, et qui avait eu le plus grand développement dans le présent ? En mettant ces faits en ordre, en découvrant le général sous le particulier, en indiquant les tendances et les lois, le linguiste pouvait espérer d'acquérir un fil conducteur pour se guider dans ses études quand il viendrait à aborder des faits moins généraux et plus obscurs. La prééminence, à cet égard, appartient aux langues

indo-européennes, sans conteste et sans comparaison. Les
autres qui nous font remonter plus haut dans le passé,
comme l'égyptien, le chinois, et les langues sémitiques ont,
les deux premiers, une stérilité de développement, la dernière une pauvreté et une uniformité, qui les rendent très-
inférieures. Blâmer les philologues de s'être particulièrement
adonnés jusqu'ici à l'étude des langues indo-européennes, est
tout à fait déraisonnable. C'est comme si on reprochait aux
historiens de s'être particulièrement occupés de la civilisation européenne et de ses sources. On n'a pas moins grand
tort d'accuser les linguistes quand ils donnent leur attention
aux derniers débris des langues éteintes et presque oubliées
et de prétendre que les langues vivantes, les dialectes parlés
aujourd'hui sont le vrai et fertile champ des études linguistiques. C'est méconnaître le caractère de ces études au point
de vue de la science de l'histoire ; c'est oublier que les faits
présents ne peuvent s'expliquer que par les faits passés et
que le souvenir de l'ancien état de choses éclaire seul l'état
de choses nouveau. C'est donner trop d'importance à ce principe, également vrai, que le présent explique le passé. Il
serait regrettable d'arrêter le zèle de ceux qui soumettent
les langues vivantes à des investigations rigoureuses, surtout sous le rapport phonétique, et de méconnaître la valeur
de leurs travaux. Il n'y en a pas de plus utiles en linguistique ;
seulement, ils ne doivent pas non plus dédaigner ceux de leurs
prédécesseurs, mais se souvenir que ce sont eux qui leur
ont préparé les voies. L'étude minutieuse des coutumes, des
institutions, des croyances et des mythes des peuples grossiers qui existent encore, était, il n'y a pas longtemps, pure
affaire de curiosité ; ce qui lui a donné une sérieuse importance, c'est l'analyse du développement historique de la civilisation. Il était inutile d'observer les nébuleuses, tant
que l'astronomie et la géologie n'étaient point venues nous
apprendre, par la constitution et l'histoire de notre système
solaire, comment il faut interpréter les faits observés.

En établissant la priorité et la prééminence, dans l'étude
des langues, de la famille indo-européenne, nous n'entendons point déprécier l'importance des autres familles et
nous admettons même qu'elles sont nécessaires à l'intelli-

gence les unes des autres. La science du langage est, comme son nom l'indique, la science de toutes les langues humaines et elle n'en rejette aucune, sous prétexte qu'elle est obscure, inférieure en développement, ou qu'elle appartient à des peuplades lointaines. Le temps est venu où des questions s'élèvent en grand nombre dans l'histoire des langues indo-européennes qui ne peuvent être résolues que par l'étude plus approfondire des langues inférieures; et l'on doit établir, comme étant un principe fondamental en linguistique, qu'aucun fait de langage ne peut être apprécié à sa véritable valeur s'il n'a été comparé avec les faits analogues dans toutes les langues humaines. Seulement, on ne saurait empêcher, en philologie pas plus que dans les autres branches de la science, que les faits ne s'arrangent d'eux-mêmes en lignes principales et ne convergent, comme des rayons de lumière, vers certains foyers quand on désire plus particulièrement regarder ceux-ci.

Nous sommes arrivés, comme nous l'avons vu plus haut, à cette conclusion certaine que toutes les langues indo-européennes connues descendent d'un dialecte unique qui doit avoir appartenu, à une époque quelconque, à une société restreinte, dont l'extension et l'émigration, jointes à l'absorption probable d'autres sociétés sorties d'autres races, ont fait que ce dialecte s'est répandu et a couvert tous les territoires où nous le voyons aujourd'hui régner. C'est ainsi qu'à une autre époque de l'histoire, deux branches de ce dialecte en sont venues à couvrir à leur tour le nouveau monde et à occuper plus d'espace que n'en occupe le tronc principal. Sans doute, il serait d'un haut intérêt de pouvoir déterminer le temps et le lieu où cette société primitive si importante a vécu, s'il existait quelque moyen de le faire; mais il n'en existe pas, du moins quant à présent. Pour ce qui est du temps, mieux vaut se taire sur ce sujet à une époque de transition comme la nôtre où l'on dispute encore, sans pouvoir s'entendre, sur l'antiquité de l'homme sur la terre. La question de savoir si le premier homme est né il y a six mille ans, douze mille ans, cent mille ans, ou un million d'années, comme le veulent les nouvelles écoles d'anthropologie, est une de celles dont la solution exercera son influence sur la question qui nous occupe ; quant aux témoignages que la langue peut rendre d'elle-même, il n'y en a aucun de concluant. Les philologues diront certainement qu'ils ne voient point que le développement de la langue indo-européenne ait pu se faire en six mille ans ; mais ils n'ont pas trouvé encore une règle pour mesurer le temps qu'il a, selon eux, fallu à ce développement. Il serait donc insensé de hasarder là-dessus, même une conjecture.

La question du lieu où la langue indo-européenne a vécu d'abord, n'est pas plus facile à résoudre. L'homme a toujours été un animal migrateur, et pour peu qu'il ait eu un million d'années ou seulement la dixième partie de ce temps pour errer sur la terre, il est à peu près impossible de dire où s'est faite la séparation d'une race. Qu'est-ce que les positions aujourd'hui occupées par les Celtes pourraient nous apprendre sur l'histoire de leur migration ! Si quelque race barbare avait conquis, exterminé ou absorbé les Germains du continent, quelle conclusion erronée ne tirerait-on pas de la présence de ceux-ci en Scandinavie et en Islande seulement ! Or, il est probable que l'histoire des Indo-Européens contient des accidents non moins propres à nous égarer dans nos jugements. Il y a si longtemps qu'on est accoutumé à considérer le sud de l'Asie comme le berceau de la race humaine, et cette opinion a pris tant d'empire sur les esprits, même chez les personnes qui rejettent les témoignages sur lesquels elle est fondée, que bien des gens assurent que la région montagneuse de l'Indou-Koh ou que la Bactriane est le berceau des Indo-Européens. La seule preuve qu'ils en apportent, c'est que c'est là que les Iraniens et les Indiens se sont séparés et que les dialectes de ces deux peuples sont les plus primitifs de la famille. Mais autant voudrait dire que la rapidité ou la lenteur des changements dans une langue dépend de l'immobilité de ceux qui la parlent ou de leurs migrations ; ce qui n'a pas besoin d'être réfuté. La vérité est que la condition de ces langues peut s'accommoder de toutes les théories, sur le lieu primitivement occupé par la famille. Quant aux rapports des différentes branches entre elles, les meilleurs linguistes sont depuis assez longtemps d'accord que la séparation des cinq branches européennes l'une de l'autre, doit avoir eu lieu plus tard que leur séparation commune des deux branches d'Asie, lesquelles continuèrent d'exister réunies jusqu'à la période historique. Sur ce dernier point il y a unanimité d'opinions. Les plus vieilles formes du persan et de l'indien se rapprochent autant l'une de l'autre que se rapprochent, par exemple, deux dialectes germaniques un peu dissemblables : les deux branches sont classées ensemble sous le nom d'*aryen* et l'on suppose que la branche indienne s'est séparée du tronc, au nord-est de l'Iran, peu avant l'an 2000 avant J.-C. Dans la grande division européenne, le germain et le slave sont regardés par tout le monde comme particulièrement rapprochés. On est plus divisé sur la question de savoir si le celtique est une branche complétement indépendante ou si elle est proche voisine de la branche italique. Dans tous ces faits, il n'y a rien qui nous éclaire, quant à la question du pays d'origine. La séparation de la division aryenne et de la division européenne peut aussi bien avoir été le résultat de la migration des Européens en Asie, que de la migration des Asiatiques en Europe; et en effet, des linguistes distingués ont déjà choisi leurs localités dans l'une ou dans l'autre de ces parties du monde. Mais il serait oiseux de prétendre à des conclusions définies quand les données le sont si peu. On peut trouver un jour des preuves d'une valeur réelle; mais jusqu'ici on n'en a pas fourni encore.

Il y a tant de matériaux pour l'histoire de la langue indo-européenne et elle a été l'objet de tant d'études, que cette grande division du langage humain est beaucoup mieux connue que les autres. Ainsi donc, tant à cause du haut intérêt qu'offre cette histoire en elle-même, qu'à cause de son utilité comme exemple de la méthode à suivre dans l'étude des autres divisions, nous allons examiner un peu plus en détail, quoique avec toute la brièveté possible, la partie de l'histoire primitive des langues indo-européennes qui n'est plus en doute.

Mais nous devons d'abord examiner la question de savoir (si l'on peut appeler cela une question) comment on doit procéder pour connaître les périodes historiques du langage. La famille indo-européenne elle-même ne possède

que peu de documents appartenant à ces différentes périodes.
Comment pouvons-nous savoir ce que les monuments écrits
ne nous apprennent pas? La réponse est simple à ce qu'on
croit et assurée : il faut étudier les forces que nous voyons en
œuvre devant nous et observer comment elles agissent;
puis, les transporter dans le passé, à l'aide d'un raisonnement par analogie, en concluant des causes semblables aux
effets semblables, aussi loin qu'on peut aller raisonnablement, sans faire jamais intervenir des forces nouvelles,
excepté là où les anciennes ne peuvent absolument suffire
à donner l'explication demandée, et encore avec la plus
grande réserve. C'est là la méthode inductive, familière à la
science moderne. Le parallèle entre la linguistique et la
géologie est, à cet égard, très-étroit et très-instructif, et on y
a eu souvent recours. Le géologue infère du mode de formation des bancs de sable, le mode de formation des bancs
de granit; il se rend compte, en enterrant ou en surbmer-
geant des espèces vivantes, de l'existence des fossiles. La
géologie est si fidèle à cette méthode que le savant qui l'a-
bandonne et qui se sert de l'hypothèse, même quand les
moyens ordinaires de l'expérimentation ne peuvent lui venir
en aide, est traité de fantaisiste, et sommé de rester sur la
réserve, jusqu'à ce qu'il puisse résoudre par des moyens
vraiment scientifiques le problème qui l'occupe.

Sans doute, les circonstances et les conditions d'action
des mêmes forces peuvent varier, et, en admettant l'unité
de l'histoire géologique, on ne prétend pas que la terre ait
été toujours ce qu'elle est aujourd'hui. L'opinion qui prévaut
parmi les géologues est même que la terre a commencé
par être une masse nébuleuse de vapeur en rotation; mais
cette opinion est née de la méthode inductive. L'unité essentielle de l'histoire du langage dans toutes ses phases et toutes
ses périodes, doit être le principe fondamental des études
linguistiques si l'on veut que la linguistique soit une science.
Déclarer de prime abord, comme le font quelques-uns implicitement ou explicitement. que les modes de formation
des langues ont été autres dans les temps anciens que dans
les temps modernes et qu'on ne peut inférer du présent au
passé, devrait suffire à faire exclure des rangs des linguis-

tes l'auteur de la proposition, si la science linguistique était aussi solidement constituée que l'est la science géologique. Ici encore, il faut admettre la différence des conditions et des circonstances, et l'on doit reconnaître que le langage primitif devait être aussi éloigné du langage moderne qu'un pays brillant des œuvres de la civilisation est éloigné d'un désert peuplé de bêtes féroces, ou même que le cosmos existant est éloigné de l'état d'une nébuleuse. Cependant, ce qui est, doit être regardé comme le résultat d'une action prolongée, s'exerçant dans le même sens. Nous devons nous souvenir, aussi, que nous ne connaissons point assez complétement la nature et le mode d'action des forces qui agissent sous nos yeux, pour avoir la prétention de les connaître dans le passé et que ce qui nous frappe comme anormal peut nous sembler, plus tard, régulier. Mais nous devons rejeter les hypothèses et ne pas les admettre, même à ce titre.

Nous avons vu plus haut, dans les chapitres consacrés aux changements du langage, que la tendance générale des hommes est vers la création de signes pour servir d'instruments à la pensée intime et de moyens de communication à cette même pensée; qu'ils se servent pour cela des matériaux qui sont le plus à leur portée; que la direction du mouvement est la réduction des désignations grossières, physiques, matérielles, sensibles, à des mots formels ou abstraits; d'abord, par le changement constant de significations, ensuite, par l'agrégation des mots simples en composés, les uns servant de préfixes ou de suffixes aux autres et venant en modifier la valeur. Aussi loin qu'on peut suivre l'histoire du langage, on voit l'annexion des éléments formatifs employée comme moyen d'indiquer les relations, à tel point que c'est là le trait caractéristique de la langue indo-européenne et qu'expliquer ce fait, c'est expliquer le développement de cette langue.

C'est dans l'habitude fort simple de composer les mots de deux ou plusieurs syllabes, dont chacune était d'abord un mot séparé, que nous avons trouvé (pages 120 *seq.*) le germe de la composition synthétique des formes; et nous avons remarqué un certain nombre de véritables formes faites ainsi par le seul secours des tendances qui prévalent universellement dans le langage humain. Les terminaisons adverbiales, *ty*, en anglais, *ment,* en français; le signe des temps passés des verbes, *d* en anglais, *ai* en français ; les suffixes des dérivés anglais, *less* et *dom*, etc., sont des éléments formatifs aussi bien que tout autre élément de ce genre dans la langue indo-européenne; ce n'est que par l'étude et non par l'usage qu'on s'aperçoit qu'ils diffèrent de l's de *loves*, du *th* de *truth*, lesquels ont été affixés aux mots à une époque beaucoup plus reculée. Et toute création de forme dont nous pouvons connaître l'histoire a eu lieu de cette manière par accrétion, les cas qui diffèrent en apparence étant, comme nous l'avons montré par *man* et *men* (homme et hommes), *read* et *read* (lire et lu), *sing* et *sang* (chanter et chanta), inorganiques, accidentels et résultant de l'altération phonétique de mots, auparavant formés par agrégation.

Les choses étant ainsi, les principes de la méthode inductive nous commandent d'attribuer au seul procédé que nous voyions à l'œuvre dans les temps historiques pour la formation des mots, le développement de la langue indo-européenne dans les temps préhistoriques. Si l'action de ce procédé est trouvée suffisante, non-seulement nous n'avons pas à recourir à d'autres explications, mais il nous est interdit de le faire, à moins d'une indication absolue. Et ce n'est point parce que nous ne pouvons pas tout expliquer, que nous devons faire intervenir d'autres forces. Les monuments des langues sont trop incomplets, trop fragmentaires, pour que l'histoire linguistique soit sans lacunes et que nous puissions suivre l'évolution des mots à travers la série toute entière de leurs changements de sens et de forme. De même qu'à chaque période de la vie changeante de la terre, la série des souvenirs géologiques est disloquée, de même, il y a des événements dans l'histoire qui dérangent la continuité régulière du développement linguistique dans toutes les parties de ce développement, transfert de significations, formation de mots, modes de dérivation. Quand nous voyons qu'il y a dans les langues germaniques et romanes qui sont d'origine récente, tant de choses et tant de mots, dont le linguiste ne peut expliquer la raison, comment espérer de pouvoir soumettre à une complète analyse les mots et les formes qui composent des langues d'une immense antiquité?

Si les premières formes synthétiques que nous connaissons nousdécouvrent ce même principe de la combinaison que nous voyons agir plus tard dans la formation des langues, nous en devrons conclure jusqu'à preuve du contraire que puisqu'il est le seul qui agisse aujourd'hui, il a été le seul qui a agi autrefois.

Les maîtres de la philologie comparée veulent, en effet, que l'agrégation rende compte, à elle seule, de la formation toute entière de la langue indo-européenne, et qu'il n'y ait pas un mot qui n'y soit le résultat de l'addition successive d'élément à élément; ils disent que partout où nous séparons ces éléments nous trouvons d'un côté un signe qui représente l'idée radicale, de l'autre, un signe qui représente l'idée modificatrice, et voyons que ces deux signes étaient primitivement aussi indépendants l'un de l'autre dans les mots où on ne s'en aperçoit plus qu'ils le sont dans ceux où l'on s'en aperçoit aisément : comme dans *love-did*, qui a fait *loved* (aimé), dans *true-like*, qui a fait *truly* (vraiment), dans *habere habeo*, qui a fait *aurai*, dans *verâ mente*, qui a fait *vraiment*, et ainsi de suite.

Mais cette doctrine en contient une autre très-importante : celle de l'existence d'un premier corps de racines monosyllabiques servant de matière première aux développements de la langue indo-européenne. C'est là un corollaire nécessaire : si tous les mots sont formés par accrétion et intégration il n'y a d'original que les éléments qui les composent, les racines. Or, dans notre famille de langues les racines sont monosyllabiques. C'est là l'opinion de presque tous les linguistes; les dissidents sont en petit nombre et leurs négations sont aisément réfutées comme des malentendus ou des égarements de logique. Cette opinion n'a rien qui puisse troubler le savant, pas plus que l'admission d'un état social primitif barbare ne peut troubler l'historien; et de même qu'il y a encore des races sur la terre qui n'ont jusqu'ici appris à manier que les plus simples instruments, à s'abriter que sous des huttes en feuillage et à ne se vêtir que de peaux de bêtes, de même (comme nous le verrons dans le chapitre XII) il y en a dont la langue n'est jamais sortie de la période radicale. Si nous voyons des inflexions de déclinaisons et de conjugaisons se produire à une époque récente, nous pouvons supposer un temps où rien de semblable n'existait. Si nous voyons naître dans l'histoire du langage les prépositions, les conjonctions, les articles, nous devons regarder comme possible l'existence d'un temps où les parties du discours n'étaient point distinctes les unes des autres. C'est l'affaire de la démonstration scientifique de convertir ces possibilités en réalités évidentes.

Il faut remarquer que cette doctrine ne nous oblige pas à reconnaître et accepter une liste toute faite de racines, comme étant les premiers éléments des langues de notre famille. Nous montrerons plus tard, comme nous l'avons déjà montré dans quelques cas, que ce qu'on s'accorde généralement à regarder comme des racines sont déjà des agrégations, comme *count* (compter), *cost* (coûter), *preach* (prêcher), etc., que nous avons remarqués plus haut. Ceci ne fait que restreindre un peu les applications du mot racine. Le fondement de la doctrine des racines c'est sa nécessité logique, laquelle résulte du développement historique de l'appareil grammatical. Il faut remarquer aussi que la question de l'existence des racines, comme points de départ des langues, est tout à fait distincte de la question de l'origine du langage, dont nous ne parlerons que plus tard (chapitre XIV) : l'une est exclusivement linguistique ; l'autre appartient en partie à l'anthropologie.

Donc, les racines existaient dans la langue indo-européenne avant qu'on n'eût trouvé le moyen d'établir les distinctions grammaticales, avant le développement des inflexions, avant la séparation des parties du discours. Chacune était le signe d'une conception simple dont les rapports étaient indéterminés et qui n'indiquait pas qu'on l'envisageât ou comme nom d'un objet concret, ou comme attribut, ou comme prédicat ; le même signe servait indifféremment dans les trois cas. C'est là un état de choses que nos habitudes de langage et d'esprit rendent fort difficile à comprendre, mais dont nous sommes encore témoins, à un moindre degré, chez les peuples dont les langues sont au plus bas point de développement. Les racines, cependant, ne sont pas toutes d'une seule classe ; il y a un petit corps de ce qu'on appelle les racines pronominales ou démonstratives, qui se distinguent des autres en ce qu'elles indiquent plutôt la position relative de celui qui parle qu'une qualité concrète. Elles sont peu nombreuses, et très-simples sous le rapport phonétique : une voyelle isolée, ou une consonne suivie d'une voyelle. Beaucoup de linguistes répugnent, non sans raison, à admettre que ce soient là de véritables racines et pensent qu'elles sont sorties, par atténuation de sens, de la classe des autres racines; mais on peut, ce nous semble, admettre que cette distinction existait antérieurement à l'ensemble du développement des formes indo-européennes. La question ne pourra être éclaircie que lorsqu'on connaîtra mieux les langues d'ordre inférieur; peut-être le développement précoce de cette classe de mots formels a-t-il été le signe distinctif de cette haute aptitude linguistique qui a toujours distingué cette famille et qui a préparé son évolution. L'autre classe, appelée racines verbales ou prédicatives, était en général composée des signes qui indiquaient les actes ou les qualités qui pouvaient être perçus par les sens. Ils étaient beaucoup plus nombreux et se comptent par centaines; exemples : *stâ* (en grec, ἵστημι, en latin, *stare*, en anglais, *stand*, en français, *rester*, dans le sens d'être debout); *dâ* (en grec, δίδωμι, en latin, *dare*, en français, *donner*); *par* (en grec, περάω, en latin, *experior*, en allemand, *fahren*, *fare*; *wid* (en grec, οἶδα, en latin, *video*, en allemand *weiss*, etc.), et ainsi de suite.

Un des premiers pas, peut-être même le premier, et un des plus importants dans l'histoire du développement du langage, a été la séparation des verbes d'avec les noms substantils ou adjectifs. L'essence d'un verbe c'est d'être un prédicat ou signe d'affirmation, et toutes les langues ne sont point arrivées à posséder une forme distincte pour indiquer la prédication. Il y a plusieurs langues qui ne distinguent pas d'une façon formelle : *giving* (donnant), pris comme substantif de *giving*, pris comme adjectif; *gift* (don), de *gives* (il donne) : elles mettent tout simplement le sujet et le prédicat côte à côte et disent : *lui donneur, lui bon*, laissant à l'esprit le soin de suppléer au copule qui manque. La formation d'un verbe n'est pas autre chose que la création de certaines combinaisons d'éléments pour un usage exclusivement prédicatif, que l'invention d'un lien spécial qui établit le rapport du prédicat au sujet. Ceci a eu lieu par l'adjonction de certains éléments pronominaux aux éléments verbaux : *dâ-mi, dâ-si, dâ-ti;* le premier ayant déjà acquis une signification quasi-personnelle comme indiquant ce qui est plus rapproché par rapport à ce qui est plus éloigné. La question de savoir comment il faut traduire *dâ-mi,* par exemple, si c'est par *donne moi,* ou *donnant* (adjectif) *moi,* ou *donnant* (substantif) *mien,* ou *donnant ici,* ne mérite pas d'être débattue, puisque dans la période dont nous parlons le premier élément contenait le nom, l'adjectif. et le verbe, et le second, le pronom et l'adverbe. et qu'on ne distinguait pas encore d'une façon formelle *je* et *mien.* Les combinaisons présentées ci-dessus donnaient trois personnes du verbe. Elles exprimaient le singulier en elles-mêmes et étaient rendues plurielles par la juxtaposition d'éléments pronominaux à la fin ; exemple : *masi* qui est *ma-si, moi* (et) *toi,* et qui signifie *nous.* Les formes ainsi créées n'étaient point des formes de temps; mais on fit ensuite un prétérit en faisant précéder le mot d'un élément adverbial, le préfixe du grec qui indiquait l'action comme s'étant passée alors : *a-dâ-mi, alors donner moi,* autrement, *j'ai donné,* et la forme a été, à cause de l'addition accentuée du premier membre, contractée en *adâm* (sanscrit *adâm.* grec, ἔδων) d'où est venue la distinction entre terminaisons secondaires et terminaisons premières, qui est un fait très-marqué dans les langues de la famille. Un autre temps passé fut créé par la réduplication ou répétition de la racine *dâ-dâ-mi donner, donner, moi,* autrement, *j'ai donné.* La réduplication a été abrégée de diverses manières ; en latin et en allemand, elle est devenue le prétérit général, la syllabe augmentative du temps ayant disparu. Les mots anglais *sang* (chanté), *held* (tenu) en sont descendus. Cependant, peu des signes du temps présent dans les verbes indo européens sont d'une formation aussi simple. Ordinairement, les racines paraissent avoir été allongées, soit par une autre réduplication (en sanscrit, *dadâmi,* en grec, ἴδωμι) ou par l'addition de plusieurs éléments formatifs (en latin, *cer-no, cre-sco,* en grec δάμ-νη-μι, δείκ-νυ-μι, etc., etc.) : tous moyens, suppose-t-on, d'indiquer la continuité d'action, comme est le *am-gi-*

ving anglais (*suis donnant*), mais qui, plus tard, n'ont pas été restreints à ce seul sens. Dans quelques verbes, en même temps que le nouveau présent et son prétérit continu ou *imparfait*, on conserva le prétérit et les modes des plus simples racines, avec une signification passée moins définie, ce qui fit le *second aoriste* grec et sanscrit (comme ἔδων, *ádãm*, outre l'imparfait ἐδίδων, *ádadãm*). Dans d'autres verbes, on fit un temps accordant en composant probablement une seconde racine *as* (être) avec une autre, ce qui fit ce que l'on appelle en grec le *premier aoriste*. Outre cela, un futur, que l'on suppose avoir contenu le même élément auxiliaire, fut créé, avant la séparation des branches indo-européennes, dont la forme la mieux conservée se trouve dans le grec et le sanscrit; la forme complète de son suffixe est *syámi*; en sanscrit *dã-syámi*, en grec, δώσω (plus anciennement, δώσιω), *je donnerai*. Il y avait aussi quelques personnes de l'impératif qui n'avaient pas des signes de modes particuliers, mais des terminaisons particulières. Les autres modes étaient le subjonctif et le conditionnel, marqués par l'insertion entre la racine et la terminaison d'un signe quelque peu douteux. Enfin, il y avait une voix réflective ou *moyenne* dans toutes ces diverses formes qui était caractérisée dans les terminaisons personnelles elles-mêmes : extension de sens d'un même signe, généralement indiquée par la répétition, qui tantôt avait une valeur subjective et tantôt une valeur objective.

Tel semble avoir été l'entier édifice du verbe indo-européen, avant la séparation des branches de la langue indo-européenne. Cet édifice a été diversement agrandi, rapetissé, modifié dans chacune de ses branches. Le sanscrit a conservé le plus fidèlement les formes extérieures ; le grec a le mieux retenu les anciennes, et en a ajouté un grand nombre, de sorte que le verbe grec est le plus riche de la famille. Le latin en a perdu beaucoup, mais y a introduit beaucoup de variantes modernes. La branche germanique a tout perdu, sauf le présent et le parfait, avec l'optatif que nous appelons subjonctif, et l'impératif. A part le prétérit formé avec *did*, dont nous avons déjà parlé souvent, les nouvelles additions ont été faites sous forme de combinaisons analytiques. Suivre plus loin l'histoire des verbes serait pour nous une tâche trop longue, si intéressante qu'elle pût être.

La genèse du nom, comme partie du discours, dans ses deux formes, le substantif et l'adjectif, était impliquée dans celle du verbe : quand on eut séparé les verbes de la masse des signes articulés, le résidu était les noms. Tout, dans le langage indo-européen, est dans l'origine verbe ou nom, forme de conjugaison, ou forme de déclinaison. D'un autre côté, plus nous remontons en arrière moins nous trouvons nettement établie la distinction du substantif et de l'adjectif; ils prennent les mêmes suffixes, les mêmes inflexions ; on désigne les objets par leurs qualités, et l'on ne distingue guère si l'on emploie le mot qui dénote la qualité comme signifiant une chose ou un attribut de cette chose. Le caractère distinctif du nom est la terminaison relative au cas, comme le caractère distinctif du verbe est la terminaison relative à la personne ; les cas et les nombres font pour les noms ce que les nombres et les personnes font pour les verbes ; ils leur assignent leur place et leur utilité dans le discours. Les cas dans l'indo-européen sont au nombre de sept, outre le vocatif qui n'est pas un cas dans le même sens que les autres puisqu'il n'a point de rapports de syntaxe avec les autres mots. L'accusatif indique la direction immédiate de l'action du verbe; l'ablatif indique d'où l'action procède ; le locatif marque où elle a lieu ; le causatif, par quoi elle a lieu ; le datif, pourquoi elle a lieu ; le génitif indique de quoi elle procède, et les liens ou rapports généraux de l'action ; enfin, le nominatif semble le cas le plus formel, le plus abstrait du sujet; le vocatif lui ressemble presque toujours et ne prend point d'inflexion particulière.

La genèse des déclinaisons est beaucoup plus obscure que celle des conjugaisons. Les suffixes du génitif montrent beaucoup d'air de famille avec les suffixes de dérivations. Les éléments pronominaux sont très-visibles parmi les autres éléments; mais tous les cas sont trop douteux pour qu'on puisse les présenter d'une façon sommaire, et l'espace ne nous permet pas de faire autre chose ici que des résumés. Comment les distinctions de nombres sont combinées avec les distinctions de cas, n'est pas chose claire. Les terminaisons du nombre singulier, du nombre deux, du nombre pluriel, ont l'air d'être indépendantes et l'on ne voit pas que des signes indiquant le nombre soient, comme cela arrive souvent dans les langues d'un type inférieur, insérés entre la syllabe radicale et la syllabe finale ou initiale. Puis, la langue, dans la période primitive, est complétement exempte de ces modes de flexions qui, dans la période moyenne, servent à former le système des cas. Il y avait d'abord à peu près uniformité de déclinaison dans tous les mots ; ensuite, uniformité de déclinaison dans les mots qui avaient la même finale ; plus tard, la finale caractéristique ayant disparu, il y a eu confusion de déclinaisons. Telle est l'histoire générale du développement de ce côté de la langue.

Une autre matière à distinction, celle des genres, est si mêlée à celle des cas et des nombres qu'on ne peut l'en séparer. On est loin d'avoir résolu le problème de l'origine de cette distinction dans la langue indo-européenne. Evidemment, elle est née de la distinction des sexes dans les créatures qui ont un sexe visible ; mais ces créatures ne sont qu'une très-petite partie de la création, tandis que la distinction s'applique à tout ce qui existe, et cela sans qu'elle ait trait, la plupart du temps, à un rapport avec le sexe naturel. Le monde des objets qui n'ont point de sexe visible, n'est pas dans toutes les langues, comme dans la langue anglaise, relégué dans le genre neutre. De grandes classes de mots sont rangés en masculins et en féminins, tantôt en vertu d'une analogie poétique et par une estimation imaginaire de leurs qualités distinctives comparées à celles de l'homme ou de la femme, tantôt en vertu d'analogies grammaticales, parce qu'ils ressemblent à des mots dont le genre est déjà déterminé. Dans tous les cas, dans la période indo-européenne commune, c'est-à-dire avant la séparation des branches, tous ou presque tous les mots indiquant des attributs étaient infléchis de trois manières, un peu variables, pour marquer la distinction des genres ; les noms substantifs suivaient un de ces trois modes, et étaient masculins, féminins ou neutres. La distinction avait lieu, tantôt dans la syllabe finale, tantôt dans la syllabe initiale servant de base, quoiqu'il n'y eût guère de suffixe de dérivés ou de flexions

qui, à la rigueur, ne pût être des deux genres. La distinction du
féminin était la plus marquée ; celle du masculin et du neutre
se confondait presque, excepté au nominatif et à l'accusatif.

Les pronoms avaient part aussi à la flexion des noms
dans les trois variétés, cas, nombre et genre. Cependant,
le genre n'était pas distingué dans ces mots démonstratifs
qui acquièrent un caractère spécifique selon qu'il se rapportent à la personne qui parle ou à la personne à qui l'on
parle. Et les mots qui sont originairement des pronoms avaient
des irrégularités de flexions, par rapport aux autres mots.

Quoique une racine avec sa déclinaison suffise à faire un
nom, la grande masse des noms indo-européens ont d'autres
éléments interposés entre la racine et la syllabe finale, que
nous appelons suffixes de dérivation ; et ceux-ci en viennent
avec le temps à être divisés en deux classes bien distinctes :
suffixes primaires, c'est-à-dire qui sont annexés immédiatement
à la racine verbale ; suffixes secondaires, c'est-à-dire qui sont
ajoutés après d'autres annexes dérivées. Les cas de ce genre
sont trop rarement bien reconnaissables dans les langues
primitives et l'histoire des changements d'application de ces
suffixes est trop difficile à tracer pour que nous entreprenions
d'exposer leur développement. Mais, bien que le sujet soit
obscur il n'y a point de mystère dans le principe que leur existence suppose : le procédé qui a servi à faire les suffixes modernes a parfaitement pu suffire à faire les suffixes anciens.

Comme la signification et l'application des racines prédicatives ou verbales font les verbes et les noms, les racines
démonstratives (qui ne font pas des verbes) donnent naissance aux adverbes et aux pronoms. C'est de celles-ci que
viennent les mots qui marquent le lieu, la direction et qui
peuvent aisément servir à marquer le temps, lesquels sont
de la nature adverbiale. On veut aussi qu'ils soient des formes particulières de pronoms, et l'on pose en principe que
tous les mots sont originairement des formes infléchies du
verbe ou du nom. Il est certain qu'une fois née, la classe
des adverbes est grossie par ce moyen depuis le commencement de son histoire et nous en avons donné des exemples
(pages 34, 102). Les prépositions ... (dans le sens que nous
donnons à ce mot) d'origine plus récente encore, ayant été

créées comme partie distincte du discours par l'élimination de certains adverbes qui indiquaient la relation avec le verbe. Nous les voyons paraître distinctement dans la plus vieille langue de la famille, le sanscrit, et croître toujours depuis en nombre et en importance. Les conjonctions, quoiqu'elles ne fassent complétement défaut nulle part, sont d'origine secondaire, car elles caractérisent le développement historique du langage. Former des périodes en réunissant des membres de phrases et en ayant présente à l'esprit leur relation l'une avec l'autre, c'est quelque chose de plus, en effet, que de réunir des mots en membres de phrases.

Ce sont là les *parties du discours* de la langue indo-européenne, c'est-à-dire les classes principales de mots ayant des applications restreintes et des rapports définis, entre lesquelles se sont divisés les signes holophrastiques, ou signes équivalents à une phrase entière, qui composaient, au commencement, tout le langage. Mais il y a une autre classe de mots, les interjections, qui ne sont pas à proprement parler une *partie du discours*, mais qui sont, plutôt, analogues à ces mêmes signes holophrastiques, dont tous les autres procèdent par évolution. Une interjection typique est un son articulé spontanément sous l'influence d'un sentiment et qui peut se paraphraser par ses seules modulations. Ainsi *Ah!* ou *oh!* peuvent signifier selon le ton : je suis blessé, je suis surpris, je suis charmé, etc. Seulement, ce mot est indivisible. Cependant, nous sommes tellement dominés par les conventions et par l'habitude, que même nos exclamations sont devenues généralement conventionnelles et que les interjections font partie du langage ordinaire. Il faut qu'un homme soit singulièrement ému pour prononcer une exclamation naturelle, une exclamation dans laquelle il n'entre rien des habitudes acquises de la société. L'emploi des mots ordinaires en phrases incomplètes dans le sens exclamatoire est devenu chose très-commune dans le langage familier, l'émotion ou la précipitation étant cause que l'on mutile l'édifice des phrases, que l'on rejette la combinaison du sujet et du prédicat et qu'on en présente seulement les éléments les plus frappants. C'est là un véritable abandon de tout ce qui a fait, dans le développement historique du langage, sortir la phrase du monosyllabe radical, au moyen de la domination croissante de la réflexion sur l'instinct et de la raison sur la passion.

Dans cette esquisse trop rapide et trop imparfaite de l'histoire de la langue indo-européenne, nous n'avons pas cherché à déterminer l'ordre dans lequel se sont suivies les différentes parties du développement inflexionel. Cette tâche est impossible jusqu'à ce qu'on connaisse à fond l'histoire des langues inférieures vivantes et encore non développées. Pour plusieurs raisons, la connaissance des langues indo-européennes n'y peut suffire : la période de ses premiers développements est trop éloignée; les monuments que nous possédons sont trop incomplets et l'interprétation en est trop difficile; enfin, nous ne sommes point compétents pour en juger. Nous avons assez insisté déjà sur l'impossibilité de fixer les dates et la durée des premières périodes; tout ce qu'on peut préjuger, c'est qu'elles ont été très-longues. Il s'agit d'une série d'actes successifs s'engendrant les uns les autres; d'un développement d'habitudes qui, après avoir été effets, sont devenues causes à leur tour; et chaque acte, comme chaque habitude, a été alors, comme il le serait aujourd'hui, l'œuvre de beaucoup de temps, sans toutefois que nous puissions dire s'il y a fallu le même temps qu'il y faudrait maintenant, puisque le degré de rapidité du mouvement dépend en partie des conditions extérieures, conditions que nous ne pouvons pas entièrement connaître.

Il y a eu aussi, en matière de syntaxe, une gradation évidente, suivie d'une dégradation, qu'on aperçoit au fond de cette histoire. Pendant l'immense période préhistorique et avant la séparation des branches, le système de flexion du nom et aussi, quoique moins distinctement, celui du verbe avaient atteint à une perfection qui a subi depuis une diminution progressive. Non qu'on ait perdu la faculté d'exprimer les distinctions; mais on a pris pour le faire d'autres moyens : auxiliaires, mots formels au lieu de suffixes, éléments formatifs adjoints aux mots; nous appelons ces moyens analytiques par opposition au nom de synthétiques que nous donnons aux autres. *He might have loved* (*il pourrait avoir aimé*), *he will be loved* (*il sera aimé*), qui remplacent l'*amavisset* et l'*amabitur* latins, sont des exemples typiques de cette manière de s'exprimer. Ce fait a été cité contre la théorie qui réduit la langue à n'avoir été d'abord qu'un corps de racines monosyllabiques, par ceux qui croient, au contraire, à une période primitive de polysyllabisme exagéré. Mais c'est là évidemment une erreur. L'argument serait bon si on ne connaissait autre chose dans l'histoire du langage que la réduction des mots et si on n'assistait pas à leur formation et à leur croissance. Mais, si nous regardons tout ce travail d'arrangement, de combinaison, d'intégration, de mutilation et de corruption qui se fait au sein d'une langue, remuant sans cesse les mêmes matériaux, produisant et détruisant tour à tour des formes, nous trouverons naturel que les circonstances et les habitudes changeantes d'un peuple donnent à l'histoire des langues la forme d'une progression. Les procédés de formation une fois inaugurés sont continués jusqu'à ce qu'on ait trouvé un appareil suffisant pour l'expression des rapports, et, quand on y est parvenu, la vertu de ces procédés triomphe mieux que jamais pendant quelque temps encore des forces destructives qui sont incessamment à l'œuvre. Ensuite, le contraire arrive; la vertu du procédé créateur devient moindre que la force de destruction; il y a plus d'usure des formes que de renouvellement de ces mêmes formes par des moyens synthétiques quoique ce renouvellement ne soit jamais, pourtant, tout à fait suspendu. Il ne se fait plus de combinaisons, d'intégration d'éléments, la langue change toujours mais d'une autre manière. Ce sont les habitudes de construction qui se modifient, et cela diversement, selon les classes sociales ou les localités. S'il y a une loi qui préside à cette phase graduelle de développement, elle n'a point encore été découverte, et il est probable qu'elle ne le sera point, quoique nous puissions indiquer quelques-unes des influences principales qui contribuent à amener les effets en question.

Il est temps que nous quittions le sujet de la famille indoeuropéenne qui nous a occupés si longtemps, et que nous passions brièvement en revue les autres grandes divisions du langage humain. Mais, prenant pour base l'exemple de développement historique que nous avions étudié, nous allons d'abord donner notre attention à quelques-uns des traits généraux de la structure des langues.

CHAPITRE ONZIÈME

Distinction entre les matériaux et la forme; exemples : nombre,
genre, cas, etc., dans les noms: comparaison et accord des adjectifs; temps, modes, et autres distinctions dans les verbes. —
Formes résultant de la position des mots. — Inférences. — Préjugés nationaux et individuels; valeur comparée des différentes
langues. — Les langues sont faites à l'image des peuples. — Commencements rudimentaires de toute langue.

Il ne nous est pas difficile de comprendre d'une manière
générale la structure de la langue indo-européenne, son caractère et ses usages; le sujet nous est déjà plus ou moins
familier. Quoique la langue maternelle de chacun de nous ne
soit qu'un fragment de l'édifice, elle a des rapports avec l'ensemble, qui nous conduisent à la connaissance du tout. Ce
n'est qu'une affaire de plus ou de moins, et nous connaissons d'autant mieux la langue indo-européenne que la branche à laquelle nous appartenons a mieux conservé ou remplacé ses formes. Nous ne pouvons cependant pas commencer à examiner les autres langues, sans nous être
d'abord arrêtés à considérer un peu, par manière d'introduction, les principes de la structure grammaticale. Nous
pouvons le faire suffisamment en prenant quelques exemples
très-familiers, tirés surtout de la langue anglaise.

Nous avons déjà fait plus d'une fois la distinction entre les
éléments matériels et les éléments formels du langage. L's
de *brooks* (*ruisseaux*), par exemple, est formel dans son

rapport avec *brook* (*ruisseau*), qui est matériel ; la lettre ajoutée indique quelque chose de subordonné, une modification du concept de *brook*, l'existence de la même chose dans plusieurs individus ; en un mot, il fait un pluriel d'un singulier. *Men* (*hommes*) a la même valeur par rapport à *man* (*homme*) ; le moyen de faire la même distinction diffère seulement, le signe est intercalé au lieu d'être ajouté. *Brooks* et *men* ne sont pas de purs matériaux ; ils sont des matériaux façonnés, des signes de conceptions simples auxquels est joint un caractère important, le nombre. Cependant, l'opposition avec *brooks* et *men*, suffit à rendre *brook* et *man* des mots formels aussi. Chacun contient, non par la présence d'un signe mais par l'absence d'un signe, l'affirmation du singulier. Telles sont nos habitudes de langage qu'aucun mot, aucun nom ne peut être prononcé, sans que notre esprit ne lui applique aussitôt la distinction du nombre.

Mais les ruisseaux et les hommes présentent l'idée d'autres qualités et d'autres circonstances que le nombre. Ils peuvent, par exemple, différer de grandeur et pour exprimer cette différence l'anglais dit *brooklet* (*ruisselet*) et *mannikin* (*petit homme*). On comprend parfaitement qu'une langue tienne compte de l'idée de dimension, qu'elle distingue le grand, le moyen, le petit, qu'elle ait des augmentatifs et des diminutifs. L'italien le fait par un moyen particulier qui s'est produit dans cette langue depuis qu'elle est devenue distincte des autres langues de la même branche. Mais tandis qu'en anglais on dit *brooklet* pour signifier un petit ruisseau, on dit *creek* ou *river* pour signifier un ruisseau qui a pris de certaines proportions ; ou bien on recourt aux adjectifs *small* (*petit*), *large* (*grand*) avec leurs différents degrés ; il en est de même pour *giant* (*géant*), *dwarf* (*nain*), qui servent à modifier l'idée d'homme sous le rapport de la dimension. Toute cette classification faite par le moyen de mots séparés est tout aussi formelle que celle qui est faite par le moyen des affixes. Une autre qualité qui se présente à l'esprit et qui comporte des différences, est, dans beaucoup de cas et particulièrement dans celui des animaux, l'âge ; on dit en anglais *man* pour désigner un homme ; *lad*, pour désigner un grand garçon ; *boy*, pour un jeune garçon ; *child*, pour un enfant ;

infant, pour un tout petit enfant, comme on dit *horse* et *colt* (*cheval* et *poulain*), *cow* et *calf* (*vache* et *veau*), etc. Le latin *senex*, l'allemand *greis*, concourent au même but descriptif par un autre moyen, l'emploi de mots indépendants.

Ensuite, le mot *man* (*homme*) indique un animal mâle et l'on a un mot différent, *woman* (*femme*), pour signifier la femelle de l'espèce ; et ainsi de suite dans toute la série des animaux, chez lesquels le sexe est une distinction importante : *brother* et *sister* (*frère* et *sœur*), *bull* et *cow* (*taureau* et *vache*), *ram* et *ewe* (*bouc* et *brebis*), et il n'y a pas une langue dans le monde qui n'en use ainsi. Seulement, comme nous l'avons déjà vu, notre famille de langues (ainsi que deux ou trois autres) a érigé cette démarcation de sexes en une distinction universelle, de même que le nombre, de sorte qu'il faut en tenir compte dans l'emploi de tous les mots : elles ont ainsi dépassé les limites véritables du sexe et ont sexualisé tous les objets de la pensée, pour des raisons qu'aucun mortel n'a pu encore découvrir. Et quoique les Anglais aient abandonné la partie artificielle de ce système, ils ont encore conservé la distinction fondamentale par l'emploi des mots *he* (*lui*), *she* (*elle*) et *it* (*cela*, au neutre). L'idée du sexe est aussi réelle et présente dans cette langue que dans les autres. Toutefois, le Persan a banni toute distinction de genre. Pour lui, comme pour le Turc et le Finnois, dont les ancêtres n'ont jamais reconnu de genre grammatical, il ne paraît pas moins étrange d'employer un pronom pour un sexe et un autre pronom pour l'autre sexe, qu'il ne le serait pour nous d'avoir une variété de pronoms applicables aux objets selon qu'ils sont petits ou grands, vieux ou jeunes, éloignés ou rapprochés, blancs ou noirs. Et en réalité, c'est lui qui a raison ; c'est notre usage qui est bizarre et qui a besoin d'être justifié. Il n'y avait point nécessité de choisir entre les divers accidents d'un concept un accident particulier, pour en faire, à l'exclusion de tous les autres, le sujet d'une distinction grammaticale. La langue anglaise fait encore une autre distinction, non identique à celle-là, mais quelque peu analogue, dans la manière d'employer les pronoms *who* (*qui*), *which* (*lequel*), *what* (*lequel* et *qui*), selon qu'ils se rapportent aux personnes ou aux choses ; et les Indiens d'Amérique font une distinction grammaticale (semblable à notre distinction du genre) entre les choses animées et les choses inanimées, avec force transferts par figure. Cette distinction vaut bien la distinction du genre qui appartient à la langue indo-européenne, et peut rendre plus de services dans le discours.

Nous ne remarquerons plus qu'une particularité du nom, le cas. La langue anglaise a conservé à la plupart des noms le vieux cas génitif, tout en restreignant les limites de son application. Dans les pronoms, on distingue l'objet du sujet ou cas nominatif : *he, him* (*il, lui*), *they, them* (*ils, eux*), etc. Par cette différence dans les pronoms, la distinction du sujet et de l'objet est rendue si présente à l'esprit que celui-ci continue à l'appliquer intérieurement à la classe toute entière des noms et suppose chez eux le cas objectif, quoique la langue n'ait point de forme pour l'exprimer. L'anglais ne reconnaît pas le datif, quoique quelques-unes de ses constructions s'y rapportent, comme par exemple : *I give him the book* (littéralement : *je donne lui le livre*), parce qu'il n'existe pas pour le datif une autre forme que pour l'accusatif. De même, le latin et le grec comptent des accusatifs neutres qui diffèrent par des nominatifs, et cela parce que les deux cas diffèrent ordinairement dans les autres mots ; de même aussi, le latin compte un ablatif pluriel différent du datif, parce qu'il y a dans une partie des mots un ablatif singulier qui diffère du datif. Ce transfert des distinctions formelles, faites seulement en réalité dans un certain nombre de mots, à tous les mots en général, est un fait important dans l'histoire du langage. Les deux ou trois cas que reconnaît la langue anglaise, semblent faire une pauvre figure auprès des sept cas reconnus par le sanscrit ; mais ceux-ci n'en font pas une meilleure auprès des quinze ou vingt cas reconnus par le scythique, et nos langues modernes possèdent d'autres moyens pour exprimer tout ce que ces langues anciennes exprimaient par la diversité des cas, et ces moyens sont encore plus féconds en distinctions. S'il nous fallait avoir ces signes différents pour toutes les nuances des cas telles que nous les reconnaissons par l'analyse dans nos langues, il faudrait multiplier plusieurs fois la liste de nos prépositions.

Dans une partie des adjectifs de qualité, l'anglais a des formes (plutôt dérivées qu'infléchies) qui dénotent deux degrés d'augmentation : *high* (haut), *higher* (*plus haut*), *highest* (*le plus haut*) ; il semble qu'elles aient été toutes les trois, au commencement, des augmentatifs plutôt que des comparatifs. Mais comme moyen de comparaison elles ne répondent que très-incomplétement aux besoins de l'esprit. Les degrés possibles d'une qualité sont infiniment nombreux, aussi bien en montant l'échelle qu'en la descendant, et, en théorie, ils auraient tous le même droit d'être exprimés. Nous en marquons plusieurs par les formes analytiques que nous avons substituées aux vieux dérivés ; et nous faisons des mots comme : anglais, *reddish* et *bluish* ; allemand, *rœthlich* et *blaülich* ; français, *rougeâtre* et *bleuâtre*. La plupart des langues de notre famille font accorder en genre, en nombre et en cas l'adjectif avec le nom ; c'est un héritage du temps où l'adjectif et le substantif n'étaient pas distincts l'un de l'autre, ce qui était un trait caractéristique de la langue des ancêtres. Les Anglais n'ont pas conservé cet accord, et qu'un adjectif change de forme selon le caractère du nom auquel il est joint, leur semble aussi bizarre, qu'il l'est pour plusieurs nations que le verbe change de forme selon le caractère du sujet dont il est le prédicat.

La langue anglaise a, en fait, presque détruit l'accord du verbe avec le sujet. Nous avons vu dans le précédent chapitre comment est venu cet accord : les terminaisons étaient le sujet-pronom lui-même, et la distinction de personne et de nombre dans le verbe a été le résultat et la suite nécessaire de la distinction du nom et du pronom. Elle n'est pas encore entièrement abolie et se retrouve dans *thou lovest* (tu aimes) mis en regard de *I love* (j'aime), dans *he loves* (il aime) mis en regard de *they love* (ils aiment) ; on continue à sous-entendre clairement ces distinctions et à compter trois personnes et trois nombres dans les flexions verbales. Cependant, cette triple distinction de personnes ne comprend pas toutes les relations personnelles possibles ; il y a des langues qui ont une première personne plurielle double, l'une inclusive et l'autre exclusive de la personne ou des personnes auxquelles on s'adresse : un *nous* qui signifie *moi et les miens*, par opposition à *vous*, et un autre *nous* qui signifie *les miens et les vôtres*, par opposition à une troisième personne ou à une troisième société. Il y a des langues qui distinguent les genres dans les flexions verbales : *il aime* prend une terminaison, et *elle aime* en prend une autre. Nous avons vu qu'il y a d'anciennes langues de notre famille qui ont le duel, et il serait aussi juste en théorie d'avoir un système décimal de nombres en grammaire qu'il l'est de l'avoir en numération, si ce n'était trop incommode.

Les circonstances qui se présentent dans les verbes et qui sont exprimées en partie, les unes dans une langue, les autres dans une autre langue, sont à l'infini. Le plus riche système de conjugaison ne peut les comprendre toutes, même avec la ressource de la phraséologie analytique. Pour nous, la circonstance du temps est celle qui s'impose le plus fortement à l'esprit, et l'on ne peut exprimer une action sans exprimer le temps où elle se passe. Cependant, il y a des langues qui ne font pas plus attention à cette circonstance qu'à d'autres, et elles laissent aux autres éléments de la phrase le soin d'indiquer le temps de l'action, comme nous le faisons de notre côté pour ce qui regarde d'autres circonstances que ces langues indiquent par la forme du verbe. Ainsi, par exemple, *parler*, ce n'est pas seulement parler dans un temps ou dans un autre, c'est aussi parler de différentes manières et pour différents objets ; parler bas, parler haut, parler avec emportement, parler vite, parler pour quelqu'un, déclarer qu'on parle, se parler à soi-même, etc., sont des circonstances qui modifient l'acte de *parler* : or, il y en a qui sont comprises dans les formes verbales par certaines races, avec non moins de scrupule que nous n'y comprenons, nous, la circonstance du temps, laquelle ces races dédaignent davantage. Et encore, notre conjugaison verbale ne tient-elle pas compte de toutes les distinctions qu'on pourrait faire dans la circonstance du temps. Nous n'avons pas même, comme l'ont quelques langues, un signe pour distinguer le passé d'hier du passé d'autrefois, et le futur de demain du futur d'un avenir éloigné. Qu'une action ait été faite il y a une heure ou il y a mille ans, cela constitue cependant deux temps bien distincts ; mais nous n'avons pour le dire qu'une seule flexion, plus des mots de relation ; et ainsi, d'après nos habitudes, la langue qui n'a point de flexion manque de quelque chose, et celle qui a des flexions pour remplacer les mots de relation est encombrée. Dans la langue anglaise, la triple forme du même temps : *I love* (j'aime), *I am loving* (je suis aimant), *I do love* (je fais aimer), par l'emploi continuel qui en est fait et la nécessité de choisir entre eux, impose à l'esprit l'obligation de faire des distinctions qui sont négligées en français et en allemand ; cependant, ces distinctions subsistent dans l'esprit des Français et des Allemands aussi bien que dans celui des Anglais, et, s'ils veulent la faire, leur langue leur en fournit les moyens. *I love* exprime l'action générale d'aimer ; *I do love*, l'action d'aimer présentement ; *I am loving*, l'action d'aimer d'une façon plus immédiate encore (*être aimant*), et nous pouvons faire comprendre cela comme nous le comprenons nous-mêmes. C'est du bon allemand et du bon anglais qu'une phrase ainsi faite : *I picked up the book that lay there* (j'ai ramassé le livre qui est là), mais en français ce serait une faute d'employer le même temps pour l'action instantanée de ramasser le livre et la continuité de position du livre. La différence est dans l'esprit des Anglais comme dans celui des Français ; seulement la langue n'en tient pas compte. Il en est de même des modes, ces moyens de définir le rapport entre le sujet et le prédicat, ces modifications du copule. Il y a dans notre esprit des nuances à l'infini de doute et de contingence, d'espérance et de crainte, de supplication et de commandement, que toutes les ressources synthétiques des modes grecs avec adjonctions de particules et d'adverbes, que toute la phraséologie analytique de la langue anglaise sont impuissantes à rendre, et un verbe appartenant à la langue des Algonquins fait une foule de distinctions qui sont si étranges pour nous qu'à peine pouvons-nous les comprendre quand on nous les explique.

Il y a un autre mode de distinctions formelles qui réclame notre attention : il consiste dans la position respective des mots. Dans *you love your enemies, but your enemies hate you* (*vous aimez vos ennemis, mais vos ennemis vous haïssent*), la distinction du sujet et de l'objet est toute entière dans la position des mots. Dans une langue où le système flexionnel est aussi usé et amoindri qu'il l'est dans la langue anglaise, cette méthode est très-importante et il y a des langues où elle l'est encore davantage. Les langues qui ont, au contraire, un système de flexions très-développé, disposent les mots avec une liberté qui surprend et qui embarrasse les Anglais.

Nous croyons que ce court exposé fait suffisamment ressortir les conclusions auxquelles nous voulons arriver et dont nous voulons nous servir dans l'analyse comparée de la structure grammaticale. D'abord, le royaume des rapports est infini et il est loin d'être épuisé par les moyens formels qui se trouvent dans les langues les plus riches : quoi qu'on puisse faire, il y en a toujours beaucoup qui restent sous-entendus ou que même l'esprit néglige complétement, ou qui ne sont pas jugés nécessaires au langage, ce moyen si imparfait de transmettre la pensée et le sentiment. Il n'existe point de genre de rapports que les langues ne puissent se dispenser d'exprimer ; il y en a seulement qu'il vient plus naturellement à l'esprit d'exprimer ou dont l'expression est plus utile dans la pratique, et ce n'est que l'étude générale des langues qui nous les fait connaître. Nos préférences nationales sont le fruit de l'éducation et ne peuvent servir à nous guider dans cette appréciation. En second lieu, il n'y a pas de ligne de démarcation absolue entre l'élément matériel et l'élément formel d'une langue. Ces deux noms sont relatifs, ce sont des noms de degrés, les pôles d'une série continue dont les unités se fondent les unes dans les autres ; et, ainsi que nous l'avons vu dans le chapitre V, le grand mouvement interne de développement dans les langues, c'est la conversion des mots qui indiquent des choses matérielles, en mots qui indiquent des circonstances, conversion par laquelle les mots concrets deviennent abstraits, et l'élément matériel devient élément formatif. En troisième lieu, les moyens formels d'expression sont extrêmement variés : il ne faut pas les chercher seulement dans un des côtés d'une langue, mais dans toutes ses parties ; ils sont dispersés par tout le vocabulaire et n'appartiennent pas uniquement à l'appareil grammatical. Quand une langue est, à cet égard, pauvre d'un côté, elle est riche de l'autre. Il n'y a point de langue humaine qui soit dépourvue de moyens d'exprimer les rapports, et appeler certaines langues *langues-formelles* est un abus des mots qu'on ne peut expliquer qu'en ce sens, c'est qu'elles possèdent à un degré supérieur ou exceptionnel, une propriété qui est commune à toutes les autres.

Donc, quand nous formons un jugement sur les autres langues, nous devons nous garder des préjugés qui sont nés en nous des habitudes acquises dans notre propre langue, et nous attendre à voir les autres peuples faire des distinctions de qualités et de rapports fort différentes de celles que nous faisons nous-mêmes et distribuer autrement, pour se créer des moyens formels, les éléments matériels qui sont communs à toutes les langues. C'est une erreur dans laquelle tombent également les peuples ignorants et ceux qui sont instruits, mais jusqu'à un certain point seulement, de croire qu'eux seuls parlent bien et que les autres sont des barbares inintelligents, parce qu'ils ne les comprennent point. Nous ne sommes plus, nous autres qui sommes plus ou moins éclairés par la science du langage, en danger de tomber dans cette erreur ; mais nous le sommes encore d'estimer trop les particularités de notre propre langue et de déprécier celles des autres. Il n'y a rien de plus difficile en cette matière que l'impartialité : pour juger du mérite comparatif de sa langue maternelle et d'une langue étrangère, il faut une connaissance parfaite de l'une et de l'autre, une puissance d'analyse et de comparaison, une absence de préjugés nationaux et individuels dont ne sont capables que les esprits hautement cultivés. Des hommes très-savants même sont ici sujets à l'erreur. Il y a d'éminents philologues anglais qui regardent l'analyse anglaise comme le seul mode d'expression *raisonnable et logique*, et qui tiennent que la synthèse grecque est le propre d'une culture intellectuelle ébauchée. Il est probable qu'un beaucoup plus grand nombre de linguistes ravalent les ressources de la langue anglaise et sont peu disposés à assigner un rang supérieur à une langue qui a perdu ou rejeté une si grande partie des formes et de la structure qu'elle avait reçues par héritage.

En somme, la meilleure pierre de touche de la valeur d'une langue, c'est le parti qu'en ont tiré ceux qui la parlent. Le langage n'est qu'un instrument pour l'expression de la pensée. Si un peuple a porté sur le monde des choses extérieures et des choses intérieures un regard pénétrant, s'il a reconnu partout les rapports et les dissemblances, s'il a bien distingué, bien combiné, bien raisonné, sa langue, si imparfaite qu'elle puisse être au point de vue technique, contient tous les avantages qui résultent de ces faits, et elle est un instrument bien adapté à un esprit éclairé. Il n'y a rien dans la forme grammaticale du grec ou de l'anglais qui, après avoir servi d'instrument à la pensée la plus haute, ne puisse point être ravalé à de bas usages.

Dans un autre sens aussi, une langue est ce que ceux qui la parlent l'ont faite ; elle représente, dans sa forme et sa structure, les facultés, les tendances collectives d'une nation. Elle est, au même titre que toutes les autres branches d'une civilisation, l'œuvre de la race ; chaque génération, chaque individu y a mis la main. Cependant, il est incertain que la faculté linguistique soit parfaitement corrélative aux autres facultés, et qu'on ne puisse trouver une langue savamment organisée chez un peuple dont l'histoire trahit quelques lacunes dans son organisation intellectuelle et morale. Le chinois fournit, comme nous le verrons dans le prochain chapitre, une preuve frappante qu'un peuple extrêmement intelligent en toutes choses peut être très-inapte au développement linguistique. C'est comme la différence et l'inégalité des dispositions que montrent les diverses nations pour les arts de la peinture, de la musique ou de la sculpture, etc., qui ne donnent nullement la mesure de leur capacité générale. Il n'y a point de peuple non cultivé qui s'applique sciemment à perfectionner sa langue ; cela vient incidemment comme résultat de la pensée croissante, et de l'effort pour exprimer et communiquer cette pensée. La race qui possède le plus le génie propre des langues a une belle langue, et voilà tout.

Seulement, la possibilité d'un changement radical de

direction dans le développement des langues, varie avec les différentes périodes de ce développement. Après qu'on a atteint un certain point, les habitudes acquises ont pris trop de force pour pouvoir être détruites, et la langue suit pour toujours la voie que les ancêtres ont ouverte. C'est là un aspect du sujet qui ne nous est pas encore très-connu et que nous pouvons espérer de comprendre mieux plus tard ; peut-être saurons nous un jour d'une façon précise pourquoi la langue chinoise est stationnaire. Il y a d'autres branches de la civilisation dans lesquelles une race a quelquefois besoin du secours d'une autre race pour le développement de ses facultés naturelles. Les tribus celtiques et germaniques, qui se sont montrées si capables de remplir un rôle prééminent dans l'histoire du monde, auraient pu rester relativement barbares, si la civilisation grecque et romaine ne leur avait point tendu la main. Cependant, bien qu'une nation emprunte sa culture à une autre nation, elle ne lui emprunte pas au même degré son développement linguistique. Aucune race n'a pris à une autre son mode de structure, quoiqu'elle ait souvent, sous l'empire de diverses circonstances, échangé ses mots contre les siens et que, ainsi que no is l'avons d jà vu, les emprunts en matière de langage accompagnent essentiellement les emprunts en matière de civilisation. Ils enrichissent une langue, ils la rendent propres à des usages plus élevés ; mais à moins qu'une langue ne soit substituée à une autre, le génie de la langue nationale persiste toujours.

Mais, en même temps que les aptitudes et les développements d'un peuple font sa langue, il faut remarquer que la langue aide à déterminer la direction de son progrès. L'influence reflexe si puissante du langage sur la pensée est un fait universellement admis en linguistique ; en tomber d'accord, ce n'est faire autre chose que reconnaître une vérité incontestable, à savoir : que les habitudes transmises ont une influence sur nos actions, ce qui est d'évidence axiomatique. Mais ce sujet appartient à une étude du langage beaucoup plus profonde que celle qui fait l'objet de ce livre ; et cette étude n'a pas été encore abordée avec succès.

En procédant par voie d'analogie et en prenant pour point de départ la langue indo-européenne, nous pouvons déclarer, par provision, que tout ce que les autres langues du monde peuvent contenir en fait de flexions et d'appareils formels ou formatifs, s'est élaboré, là comme ici, du sein d'un vocabulaire grossier formé de mots purement matériels, qui constitue la période primitive des langues. Si l'on peut démontrer qu'il y a des langues qui sont nées flexionnelles et formelles, cette opinion sera abandonnée; mais il faudra des preuves très-rigoureuses pour faire cette démonstration. Le langage est un instrument et la loi de la simplicité des commencements s'applique aux langues comme à autre chose. On a l'air de dire que croire que les hommes ont commencé par n'employer que les racines, lesquelles racines ne sont que la substance des mots actuels séparés *par abstraction* de la masse vivante du langage, c'est penser qu'ils ont employé d'abord les instruments qui sont les inventions de la mécanique, comme la plane, la roue, la poulie, lesquels instruments présupposent la connaissance abstraite des forces motrices. Mais un semblable parallèle est tout ce qu'il y a de plus erroné : l'analogue des forces motrices, ce serait plutôt les rapports d'attribut et de prédicat, les modes affirmatifs, interrogatifs, impératifs, etc. L'analogue véritable de la racine, c'est la pierre ou le bâton qui a été sans nul doute le premier instrument que l'homme ait manié; une arme ou un outil simple auquel nous adaptons maintenant pour divers usages une variété d'annexes et de combinaisons. Maintenir que des mots formels, divisibles en éléments radicaux et en éléments formatifs, ont été employés dès le principe, c'est prétendre que l'on a commencé par l'usage du marteau, de la scie, de la plane, des clous, et que les fers de lances, les arcs et les catapultes ont servi au premier combat. Chaque racine a commencé par contenir, comme elle peut encore contenir aujourd'hui, dans un monosyllabe ayant le caractère d'une interjection, une assertion toute entière, une question, un ordre; et le ton, le geste ou les circonstances en complétaient la signification : de même que la pierre ou le bâton était la matière, mais que la manière de s'en servir en variait les applications.

Maintenant, prétendre, pour expliquer la variété des langues, que le pouvoir de s'exprimer a été virtuellement différent dans les différentes races, comme sont différents les germes qui se développent en plantes et en animaux divers ; qu'une langue a contenu dès l'origine et dans ses matériaux primitifs un principe formatif qui ne se trouvait pas dans une autre ; que les éléments employés pour un usage formel étaient formels par nature, et ainsi de suite, c'est là de la pure mythologie. Autant vaudrait dire qu'un instrument perfectionné, qu'une machine toute entière était cachée dans la pierre ou le bâton, et que de la nature de cette pierre et de ce bâton dépendait le développement de la machine. Le langage se façonne d'après le génie de ceux qui l'emploient. Ses fonctions correspondent à leurs facultés. S'il y a des langues plus formelles que les autres, cela tient aux qualités différentes des races auxquelles ces langues appartiennent, à leur degré d'éducation et de développement, et nullement à leur point de départ ou à la nature des matériaux dans lesquels toutes ont puisé.

CHAPITRE DOUZIÈME

FAMILLES DE LANGUES AUTRES QUE LA FAMILLE INDO-EURO-
PÉENNE : LEURS LOCALITÉS, LEUR AGE ET LEUR STRUC-
TURE.

Classification par familles. — Famille scythique, ou oural-altaïque,
ou touranienne; membres douteux de cette famille. — Famille
monosyllabique : le chinois, la langue de l'Inde Orientale, etc. —
Le japonais, le malayo-polynésien; autres familles insulaires : le
papouan, l'australien; le dravidien; les langues du Caucase. —
Famille sémitique; questions de parenté. — Le hamitique, l'égyptien, etc., le sud africain ou bantou. — Langues du centre de
l'Afrique. — Le basque. — Langues de l'Inde Occidentale.

Nous avons donné à un certain corps de langues le nom
de famille indo-européenne, en employant une analogie
tirée de leur descendance d'un même ancêtre. Nous avons
avoué, toutefois, que les limites de cette famille, la plus
connue de toutes, ne sauraient être tracées avec une pré-
cision absolue. Il peut arriver que quelque langue, exclue
jusqu'à présent de la famille, vienne un jour y réclamer sa
place. Nous avons vu aussi que, par l'opération d'une cause
cachée, aucune langue ne demeure complétement identique
avec elle-même dans une société, mais qu'elle forme un
groupe de dialectes voisins les uns des autres et plus ou moins
nombreux. Cela étant, la première chose à faire pour le linguiste, c'est de diviser les langues en familles, reconnaissables à des signes de parenté : ce n'est qu'ainsi qu'on peut
se rendre compte de leur caractère et de leur histoire,
étude par laquelle la science cherche à arriver à d'autres
résultats. Cette classification a été faite. Il va sans dire

qu'elle n'est que provisoire et qu'elle attend toutes les rectifications qui peuvent y être apportées. On ajoutera et l'on retranchera, selon que les faits nouvellement reconnus le rendront nécessaire ; car il arrive bien souvent que des lignes qui semblent définies dans la demi-obscurité s'effacent au grand jour, et le linguiste prudent ne conclut que d'après les faits acquis, laissant à l'avenir le soin de décider du reste.

Jusqu'ici, les linguistes n'ont pu grouper par familles que les langues qui ont une même structure, ce qui revient à dire que ce n'est qu'entre langues ayant eu un point de départ commun que l'on trouve une évidente parenté. Personne, c'est évident, n'a le droit de déclarer *à priori* qu'il ne peut rester dans des langues dont le développement structural a été distinct, des traits suffisants de ressemblance pour qu'il soit possible de leur assigner une origine commune. Les linguistes, en effet, sondent et tâtonnent pour trouver dans les racines de certaines familles l'indication de cette communauté ; mais jusqu'ici aucun résultat certain n'a été obtenu. Nous aurons l'occasion de montrer, dans le chapitre suivant, les difficultés qui entourent cette étude et les raisons pour lesquelles il est probable qu'elle ne pourra point réussir sur une grande échelle.

La première famille dont nous allons nous occuper est celle dont les branches principales couvrent la plus grande partie de l'Europe, la famille indo-européenne mise à part. Ces branches sont au nombre de trois. La première, la finno-hongroise ou hongrienne, est surtout européennne ; elle comprend : le finnois avec l'esthonien et le livonien, qui s'en rapprochent, et le lapon, au nord de la péninsule scandinave ; le hongrois, dialecte isolé dans le sud et tout entouré de langues indo-européennes, mais dont on comprend l'existence dans le pays où il se trouve parce qu'elle est due à une émigration venue du midi des Monts Ourals pendant la période historique ; les dialectes dont le hongrois s'est séparé, l'ostiaque et le wogoul, qui se parlent dans et derrière les Monts Ourals, et les langues d'autres tribus parentes dans la Russie d'Asie, telles que les Ziriniens, les Wotiaks, les Mordwins, etc. Les Finnois et les Hongrois sont les seuls peuples civilisés de la branche ; il y a des fragments en langue hongroise qui datent de la fin du douzième siècle, mais l'ère littéraire ne commence que quatre siècles plus tard, et est peu féconde, le latin ayant suppléé le plus souvent à la langue nationale. Les plus anciens monuments finnois sont du seizième siècle. Cette langue possède un poëme allégorique, le Kalevala, qui a été recueilli à cette époque de la bouche des chansonniers populaires et qui est très-remarquable par son sujet et par son originalité.

La seconde branche, très-voisine de celle-ci, est la samoyède, appartenant à la race hyperboréenne qui s'étend de la mer du nord à l'Yenisei et le long de ce fleuve jusqu'à la chaîne centrale du continent, l'Altaï, point de départ probable de ses migrations. Elle est sans culture et sans importance d'aucune sorte.

La troisième branche, turque ou tartare (plus proprement dite tatare), touche et dépasse un peu la frontière d'Europe du côté du sud. La race qui la parle, après avoir été longtemps en état d'hostilités continuelles avec les Iraniens sur leur frontière nord-est, finit, lorsque la Perse fut mahométanisée, par s'ouvrir un chemin à l'ouest, prit Constantinople au quinzième siècle et ne fut arrêtée dans son progrès que par l'effort combiné et durable de toutes les puissances de l'Europe centrale. Elle s'étend aujourd'hui de la Turquie européenne (où elle ne forme nulle part le fond de la population) sur une grande partie de l'Asie centrale et même, dans la branche des Yakuts, jusqu'à l'embouchure de la rivière lointaine de la Léna. Les Yakuts, les Baskirs, les Kirghis, les Ouïgurs, les Usbèques, les Turcomans et les Osmanlis des deux Turquies forment quelques-unes des principales divisions de la race. Les Ouïgurs, qui ont reçu leur alphabet et leur civilisation des missionnaires nestoriens, furent les premiers à avoir une espèce de littérature dès le huitième et neuvième siècle. Les tribus méridionales possèdent des monuments (*Djagataïque*) du quatorzième au seizième siècle. La littérature riche et variée, mais peu originale, des Osmanlis, date du temps de leurs conquêtes en Europe; elle abonde en matériaux arabes et persans.

La parenté de ces trois branches n'est pas mise en doute. Quant au nom commun qu'on doit leur donner, l'usage là-dessus varie. On se sert peut-être plus habituellement de celui de *touranien*, mais il y a de graves objections à faire à l'origine et à l'emploi de ce mot, et jusqu'à ce qu'il soit définitivement adopté, il est peu propre à figurer dans un exposé scientifique. Les noms de *oural-altaïque*, de *scythique*, de *tartare*, sont préférés par certains auteurs. Le premier a ses avantages mais il est peu commode, et il implique une connaissance plus complète des migrations de la famille que nous ne la possédons réellement. Nous pouvons nous servir ici provisoirement de celui de *scythique*, sans nous en porter toutefois les défenseurs.

La langue scythique est le type de ce qu'on appelle les langues *agglutinatives* pour les distinguer des langues *à flexions* indo-européennes. On veut signifier par ce mot que les éléments d'origine diverse qui composent les mots et les formes scythiques sont moins fondus, moins étroitement agrégés et qu'ils sont plus mutuellement indépendants que dans les langues indo-européennes; les parties sont plus distinctes et plus reconnaissables. Toutes nos formes, nous l'avons vu, commencent par l'agglutination; et des mots comme *un-tru-th-ful-ly* en conservent encore le caractère. Si tous les mots ressemblaient à celui-là, il n'y aurait aucune différence marquée entre les deux familles, sur le point fondamental. Car les éléments formatifs dans la langue scythique ne découvrent pas tous aisément leur premier état de mots indépendants. Ils sont, comme les affixes indo-européens, de purs signes de relation et de modification de sens. Mais les formes scythiennes ne vont pas jusqu'à la fusion de la racine avec la terminaison, ni même jusqu'à la substitution de la flexion interne à la flexion externe. En règle, la racine demeure invariable dans tout le groupe des mots infléchis ou dérivés, et chaque suffixe a sa forme et son application invariable aussi. D'où il résulte, d'une part, une grande régularité de formes, et d'autre part une grande complication. Ainsi, en turc, par exemple, *lar* (ou *ler*) est partout la forme du pluriel; on y ajoute les mêmes terminaisons qui forment les cas du singulier, et l'on peut même encore interposer entre les deux des éléments pronominaux indiquant la possession; exemples : *ev*, maison; *ev-den*, d'une maison; *ev-üm-den*, de *ma maison; ev-ler-üm-den, de mes maisons.* Les cas indiqués par ces terminaisons ou particules-suffixes sont nombreux, et dans certains dialectes on en compte jusqu'à vingt. Le verbe fournit un exemple analogue et encore plus frappant : il existe une demi-douzaine d'éléments modificateurs qu'on a la facilité d'insérer, soit isolément, soit par groupes diversement combinés, entre la racine et les terminaisons, pour exprimer la passivité, la réflexion, la réciprocité, la causation, la négation et l'impossibilité. De façon que de la racine simple *sev*, par exemple, on peut faire le mot dérivé si compliqué que voici : *sev-ish-dir-il-e-memek* (littéralement, *n'être pas capable être fait s'aimer l'un l'autre*), lequel on conjugue ensuite comme les verbes ordinaires, appliquant les inflexions verbales non-seulement aux racines mais à un nombre de mots qui est immense comparé à celui des verbes indo-européens.

Mais la distinction des verbes et des noms est beaucoup moins originale, fondamentale et nette dans ces langues que dans les nôtres. Les mots employés comme verbes diffèrent à peine des noms employés comme prédicatifs avec des sujets et des pronoms possessifs adjoints. Les types des formes verbales sont, par exemple, en turc, *dogur-um* (*frappant moi*), c'est-à-dire *je frappe*, et *dogd-um* (*acte de frappant mien*), c'est-à-dire *j'ai frappé*. La troisième personne n'a point de terminaison : *dogdi, il a frappé, dogdi-ler, ils ont frappé*, littéralement, *frappant, frappants*. Ce n'est pas à dire que ces langues n'ont pas de véritables verbes, puisque pour qu'un mot soit un verbe, il suffit qu'il soit mis à part pour l'usage spécial de prédicat; mais il y a infériorité dans le degré de clarté qu'a, dans ces langues relativement aux autres, cette distinction formelle qui est la plus utile de toutes. Des temps et des modes faits, tant comme nous l'avons montré plus haut que par le secours des auxiliaires, ces langues en ont en abondance, et elles possèdent aussi des moyens variés de faire des mots dérivés, de sorte qu'elles ont tout ce qu'il faut pour pouvoir se façonner en instrument de la pensée; et, en effet, les plus cultivés de ces dialectes approchent de si près de la flexion qu'ils ont presque droit au nom de flexionnels.

L'adjectif scythique est aussi dépourvu de flexion que l'adjectif anglais, et il y a la même absence de genres dans les noms et les pronoms que dans la langue persane. Les mots de relation et de conjonction sont aussi presque inconnus, la combinaison des membres de phrase se faisant, comme il est naturel, là où les verbes ne sont pas très-distincts, au moyen des déclinaisons et des noms verbaux. Ces constructions nous semblent extrêmement compliquées et renversent l'ordre dans lequel nous avons coutume de disposer les mots dans les phrases.

Le trait le plus frappant de la structure phonétique dans ces langues, c'est ce qu'on appelle l'*harmonie des voyelles*. Il y a deux classes de voyelles, les voyelles légères et les voyelles lourdes ou palatales, *e*, *i*, *ü*, *ö*, et *a*, *o*, *u*, et la règle est que les voyelles des terminaisons soient de la même classe que celles des racines ou de la dernière syllabe de la racine. Cela sert à marquer la relation entre la terminaison et la racine d'une manière qui, bien que probablement toute euphonique d'abord (comme le *umlaut* allemand), est devenue très-utile pour la distinction formelle. En conséquence, tout suffixe a deux formes, l'une légère, l'autre lourde; nous avons *al-mak*, mais *sev-mek; ev-ler*, mais *agha-lar*, et ainsi de suite. Dans certains dialectes, ce procédé d'assimilation est prodigieusement compliqué.

Ces langues fournissent la matière d'une grammaire comparée du plus haut intérêt et de la plus grande importance; mais personne n'a encore entrepris cet ouvrage d'une façon sérieuse et profonde. La philologie a fait assez de progrès pour que cette étude soit devenue très-utile et il faut espérer que ce travail ne tardera pas à être fait. Un des obstacles qui s'y opposaient, l'absence de monuments d'une antiquité comparable à ceux de la langue indo-européenne, semble être écarté, si les prétentions récemment émises à ce sujet sont fondées. Il y a, en effet, dans les monuments persans et mésopotamiens, une troisième langue qu'on appelle l'*accadien*, dont le caractère et la parenté sont l'objet de beaucoup de discussions et qui a été, il y a quelque temps, déclarée ongrienne, par une partie des philologues. C'est, selon eux, un ancien dialecte du *finno-hongrois*, et M. Lenormant a fait sur cette donnée une grammaire de cette langue. C'est là un point très-important ; mais nous ne sommes pas jusqu'à présent autorisés à le regarder comme décidé ; on peut douter qu'il ait été étudié par une méthode assez précise pour que les résultats acquis le soient définitivement. Ce qui ajoute beaucoup à l'intérêt du sujet, c'est qu'à cette langue et au peuple qui la parlait appartenait primitivement l'écriture cunéiforme qui leur a été empruntée par les Sémites et par les Indo-Européens ; il s'en suivrait que le point de départ de la civilisation dans cette partie si étendue de l'Asie était scythique. Nous n'avons pas le droit de le nier. D'un autre côté, cette donnée est si contraire à ce que nous voyons ailleurs de l'activité de la race, qu'il nous est permis d'accueillir le fait avec incrédulité jusqu'à ce qu'il soit plus amplement démontré.

A côté des trois branches que nous venons de voir, on range généralement, comme appartenant à la même famille, deux autres branches, la branche mongole et la branche tongouse, mais leur droit d'être comprises dans la famille scythique n'est pas indiscutable et nous avons quelque raison de rester sur la réserve. Ces langues sont très-inférieures en développement et touchent à la pauvreté monosyllabique ; elles n'ont pas de mots qu'on puisse appeler des verbes et point de distinctions de nombres et de personnes, même dans les mots prédicatifs. Ceci peut bien être le résultat d'une croissance arrêtée ; mais c'est difficile à prouver et ce ne l'a pas été encore. Une considération importante qui s'oppose à cette conclusion, c'est la nature du type physique de cette race (la race mongolique) qui la rapproche plus des races de l'extrême Asie que des races d'Europe ; il y en a une autre, c'est qu'elle possède un système *classificatoire* pour marquer les relations (M. L. H. Morgan), par opposition au système analytique ou *descriptif* des autres branches. Ce n'est donc point scepticisme exagéré que de limiter jusqu'à présent la famille scythique à ses trois branches bien connues. On est tombé de ce côté dans un tel excès de classifications ignorantes, de groupements fantaisistes, qu'un peu de conservatisme scientifique ne saurait avoir qu'un salutaire effet.

Le territoire mongol occupe un vaste espace sur le plateau inhospitalier de l'Asie centrale; et comme conséquence du grand mouvement qui fit de la race mongolique, au douzième et au treizième siècle, les conquérants et les dévastateurs du monde presque tout entier, des fragments de sa langue se sont dispersés à l'ouest et on en voit un qui occupe un district important situé à cheval sur le Volga près de son embouchure. Les Mongols s'étendent à l'est le long d'une grande partie de la frontière chinoise et sont remplacés, plus à l'est encore, par les tribus tongouses qui sont plus au nord et vont presque jusqu'à la mer. De ces tribus, la seule importante est la tribu des Mantchoux, dont le grand exploit et le grand titre aux honneurs de l'histoire, est leur conquête et leur domination de la Chine pendant ces deux derniers siècles. Les Mongols et les Mantchoux ont des alphabets, ceux dont ils se servent ordinairement, qui leur sont venus, par l'intermédiaire des Turcs Ouigurs, de la langue syriaque. Leurs littératures sont tout à fait modernes et reflètent la littérature chinoise.

Si les langues mongoles et mantchoues ont peu de flexions, la langue chinoise n'en a pas du tout. Le chinois est une langue composée d'environ cinq cents mots distincts, comme nous les appellerions, dont chacun se compose d'une seule syllabe. Mais, dans cette langue, l'intonation sert à exprimer la pensée, et ces cinq cents mots en deviennent quinze cents par la variété des intonations. Ces mots ne sont pas, comme dans la langue anglaise, des restes usés, contractés, de formes autrefois infléchies; il est, au contraire, à peu près certain que ce sont des racines qui ne se sont pas développées, des racines comme celles de la langue indo-européenne, à la différence près du parti qu'en a tiré une société éclairée, en les travaillant pendant des milliers d'années. Elles ont reçu une foule de significations différentes et d'emplois formels. Elles ont été combinées en phrases toutes faites comme les phrases anglaises *I shall have gone* (*je serai mort*), *by the way* (*à propos*), et ainsi de suite. Il y en a qui sont devenues auxiliaires; d'autres, signes de relation; d'autres, qui servent dans des cas donnés, et sont analogues à nos parties du discours. Cependant on ne les a jamais distinguées en parties du discours véritables, ni réunies en un système de flexions. Si cela avait eu lieu, on s'en apercevrait clairement aux résultats. Il y aurait dans la langue une beaucoup plus grande variété de mots ; ils formeraient des groupes ; ils auraient des significations plus distinctes et leur emploi serait plus défini. Les Chinois emploient les mots indifféremment, comme parties du discours non déterminées et, très-évidemment, parce qu'ils ne distinguent point ces parties.

La langue chinoise est donc, sous un rapport important, une des langues les plus pauvres et les plus inférieures qu'il y ait dans le monde ; mais c'est aussi un exemple remarquable de ce qu'on peut faire avec un mauvais instrument. On voit, par là, combien est certaine cette vérité que le langage n'est qu'un instrument au service de l'esprit ; et que celui-ci, qui en toutes circonstances fait dire aux mots plus qu'ils ne disent, peut, au moyen de signes très-peu nombreux et très-imparfaits, accomplir de grandes choses en combinant seulement ces signes d'une foule de manières. Du chinois indigent aux langues agglutinatives des Indes occidentales, lesquelles sont surchargées de distinctions, il n'y a que des différences de degrés. Quelques traits de charbon jetés sur une planche par une main habile peuvent être plus remplis de signification qu'un tableau soigneusement travaillé par un artiste médiocre.

La littérature riche et variée de la Chine remonte à 2,000 ans avant J.-C., ancienneté qui n'est dépassée que par deux ou trois autres pays dans le monde. Quoique une langue aussi simple dans ses premiers linéaments, semble ne point comporter de changements qui puissent la rendre méconnaissable, le chinois de ce temps diffère du chinois d'aujourd'hui à un degré que les savants de nos jours s'efforcent de déterminer d'une façon exacte. Ce qui peut servir à donner la mesure du changement dont elle est susceptible c'est la diversité des dialectes qui en sont issus, à tel point qu'à tous les cent milles, le long de la côte sud, on trouve de nouvelles manières de parler le chinois, qui sont presque inintelligibles pour les habitants des districts voisins. La langue littéraire écrite est une, mais la langue littéraire parlée est, aussi, quelque peu divergente dans les différentes parties de l'empire. On dit que quelques-uns des dialectes de la langue chinoise ont franchi la barrière qui sépare les langues légèrement agglutinatives des langues absolument non infléchies.

Les différentes langues de l'extrême-Orient, tels que l'annamite ou cochinchinois, le siamois, le birman, avec d'autres langues appartenant à beaucoup d'autres tribus ou races moins importantes, diffèrent assez du chinois, pour dire qu'elles n'ont point de parenté avec lui. Mais elles lui ressemblent toutes en ce qu'elles ne sont point infléchies, et c'est une circonstance qui peut être regardée comme les constituant, en définitive, en une même famille. Nous ne voyons pas, en effet, pourquoi une race plutôt qu'une autre serait par nature incapable de développement linguistique, et si nous rencontrons des langues monosyllabiques sur différents points du globe, nous n'aurons pas le droit de conclure à leur parenté ; mais que les dialectes d'un coin de l'Asie montrent tous cette particularité, cela ne peut être que le résultat d'une fixation commune du type monosyllabique. Ainsi donc et provisoirement, nous classons toutes ces langues ensemble sous le nom de famille sud-est asiatique ou de famille monosyllabique. Les langues de l'Indo-Chine sont inférieures à la langue chinoise, de la même manière et au même degré que l'on peut s'y attendre, dès qu'elles appartiennent à des races moins bien douées et moins civilisées. Elles abondent en moyens de définition tels que les auxiliaires et les particules indicatives.

La question de savoir jusqu'où s'étend cette famille est encore à décider. En suivant, du nord de l'Indo-Chine vers l'ouest, la lisière du grand plateau d'Asie, on trouve une masse de dialectes homogènes qu'on appelle généralement himalayens, inférieurs en structure, et qu'on ne connaît pas encore assez bien pour pouvoir les classer comme distincts de la famille que nous venons de voir. Près d'eux, on trouve et l'on range le thibétain, quoique celui-ci ait un alphabet d'origine indienne et une littérature bouddhique qui date du septième siècle.

Au milieu de tous ces peuples, le chinois occupe une position exceptionnelle et remarquable, parce qu'il appartient à une race hautement civilisée et qu'il possède une littérature. Il est, dans cette famille, ce qu'a été l'accadien dans la famille scythique, si toutefois il en a fait partie. La Chine a été pour tous ses voisins le centre des lumières, comme l'avait été pour les siens la Mésopotamie; mais avec cette différence marquée que, par une constance qui est un des faits les plus extraordinaires de l'histoire, elle a conservé, en substance et sans altérations profondes, ses institutions politiques, religieuses et linguistiques, depuis l'aurore des temps historiques.

La nation qui a le plus profité de l'enseignement chinois et qui s'est montrée le plus capable de s'assimiler sa civilisation, tout en conservant son caractère propre, est la nation japonaise. Son type physique est celui que nous appelons mongol et l'on a cherché à rattacher sa langue à la langue mongole et à la langue mantchoue, mais on n'y a pas réussi et le japonais demeure isolé. Il n'est point monosyllabique, mais plutôt agglutinatif, avec peu de distinction entre le verbe et le nom, une structure simple, et point de flexions déterminées. La relation des cas, des nombres et des personnes, est indiquée par des moyens analytiques, par des particules séparées ou par des mots auxiliaires; le nombre s'exprime quelquefois par la réduplication. Des variantes de l'idée radicale du verbe, semblables à celles dont nous avons fourni des exemples dans la langue turque, sont faites au moyen de groupements de mots. Les combinaisons de racines mises ensemble et formant, par voie de contraction et de mutilation, des mots composés, sont fréquentes en japonais; mais elles ne tendent point, comme chez nous, à la distinction des mots originellement distincts, en éléments radicaux et en éléments formels ou formatifs, si ce n'est d'une façon très-vague. Les conjonctions indiquant la relation et la subordination manquent. La langue est surchargée de nuances indiquant les degrés de dignité de celui qui parle et de celui à qui l'on parle, à tel point que les pronoms personnels sont presque supprimés. Le vocabulaire chinois est entré en masse dans la langue cultivée ou savante, surtout dans la langue écrite. La structure phonétique du japonais est très-simple et très-euphonique. Les plus vieux monuments littéraires datent du septième et du huitième siècle.

Les rivages, les péninsules et les îles de l'extrémité nord-est de l'Asie sont occupés par des races diverses trop peu connues pour que leurs langues, qu'on connaît moins encore, méritent d'entrer dans cet exposé sommaire.

Cependant, en parcourant les îles qui se trouvent au delà de la partie méridionale du continent et les îlots dont est semé l'Océan Pacifique, au nord jusqu'à Formose, au sud jusqu'à la Nouvelle-Zélande, à l'ouest jusqu'à Madagascar aux confins mêmes de l'Afrique, on rencontre les membres dispersés d'une immense famille très-développée, la famille malayo-nésienne. D'où sont parties les migrations de ces tribus et de leurs dialectes, quel est le point central de cette agglomération peu compacte, voilà ce qu'on ne saurait dire : la famille est complétement insulaire, car la domination des Malais dans la presqu'île de Malacca ne date que du douzième siècle. Les Malais proprement dits ont embrassé le mahométisme et adopté l'alphabet arabe. Ils possèdent une littérature assez riche qui remonte au quatorzième siècle. Quelques-unes des tribus malaises moins importantes, comme les Battas, les Macassars, les Boughis et les Tagalas des îles Philippines, ont des alphabets que l'on croit provenir originairement de l'Inde, mais rien qui ressemble à des littératures. Cependant, à Java et dans ses dépendances, surtout à Bali, l'introduction de l'écriture et de la civilisation indiennes date du premier siècle de notre ère et on trouve une littérature importante qui est toute fondée sur le sanscrit. Dans tout le reste de la famille, les souvenirs ne remontent pas plus haut que le commencement des travaux des missionnaires chrétiens, qui sont d'époque très-récente.

La famille malayo-polynésienne est divisée (Frédéric Müller) en trois grandes branches : 1° le malais, qui occupe d'un côté les grandes îles voisines de l'Asie, et de l'autre, le groupe des îles Philippines et des îles des Larrons ; 2° le polynésien, qui comprend avec la plupart des groupes secondaires, la Nouvelle-Zélande et Madagascar ; 3° le mélanésien des îles Fidji et des archipels qui s'étendent au nord-est de l'Australie. Les divers dialectes polynésiens sont étroitement et clairement liés ; le mélanésien est le point extrême de la division dialectique et a des particularités qui, jointes à la couleur plus foncée des peuples qui le parlent et aux autres différences qu'ils présentent avec les Polynésiens, ont fait

penser qu'il avait été formé par le mélange de la langue
polynésienne avec la langue d'une population papoue. Les
dialectes malais sont plus développés et se rapprochent davantage que les autres des langues à flexions. Car, en général,
les langues de la famille sont aussi dépourvues de combinaisons dérivatives ou flexionnelles que le chinois lui-même. Les
relations grammaticales y sont indiquées par des pronoms et
des particules, qui, dans le groupe malais seulement et dans
les mots dérivés plutôt que dans les mots infléchis, prennent
l'aspect d'affixes : il n'y a ni genres, ni nombres, ni cas, ni
modes, ni temps, ni personnes; il n'y a pas, non plus, de
distinction entre le nom et le verbe; le verbe est un substantif ou un adjectif qu'on emploie dans le sens prédicatif et
sans copule. Les racines, si nous pouvons les appeler ainsi,
du moins les derniers éléments que nous montre l'analyse,
sont le plus souvent dissyllabiques; et leur réduplication, soit
complète soit abrégée, est un moyen très-employé d'en
varier l'usage et le sens. Les pronoms seuls ont le nombre
distinctement indiqué, et la première personne peut prendre
le double pluriel, inclusif et exclusif, par rapport aux personnes qui parlent ou à qui l'on parle, particularité dont
nous avons fait mention ailleurs (p. 179, 180). Les particules
déterminantes sont plus souvent préfixes que suffixes.

Les langues malayo-polynésiennes sont plus simples dans
leur structure phonétique qu'aucune autre dans le monde.
Presque toutes n'ont pas plus de dix consonnes, beaucoup
n'en ont que sept, et une syllabe ne finit jamais par une
consonne, et ne commence jamais par plusieurs.

La population des îles du Pacifique n'appartient pas toute
entière à cette famille. La masse des grandes îles de Bornéo
et de la Nouvelle-Guinée, avec la partie la plus inaccessible
des Philippines et d'autres îles, sont habitées par une race à
cheveux noirs et crépus, les Papous ou Négritos, qui ressemblent aux nègres d'Afrique, quoiqu'ils n'aient point de
parenté avec eux, et qui sont tout à fait distincts des Malayo-
Polynésiens, dont les incursions successives les ont exter-
minés ou chassés dans une partie de leurs anciennes posses-
sions. Leurs langues sont presque entièrement inconnues.

L'Australie et la Tasmanie, qui en est voisine, étaient habitées, à l'époque de leur découverte, par une troisième race insulaire à peau noire, mais à chev . ix lisses, et aussi inférieure que possible sous tous les rapports physiques et moraux. Les dialectes très-variés de cette race sont polysyllabiques et agglutinatifs; leur caractère phonétique est très-simple et ils diffèrent du polynésien, particulièrement en ceci, que les particules y sont placées plutôt comme suffixes que comme préfixes.

En passant en revue la branche indienne de la famille indo-européenne, nous voyons que les tribus de notre race s'étaient ouvert un chemin par les passes du nord-ouest, chassant devant elles ou subjuguant des populations indigènes. Cette race plus primitive occupe encore la majeure partie de la grande péninsule méridionale de l'Asie, outre la chaîne de montagnes et de plateaux déserts qui la sépare des grandes vallées de l'Indostan proprement dit. Les Dravidiens (c'est le nom de cette race) sont au nombre de trente ou quarante millions. Leurs principales langues sont le tamil, le télugu, le canarais, le malayâlan ou malabar, outre plusieurs autres moins répandues; on croit que le brahuî du Béluchistan, sur la frontière de l'Inde, appartient à ce groupe. Les langues dravidiennes ont quelques éléments phonétiques particuliers; elles sont très-polysyllabiques; elles sont agglutinatives dans les formes structurales, n'ont que des préfixes et passent pour très-douces et très-harmonieuses. Leur type, comme langues agglutinatives, est un type très-élevé, comme l'est celui du finnois et du hongrois, et l'auteur de ce livre a entendu dire à un Américain, né dans l'Inde méridionale, qui avait appris cette langue dès l'enfance comme il avait appris l'anglais, et qui la parlait aussi bien que sa langue maternelle, que le tamil est la plus belle langue dans laquelle on puisse penser et parler; et, cet Américain était bon juge, car c'était un homme extrêmement distingué comme prédicateur et comme écrivain.

Si ce n'est qu'elles n'ont pas l'harmonie des voyelles, les langues dravidiennes ne sont pas si différentes de structure des langues scythiques qu'on ne pût en former une seule famille, si l'on trouvait entre les deux groupes une suffisante analogie de matériaux. Et il y a des linguistes qui

les ont déclarées parentes, quoique les raisons n'en aient
pas encore été suffisamment établies. La grammaire comparée des langues scythiques n'a pas encore été assez nettement tracée pour qu'on puisse assigner des limites précises à cette famille, ni à l'ouest ni au sud.

Parmi les langues peu connues de l'Asie, nous remarquerons le groupe problématique et compliqué qu'on nomme
le groupe caucasien. Comme son nom l'indique, le pays
qu'il occupe s'étend entre la mer Noire et la mer Caspienne
et comprend les montagnes du Caucase avec leurs contre-
forts. Les principaux dialectes sur le versant du midi sont
le géorgien, le souanien, le mingrélien, le lase, tous voisins les uns des autres, et dont le premier possède un alphabet emprunté à l'Arménie, en même temps que sa religion,
ainsi qu'une littérature assez ancienne. Les groupes les plus
importants au nord sont le circassien, le mitjéghien, le lesghien, le premier sur les bords de la mer Noire, le second,
sur les bords de la mer Caspienne. La variété des sous-dia-
lectes, particulièrement dans le dialecte lesghien, est très-
grande. Il n'existe point d'affinité démontrée entre la division du nord et celle du sud, non plus qu'entre les membres
de la division du nord. On ne sait encore combien il existe
là de groupes indépendants, non plus que s'ils ont des liens
de structure qui puissent en faire une même famille, ou
s'ils sont des débris de familles différentes échouées, pour
ainsi dire, sur les hautes montagnes et défendues, tant par
elles que par les grandes mers qui les entourent, contre les
migrations des peuples qui ont ailleurs balayé les populations et les langues indigènes.

Nous arrivons en finissant la revue des langues de l'Asie à
la famille sémitique, ainsi appelée parce que, selon la Genèse,
les peuples auxquels elle appartient sont les descendants de
Sem. Cette famille occupe la péninsule immense mais peu
populeuse de l'Arabie avec la Mésopotamie, la Syrie, la
Palestine au nord, et à l'ouest, une portion de l'Abyssinie.
Les divers dialectes arabes et ceux qui se parlent en Afrique
sur la frontière de l'Arabie, forment une branche de la famille; les dialectes chananéens, parmi lesquels figurent l'hébreu, le phénicien, le syriaque et l'araméaïque, composent la

seconde; l'assyrien et le babylonien font la troisième. C'est
là leur ancien territoire : le phénicien a été porté dans les
colonies et fût peut-être devenu, comme langue carthagi-
noise, la langue des peuples civilisés de la Méditerranée, si
la longue lutte entre Rome et Carthage ne se fût terminée par
la destruction de cette dernière. L'hébreu, remplacé comme
langue vulgaire, même en Palestine, par le syriaque (chaldéen,
aramaïque), quatre siècles avant J.-C., a eu, depuis, l'existence
artificielle d'une langue savante conservée chez les nations
cultivées. L'arabe, étant la langue sacrée d'un peuple et d'une
religion qui ont fait d'immenses conquêtes, a couvert, depuis
le septième jusqu'au onzième siècle, des pays aussi étendus
que ceux qu'a remplis depuis la langue latine. C'est la langue
de tout le nord de l'Afrique; elle a chassé les autres branches sémitiques et peuplé de mots tirés de son vocabulaire le
perse, le turc, l'indou, et, à un moindre degré, le malais et
l'espagnol. Toutefois, elle n'a donné naissance à aucun
groupe de langues indépendantes, comme l'a fait la langue
latine.

La littérature hébraïque, qui nous est plus familière que
toutes les autres puisqu'elle contient notre Bible, remonte à
environ deux mille ans avant J.-C. Le phénicien n'a point
laissé de littérature, son principal monument étant une ins-
cription tumulaire d'un roi de Sidon qui date probablement
de cinq cents ans avant J.-C. La découverte récente d'une
tablette moabite qui appartient au dixième siècle avant J.-C.,
nous présente un spécimen d'un autre dialecte cananéen
qui est presque identique à l'hébreu. L'aramaïque a une littérature gréco-chrétienne, datant du deuxième siècle, outre
sa part dans les écrits talmudiques. L'assyrien en a une frag-
mentaire dans les inscriptions et les tablettes trouvées à
Babylone et à Ninive, et qui est plus ancienne que les plus
anciens monuments hébreux. Les monuments de la langue
arabe commencent avec l'Islam, et depuis ce temps la littérature arabe a été une des plus riches qu'il y ait au monde.
Dans le sud de l'Arabie, il y avait un corps de dialectes très-
différents de la langue arabique et qu'on appelle ordinairement la langue himyaritique, laquelle n'est plus conservée
que dans les souvenirs, jalousement gardés, d'une civilisation

primitive. Le groupe abyssinien est très-voisin du groupe himyaritique, et, dans ses deux principaux dialectes littéraires, l'ancien ghëz ou éthiopien et le nouvel amhara, il possède une littérature importante commençant au quatrième siècle.

La famille des langues et des races sémitiques est, après la famille indo-européenne, la plus importante dans l'histoire du monde. Personne, excepté les Sémites, n'a, depuis le commencement des temps historiques, sérieusement disputé aux Indo-Européens l'empire intellectuel et la direction de l'humanité. Des trois grandes religions conquérantes, deux, le christianisme et le mahométisme, sont nées chez les Sémites, quoique la première soit sortie de son berceau et n'ait atteint à ses développements qu'en passant aux mains des Indo-Européens Grecs et Romains. Nous n'avons donc différé, jusqu'ici, d'examiner les langues sémitiques que parce qu'elles ont un caractère exceptionnel et anormal. La famille sémitique est plus isolée dans le monde qu'aucune autre, même que le chinois, si pauvre et si nu, même aussi que l'américain, si indéfiniment synthétique. Car, quant à ce qui regarde toutes les autres langues, la base des racines et le principe des combinaisons étant donnés, il est assez facile, en théorie, d'expliquer leurs différentes structures par un même procédé de développement; mais on n'en peut faire autant, du moins jusqu'à présent, pour ce qui est des langues sémitiques. Celles-ci contiennent deux caractères particuliers : la trilittéralité des racines et leur flexion par modification interne et changement de voyelle.

Ainsi, ce que nous appelons racine sémitique, est (excepté dans les pronoms et un très-petit nombre d'autres cas) une agglomération de trois consonnes, ni plus ni moins : par exemple, *q-t-l* représentent l'idée de *tuer*, *k-t-b*, celle d'*écrire*. Nous n'entendons point par là que ces agglomérations sont, comme les racines indo-européennes, les germes historiques d'un corps de mots dérivés. Mais, de même que nous séparons dans la langue indo-européenne les éléments formatifs des mots pour trouver l'élément radical, de même, lorsqu'on sépare dans les mots sémitiques les éléments formatifs agrégés, il reste ces agglomérations. Ainsi en arabe (le dialecte le mieux conservé et le plus transparent dans sa structure), *qatala* est un verbe à la troisième personne du singulier, *il tua*, et c'est comme la base d'un système de formes personnelles, faites, comme les nôtres, par des terminaisons pronominales : *qataltu, je tuai; qatalat, elle tua; qataltumâ, vous tuâtes à vous deux; qatalnâ, nous tuâmes.* Un changement de voyelle, *qutila*, forme un passif, *il fut tué*, et de là suit toute la série, *qutiltu, qutilat, qutiltumâ, qutilnâ*, etc. Une autre variante du même mot, *aqtala*, signifie *il fit tuer*, et quelque chose du même genre donne lieu à des suites de personnes dans les autres temps, lesquelles sont indiquées par des préfixes et des suffixes : comme *yaqtulu, il tue; taqtulu, elle tue; yaqtulûna ils tuent; naqtulu, nous tuons.* Le participe présent fait *qâtil*, et l'infinitif *qatl; iqtâl* signifie *qui fait tuer*, employé comme nom, et *muqtil* signifie la même chose employé comme adjectif. *Qitl, ennemi*, et *qutl, massacrant*, sont des spécimens de noms et d'adjectifs dérivés. Ces formes nous rappellent le *sing*, le *sang* et le *sung* anglais (*chanter, chanta, chanté* ou *chant*), que nous avons souvent cités comme exemple. Cependant il y a d'immenses différences entre les deux cas. Les phénomènes sémitiques sont infiniment plus compliqués et plus variés, et surtout ces cas forment le fond et la vie de cette langue, et ils ne sont pas, comme dans les autres, des formes particulières sorties de la forme générale par un procédé *inorganique*. Si nous pouvions supposer qu'à un moment donné toute la langue germanique eût, par une extension analogique de *sing*, *sang*, etc., été tournée, par la direction plastique du goût populaire, à ces sortes de variations de voyelles, nous la verrions aujourd'hui ressembler beaucoup aux langues sémitiques.

Les autres particularités de ces langues sont légères, comparées à celle-ci, et ne diffèrent pas beaucoup, en nature et en degrés, de celles qu'on trouve dans plusieurs autres langues. La structure du verbe ne ressemble pas à la structure anglaise, et l'élément du temps n'y entre pas pour une part très-distincte. Les deux seuls temps du verbe sémitique indiquent l'action passée parfaitement et l'action passée imparfaitement, et les nuances sont toutes fondues en une seule. Ces langues sont également très-pauvres en formes analogues à nos modes. Mais, comme nous l'avons vu dans d'autres langues, il y a tendance à tirer d'une seule racine des conjugaisons nombreuses et présentant l'idée radicale sous divers aspects : causatif, réfléchi, augmentatif, mémoratif, et ainsi de suite. En arabe, où ces changements sont plus complets, il y a jusqu'à quinze conjugaisons diverses pour un même verbe, et une douzaine environ, accompagnées chacune de leur passif, sont assez usitées. Le temps qui indique l'action incomplète, l'imparfait (*yaqtulu*, etc.), paraît être d'origine plus récente que l'autre, et se rapproche du nom, puisque les terminaisons qui se rapportent au nombre coïncident avec celles du nom infléchi ordinaire, et il indique la personne par des préfixes, tandis que l'autre (*qatala*, etc.) indique la personne et le nombre tout ensemble par des terminaisons adjointes, qui sont évidemment d'origine pronominale. Les deux temps distinguent le masculin et le féminin dans le sujet, excepté à la première personne. Nous voyons la distinction du genre (masculin et féminin seulement) reparaître dans cette langue, pour la première fois depuis que nous avons quitté la famille indo-européenne. Les noms ont les trois nombres comme les verbes, mais peu de distinctions de cas. Des noms dérivés sont formés à l'aide de flexions internes et d'additions externes, de préfixes et de suffixes, mais en procédant directement de la racine. Les dérivés successifs qui se forment par l'adjonction d'une terminaison à une autre terminaison, et qui abondent dans la langue indo-européenne (comme *true, vrai; tru-th, vérité; truth-ful, véritable; un-truthful-ly, invraisemblablement*), sont tout à fait inconnus. Il n'existe pas, non plus, de mots composés que dans des cas très-exceptionnels. Enfin, les particules connectives qui servent à lier les membres de phrases, manquent presque entièrement : le style sémitique est simple et nu, marchant d'assertion en assertion. Une autre particularité est la persistance du sens de la racine dans les mots dérivés ou employés au figuré : le sens métaphorique ou autres acceptions par lesquelles on multiplie les mots, n'efface point, comme dans les langues européennes, leur sens étymologique, lequel continue à être parfaitement présent à l'esprit de celui qui parle. Il en résulte que la langue sémitique est très-vive, très-pittoresque, et que ce qui la caractérise surtout, c'est la couleur.

L'échelle des différences dialectiques est beaucoup moins étendue dans la famille sémitique que dans la famille indo-européenne; toutes les grandes branches sont très-voisines les unes des autres. La raison n'en est pas nécessairement dans l'époque plus récente de la séparation des branches; elle est aussi dans le caractère des peuples qui la parlent, et aussi dans celui de la langue elle-même, avec son cadre raide de racines à trois consonnes qui se retrouvent dans tous les dérivés formés au moyen de la variation de la voyelle, arrangement qui ne peut se prêter à de nouvelles combinaisons. Son développement primitif, si développement il y a eu, a donné naissance à un type si nettement défini qu'il a été, depuis, comparativement, exempt de changements.

Il y a deux manières d'envisager les particularités de la structure sémitique. L'une, de beaucoup la plus simple et la plus commode, est de déclarer qu'elles sont originales, inexplicables, et font indéfectiblement partie de l'esprit sémitique, qu'il faut les prendre comme elles sont et n'en pas demander davantage. C'est là exclure un sujet du domaine de la science; c'est renoncer au droit qu'a le linguiste de demander le pourquoi de tous les faits de langage. L'autre manière est de poser la question et d'en poursuivre la solution, sans se laisser arrêter par les difficultés. Si toutes les autres langues sont devenues ce qu'elles sont par voie de développement, il a dû en être de même du parler sémitique; si toutes sont parties de racines articulables formées d'une voyelle et d'une consonne, on ne doit point croire légèrement que le système sémitique n'est pas dans le même cas; et sous les racines à triple consonne et la flexion interne des mots en cette langue, doit se cacher quelque chose d'analogue à ce qui a servi ailleurs de point de départ aux langues, elle doit avoir son histoire, que nous puissions ou non en retrouver les traces. La plupart des linguistes sont de cet avis et s'efforcent de ramener les racines sémitiques à une forme plus primitive, mais on n'a pas encore atteint à un résultat net et solide. La conjecture la plus plausible, c'est que l'universalité des racines à trois consonnes est due (comme dans le cas hypothétique que nous avons posé plus haut) à l'extension inorganique d'une analogie qui, d'une manière ou d'une autre, était devenue dominante; et qu'il y a une période de noms dérivés dissyllabiques ou trisyllabiques, entre la forme primitive des racines et leur forme actuelle. Mais présenter une conjecture plausible, ou bien en démontrer la valeur, sont deux choses bien différentes, et jusqu'à ce qu'on ait atteint à quelque chose comme une vraie démonstration (ce qui peut-être n'arrivera jamais), il y aura des linguistes qui persisteront à dire que la trilittéralité et la flexion interne qui caractérisent les langues sémitiques sont des faits primitifs non-seulement inexpliqués mais inexplicables.

Cependant, il faut reconnaître que nier qu'il y ait une histoire des racines sémitiques, c'est retrancher tout lien pouvant unir cette langue aux autres langues humaines. Tant que la flexion et les racines sémitiques sont supposées avoir été toujours ce qu'elles sont, on ne peut leur trouver d'analogues nulle part. Les linguistes se sont efforcés depuis les commencements de leur science de rapprocher les germes de la langue sémitique primitive des germes indo-européens et de prouver que les deux familles de langues appartenaient à deux familles de peuples d'origine commune. Il y a bien des choses qui induisent à chercher de ce côté : les deux peuples sont au début de leur civilisation, voisins et coopérateurs; ils représentent les deux grandes races blanches, civilisatrices et conquérantes, qui font échange d'influence et d'institutions l'une avec l'autre pendant des siècles : combien n'est-il pas naturel de leur supposer un lien particulier et plus étroit que le lien général de l'humanité! N'a-t-on pas représenté Sem et Japhet comme les fils d'un même père? Mais, là encore, une théorie plausible est une chose, et une démonstration scientifique en est une autre. Si les exemples de mots analogues ou semblables que d'habiles philologues ont su trouver dans les langues sémitiques et les langues indo-européennes, eussent été découverts entre les langues indo-européennes, et le zoulou ou le papou, on n'y eût point pris garde, et, véritablement, ils sont sans valeur scientifique. On ne peut trop le répéter, jusqu'à ce que les anomalies qui existent dans la famille sémitique aient été expliquées, il est trop tôt pour rien préjuger de ses rapports avec les autres familles.

La même règle est applicable à l'opinion courante qui veut que la famille sémitique soit parente du groupe qu'on appelle la famille *hamitique*. Dans cette famille, l'égyptien occupe la position prééminente qui appartient au chinois dans les langues monosyllabiques de l'extrême Asie. L'Égypte est le théâtre de la plus ancienne civilisation dont nous ayons des souvenirs. La question de chronologie touchant ses premiers monuments n'est certainement pas réglée; mais la critique scientifique moderne incline à placer le règne du premier roi historique égyptien vers l'an 4,000 avant J. C. et même, à cette époque, la race devait être puissante et hautement civilisée. La clef de la langue égyptienne a été retrouvée de notre siècle après avoir été entièrement perdue pendant près de deux mille ans et l'on continue sans cesse à découvrir des monuments égyptiens et à pénétrer davantage dans les secrets de la science égyptienne, de façon que plusieurs des questions de chronologie sur lesquelles on dispute seront décidées par la génération qui nous suit.

La clef de l'égyptien a été retrouvée au moyen de la langue copte qui descend de la vieille langue égyptienne. Les monuments écrits des Coptes datent seulement de l'ère chrétienne et l'alphabet en est emprunté au grec vers le commencement de cette ère. Mais la langue copte a été remplacée dans l'usage vulgaire par la langue arabe, il y a trois ou quatre siècles. On trouve, dans les fragments littéraires qui nous en restent, la trace de plusieurs dialectes légèrement différents.

La langue égyptienne, ancienne et nouvelle, était de la structure la plus simple. Elle ne connaissait presque pas la distinction des mots et des racines. Les éléments fondamentaux du langage (qui n'étaient pas toujours monosyllabiques) étaient juxtaposés dans les phrases sans distinctions formelles et sans séparation des mots, en parties définies du discours. La flexion ne suppose pas non plus clairement des distinctions. Les noms et les verbes sont séparés seule-

ment par une liaison : *ran-i*, par exemple, signifie littéralement *nommant-mien* et s'emploie indifféremment pour *je
nomme, j'appelle, mon nom*. La flexion personnelle du verbe
se fait au moyen de pronoms affixés et légèrement aggluti-
nés, et on peut l'omettre à la troisième personne quand le
nom est exprimé. Les modes et les temps sont très-peu
nombreux et sont marqués par des préfixes auxiliaires. Le
nom ne se décline pas, les relations de cas sont indiquées
par des connectifs; l'emploi d'un mot comme nom est généralement marqué par un article préfixé; et dans cet article,
comme en général dans les mots pronominaux, il existe au
singulier une distinction entre le genre féminin et le genre
masculin, particularité qui rapproche l'égyptien, sous ce
rapport, des langues sémitiques et indo-européennes; cependant, on a coutume d'en exagérer l'importance et la
portée. Le caractère général de cette langue diffère trop de
celui des autres, et elle n'est guère plus riche ni plus développée que les langues les plus inférieures des races de
l'extrême Asie.

On voit par la description que nous venons de donner de
la langue égyptienne combien est hasardée l'opinion de sa
parenté avec la famille sémitique. Il existe certainement des
ressemblances remarquables entre les pronoms des deux
langues, mais cela ne peut être accepté pour une preuve de
communauté d'origine. Dans beaucoup de langues il y a des
mots qui se ressemblent, surtout les pronoms; or, on ne prétend jamais prouver la parenté de deux langues par des ressemblances qui ne portent que sur les pronoms, ou principalement sur les pronoms, et l'on ne peut admettre que ces
mots seuls soient restés identiques quand tout le reste de
la langue aurait subi une telle révolution que la pauvreté
serait devenue la richesse et que l'absence de flexions, la
simple succession des racines, auraient été changées en un
système de flexions internes aussi luxueux et aussi défini
que le système sémitique. Provisoirement on doit s'y re-
fuser. Pas n'est besoin de nier la parenté de la famille sémitique avec la famille hamitique plus qu'avec la famille indo-
européenne; nous devons seulement nous rappeler qu'on
n'en a point donné de preuves et qu'on n'en donnera proba-

blement point jusqu'à ce qu'on ait deviné l'énigme de sa structure phonétique.

Les linguistes qui étudient les langues de l'Afrique en trouvent beaucoup qui se rapportent à la langue égyptienne et composent avec elle la famille hamitique. Il y a là libyen ou berbère du nord africain, et un groupe considérable d'autres langues au sud de l'Égypte, parmi lesquelles on distingue le galla, et qu'on appelle éthiopiennes, qui sont dans ce cas.

La péninsule méridionale de l'Afrique est occupée par les diverses branches d'une seule famille distincte qu'on appelle la famille bantou, chuana, zingienne et à laquelle le nom de sud-africain convient mieux. Elle n'a ni culture ni littérature, excepté celle que lui ont donnée les missionnaires chrétiens dans ces derniers temps. Elle est caractérisée par l'usage très-étendu des préfixes, un mot sans préfixe formatif y étant presque aussi inconnu que, dans la période synthétique indo-européenne, un mot sans suffixe formatif. Divers préfixes distinguent diverses classes de noms et le nombre dans ces classes; ainsi, par exemple en zoulou, *um-fana* signifie *garçon; aba-fana, garçons* au pluriel; *in-komo, vache; izin-komo, plusieurs vaches; ili-zwe* veut dire *pays* et *ama-zwe, plusieurs pays.* Puis, dans les membres de phrases où ces mots entrent comme élément principal et où les autres mots ont la valeur d'adjectifs, de possessifs, de verbes, ils prennent des parties de ces préfixes dans leur structure, comme dans : *aba-fana b-ami aba-kulu ba tanda, mes grands garçons, ils aiment;* mais *izin-komo z-ami izin-kulu, zi tanda, mes grandes vaches ils aiment.* C'est l'inversion grecque et latine; c'est un rapport allitératif au lieu d'un rapport concordant. Les modes et les temps des verbes sont en partie indiqués par des suffixes, ainsi que des distinctions de conjugaisons analogues à celles qui se trouvent dans les langues scythiques et sémitiques. Ainsi, de *bona,* voir, provient *bonisa, montrer; bonana, se voir l'un l'autre; bonisana, se montrer l'un à l'autre,* et ainsi de suite. Les relations de cas sont marquées par des prépositions préfixées. La langue sud-africaine n'est donc point dépourvue de moyens de faire des distinctions formelles suffisamment variées. Les dialectes qui confinent aux dialectes hottentots ont dans leurs alphabets des sons particuliers appelés *clicks*, formés par la brusque séparation de la langue et du palais avec succion.

Les clicks sont un trait marqué des Hottentots et il semble qu'ils aient été introduits par eux dans la langue sud-africaine peut-être avec le mélange du sang. Il n'y a aucune parenté entre les deux familles, pas plus probablement qu'entre le Hottentot et le Boschiman. La langue de ce dernier est l'objet d'une investigation scientifique qui est à son début (Bleek); l'autre, celle des Hottentots, est supposée, particulièrement à cause de la distinction qu'elle fait du genre, être une branche de la famille hamitique qui s'est égarée au loin vers le sud et qui s'y est beaucoup dégradée. Mais cette parenté n'est pas généralement acceptée.

Entre le sud de l'Afrique et le territoire hamitique s'étend, dans une vaste zone du continent africain, une masse de dialectes hétérogènes, dont la classification est une affaire fort difficile et sur laquelle les investigateurs ne sont pas d'accord. Ils sont trop peu connus et trop peu importants pour que nous nous y arrêtions. La région est celle du nègre typique ; cependant, on y trouve des races de couleur moins foncée. La variété de types physiques entre les races de l'Afrique centrale, que nous confondons toutes en une seule, est très-grande.

Avant de quitter le continent oriental, il faut revenir en Europe pour dire un mot ou deux d'une langue que nous n'avons pas encore trouvé l'occasion de mentionner, la langue basque. Le basque est parlé en trois dialectes principaux et en plusieurs autres moins importants dans un district montagneux à l'angle de la baie de Biscaye, situé à cheval sur la frontière de France et d'Espagne, mais surtout du côté de cette dernière. On croit qu'il représente dans les temps modernes l'ancien ibérien et qu'il a appartenu à la vieille population de la péninsule, celle qui a précédé l'invasion des Celtes Indo-Européens. Des indications tirées de la nomenclature locale, montrent que cette population s'étendait sur une partie du midi de la France. Le basque est donc peut-être le dernier témoin d'une civilisation de l'Ouest de l'Europe, détruite par les tribus envahissantes de la famille indo-européenne. Il est complétement isolé, aucun analogue de cette langue n'ayant encore été trouvé dans aucune partie du monde. Il est d'un type exagérément agglutinatif et les verbes contiennent, dans des signes qui y sont incorporés, beaucoup de rapports grammaticaux que les autres langues expriment par des mots indépendants.

Le basque nous sert de point de départ convenable pour entrer dans le domaine linguistique du Nouveau-Monde, puisqu'il n'y a point de dialecte dans le vieux monde qui lui ressemble autant sous le rapport de la structure que les langues américaines. Non pas que ces dernières aient toutes la même forme, quoique les philologues les tiennent pour être une seule famille; classification due à l'imperfection des connaissances, et qu'on ne peut admettre que d'une façon provisoire; quant à ce qui regarde les matériaux du langage, on reconnaît qu'ils diffèrent beaucoup dans les diverses contrées. Il y a un nombre considérable de groupes où les mots ne se ressemblent pas plus entre eux que ne se ressemblent les mots anglais, hongrois ou malais; c'est-à-dire que les rares ressemblances qui s'y trouvent sont purement fortuites. Ainsi, par exemple, les langues voisines des groupes Algonquins, Iroquois et Dacotas, dont nous avons raison de croire que les possesseurs sont de même sang, à cause de leurs rapports physiques, intellectuels, et de la parité de leurs institutions, n'ont rien de commun entre elles sous le rapport des matériaux que ce que le hasard y a mis. Cela est presque prouvé. Mais, tandis que les éléments matériels de ces langues ont été changés jusqu'à ce qu'on ne puisse plus dire s'ils sont originairement identiques (trait d'histoire linguistique que nous pourrons mieux expliquer quand les lois spéciales du développement de ces langues seront mieux connues), il reste encore, dans la manière de combiner les mots et d'établir les rapports grammaticaux, des traits de ressemblance entre elles. C'est là un de ces cas où la partie structurale d'une langue est plus permanente que sa partie élémentaire et où cette permanence constitue à elle seule une preuve suffisante de parenté.

Ce mode commun de structure, qui, avec ses variétés et ses degrés, est caractéristique des langues américaines, constitue ce qu'on appelle la famille polysynthétique ou incorporante. Sa tendance marquée est à l'absorption des autres parties du discours dans le verbe. Ce n'est pas comme dans l'indo-européen où le sujet seulement entre en combinaison avec la racine, pour l'usage prédicatif; mais on peut y faire entrer toute espèce de rapports, les signes du temps, du lieu, de la manière, du degré, et une foule de circonstances modificatrices de l'action du verbe, d'une façon inconnue à toutes les grammaires que nous connaissons. Un savant très-versé dans l'étude des principaux dialectes algonquins (le Rév. P. Hurlbut) a compté 17,000,000 de formes verbales, provenant d'une seule racine algonquine; et quand même nous ne croirions qu'à la millième partie de ce fait, c'en serait assez pour nous donner une idée de la structure caractéristique de ces langues. Tout se ramène au verbe : noms, adjectifs, adverbes, prépositions se conjuguent régulièrement. Les noms sont en grande partie des verbes; ainsi, le mot qui est employé pour *maison* signifie littéralement : *ils vivent là, ou lieu où ils vivent.* Or, ces langues sont pour nous tout à fait impossibles à analyser; notre terminologie grammaticale ne s'y prête pas; nous tombons dans les contradictions et dans les absurdités. Il va sans dire que la tendance de ces langues est de former des mots d'une longueur interminable et d'une structure compliquée dans laquelle trouvent place une foule de choses que les nôtres laissent sous-entendues. Cependant le mot le plus long que l'on trouve dans la Bible du Massachussets de Eliot n'est que de onze syllabes : *wutappesituguassun-nooweht-unk-quoh*, qui signifie : *s'agenouiller devant lui*, mais qui traduit littéralement serait : *il vint à un état de repos sur ses genoux pliés faisant révérence envers lui.* (J. H. Trumbull). Chaque partie de cette combinaison doit être, reconnaissable sous sa forme séparée. Le mot doit être, dans chacun de ses éléments, significatif et clair, et ces éléments ne sont pas, comme on le dit souvent, des mots réduits et contractés pour la commodité de celui qui parle. Ce sont plutôt des racines conglomérées. Sans doute il y a des ressources infinies d'expression dans de pareilles langues; et si une nation comme la nation grecque fût venue prendre la tête des races américaines, elle eût

rempli ces langues de couleur et de pensée, et les eût condensées en une noble littérature qu'on eût peut-être plus
admirée qu'aucune autre dans ce monde. Telles qu'elles
sont, elles nous semblent aussi surabondantes en moyens
formels que le chinois en est dépourvu; elles sont encombrées et font perdre le temps par leur immense polysyllabisme. Nous les trouvons, et c'est en partie le résultat de la
multiplicité des détails accessoires, tout à fait pauvres en
termes abstraits simples. Ainsi, elles ont, par exemple, des
racines différentes pour exprimer l'action de laver tous les
objets différents, et toutes les manières possibles de laver,
mais elles n'en ont point pour exprimer purement et simplement l'action de *laver*. Il y a pourtant là un peu de préjugé
de notre part. C'est ainsi qu'un Chinois ou un Anglais pourrait critiquer la langue latine en disant : « le latin manque
de la puissance d'abstraction, parce que *magnus*, par exemple, ne signifie pas simplement *ta, grand*, mais la qualité
de grandeur dans un objet donné (et un objet qui, pour une
raison souvent inexplicable, est regardé comme masculin
et ne peut être que le sujet d'un verbe); *magna* indique la
même qualité dans un objet donné du genre féminin; mais
l'idée simple de *ta, grand*, ne peut être rendue en latin. »
Il y a d'autres traits caractéristiques des langues américaines qui sont universellement ou généralement répandus,
comme la distinction entre les deux genres formés par les
choses animées et les choses inanimées (laquelle semble
valoir bien, comme raison d'être et comme utilité, notre
distinction des genres sexuels); comme la possession des
deux premières personnes du pluriel, l'une inclusive, l'autre
exclusive; comme le système classificatoire de la désignation
des degrés de parenté, et ainsi de suite; mais ils ne sont
que d'une importance secondaire, comparés au style général
de la structure dans ces langues.

La structure polysynthétique n'appartient pas au même
degré à toutes les langues américaines. Il y en a, au contraire, dans lesquelles ce mode de structure est détruit ou
a manqué originairement. Ainsi, par exemple, on a trouvé
le caractère monosyllabique et l'absence de flexions dans
l'otomi du Mexique et deux ou trois dialectes de l'Amérique

du Sud; et l'on a refusé tout caractère polysynthétique à la grande famille tupi-guarani (F. Hartt) sur le côté oriental du continent sud américain; il reste à déterminer jusqu'à quel point ces exceptions sont réelles, et jusqu'à quel point elles sont apparentes, mais les traits communs sont si reconnaissables, depuis le pays des Esquimaux près du pôle arctique jusqu'au pôle antarctique, que les linguistes les croient fermement tous membres d'une même famille et descendus d'une souche dont l'âge, la localité et la provenance sont inconnus. On a essayé de rattacher à ces langues quelques-unes de celles de l'ancien monde, mais évidemment sans succès. Si l'on ne trouve pas entre l'algonquin, l'iroquois et le dacota assez de similitudes de mots pour les ramener à une origine commune, à plus forte raison ne peut-on pas les identifier avec des langues dont ils auraient été tellement plus longtemps séparés, que leur structure aurait changé tout à fait de caractère. Il ne convient pas peut-être d'assigner des limites aux découvertes futures de la science ; mais il semble tout à fait improbable que, même en supposant que les langues de l'Amérique aient pu sortir du vieux monde, il soit jamais possible d'établir leur filiation.

Une classification complète des langues américaines est jusqu'à présent impraticable, et, pour faire connaître ici ce qu'on en sait, il faudrait plus de place que nous n'en avons. Il existe plusieurs grands groupes et une quantité de petits qui restent isolés et non classés. L'esquimau borde toute la côte nord et la côte nord-est jusqu'à Terre-Neuve. L'athapasque, ou le tinné, occupe une grande région au Nord-Ouest (les monts Apaches et Navajo, dans le sud, lui appartiennent aussi) et a pour voisins à l'ouest le selish et d'autres groupes plus petits. L'algonquin possédait le Nord-Est et la région moyenne des États-Unis et s'étendait à l'ouest des Montagnes-Rocheuses, comprenant le territoire des Iroquois. Le dacota ou sioux est la plus grande des familles qui occupent les vastes prairies et les plaines du Far-West. Le groupe muskogee occupait les états du Sud-Est. A Colorado et à Utah commencent les établissements des Indiens relativement civilisés, dont la culture, plus avancée au Mexique, a atteint son point culminant chez les Mayas de l'Amérique centrale et s'est continuée dans l'empire des Incas du Pérou. La langue quitchoua, qui appartient à ce dernier pays avec la langue aymara qui s'en rapproche, est encore le dialecte des indigènes d'une grande partie de l'Amérique du Sud, ainsi que le tupi-guarani, dont nous avons déjà fait mention, et qui se parle à l'est dans les vallées de la rivière des Amazones et de ses affluents.

La condition des langues dans l'Amérique est donc un abrégé de celle de l'homme dans le monde entier. De grandes familles répandues sur de vastes territoires, des groupes limités, isolés, des dialectes qui périssent, se touchent et se mêlent les uns aux autres. Dans les vicissitudes des choses du monde l'histoire des races et l'histoire des langues doivent se confondre. Qu'étaient les familles qui après avoir converti de vastes contrées ont disparu sans laisser de traces ; qu'étaient celles dont les fragments seulement ont survécu, et par un développement prospère ou par un croisement heureux se sont élevées à la prééminence, voila ce que nous ne saurons jamais bien. Nous ne devon pas supposer qu'après avoir classifié toutes les langues connues et avoir établi leurs rapports, nous aurons complétement tracé l'histoire du langage : dans les ténèbres du passé il y a peut-être des faits dont nous n'avons pas même le soupçon.

Quelques-unes des questions qui se rapportent au sujet que nous venons de toucher vont fixer notre attention dans le chapitre suivant.

CHAPITRE TREIZIÈME

LES LANGUES ET LES RACES.

Limites de la science linguistique : les matériaux du discours ne sont pas analysables jusqu'au bout; ils ont pu être créés, détruits et modifiés; les preuves de parenté sont, par nature, multiples. — Rapport de la langue avec la race, en tant seulement qu'institution transmise; l'échange des langues accompagne l'échange du sang. — Le problème ethnologique est insoluble. — Contribution qu'apportent pour sa solution l'archéologie et la linguistique; valeur de cette dernière; importance du témoignage des langues en matière ethnologique. — Réconciliation de la diversité de ces témoignages. — Infériorité des classifications qui ne sont point fondées sur le genre.

La classification de langues telle que nous l'avons donnée dans le chapitre précédent ne représente que les faits connus et est sujette à révision avec le progrès de la science. Toutefois, il est probable que les lignes principales ne seront point changées et que les grandes familles demeureront distinctes jusqu'au bout. Quelques-unes peuvent, il est vrai, être fondues dans les autres; mais, il n'y a point de raisons de croire qu'elles le seront toutes en une seule. En disant cela, nous entendons moins poser des limites aux progrès de la science linguistique que reconnaître celles que lui impose la nature des choses : un court exposé va le faire voir.

Nous ne devons pas manquer de remarquer d'abord qu'il y a une différence essentielle entre les sciences physiques et celle qui nous occupe; que nous avons affaire ici à l'usage, et que l'usage est quelque chose où intervient cet

élément indéfini qu'on appelle la volonté humaine, déterminée par les circonstances, l'habitude et le caractère individuel, lequel élément se refuse à l'analyse ultime. Il n'est
point de substance que le chimiste ne puisse espérer analyser; sous quelque forme et dans quelque proportion qu'un
élément soit entré dans une combinaison, il possède des
moyens de l'en dégager. Dans la matière, rien ne se crée et
rien ne se détruit; tout change, mais tout subsiste. Il n'en est
pas de même du langage; un mot, toute une famille de mots,
périt par désuétude et devient comme si elle n'eût jamais
été, à moins que la civilisation ne lui ait fait produire des
monuments. Une langue, une famille entière de langues, est
anéantie par la destruction de la société à laquelle elle appartenait, ou par l'adoption d'une autre langue. Quand les
Gaulois eurent appris le latin, il ne resta rien, en dehors des
témoignages extérieurs, qui pût dire ce que leur langue
avait été; quand les Étrusques eurent été latinisés, sans les
mots épars qu'ils avaient écrits, leur langue eût été à jamais
effacée de la mémoire des hommes, et plus d'une langue
sans doute a disparu de cette manière et sans laisser, comme
celle-là, même de faibles souvenirs. La création de mots
est, comme nous l'avons vu, un fait de langage rare; cependant, rien ne s'y oppose, que la préférence des hommes. Et
c'est en réalité une création de mot qu'un changement de
forme et de sens si complet que le lien entre le type ancien
et le type nouveau ne peut se retrouver que par des preuves
externes et historiques. Les langues présentent en foule des
cas semblables. Un élément formatif est annihilé quand il
est effacé de toutes les formes qu'il avait faites; un autre
est créé quand on lui fait produire des dérivés. Aucun procédé d'analyse, en dehors du témoignage historique, ne
pourrait nous faire retrouver dans la première personne
plurielle de la langue anglaise le mot *masi*, ni deviner dans
loved (aimé) la présence de *did*. Quand on n'a point le secours de l'histoire, beaucoup de faits restent inexplicables.

Les changements linguistiques séparent sans cesse ce qui
était réuni. *Bishop* et *évêque* sont originairement le même
mot; il en est de même de *eye* et *auge*, *I* et *je*, de *ik* et ἐγών
et *aham*, quoique, à l'audition, ils n'aient absolument rien

de semblable. Les mêmes changements réunissent aussi ce qui était distinct. Le latin *locus*, le sanscrit *lokas*, qui signifie *lieu*, n'ont rien à voir ensemble, quoiqu'ils soient presque identiques et qu'ils appartiennent à des langues étroitement apparentées. Le grec ὅλος et l'anglais *whole* (*entier*) sont également étrangers l'un à l'autre. Nous pouvons prendre le vocabulaire de la langue anglaise (comme trop de personnes le font) et le comparer avec le vocabulaire d'une langue qui n'a aucun rapport avec elle, et l'on y trouvera une longue liste d'apparentes analogies, qu'un peu d'étude nous montre être des analogies trompeuses. C'est là le fait principal qui s'oppose à une comparaison approfondie des langues. S'il n'y avait point d'autres ressemblances, soit dans les matériaux soit dans la structure du langage, que celles qui ont une base historique, nous pourrions les laisser disparaître tant qu'elles voudraient ; les souvenirs de l'histoire suffiraient à établir la parenté originelle; mais il y en a d'autres, et la manière de faire la preuve n'est pas directe et absolue, mais cumulative ; le résultat est donné par un nombre suffisant de cas, qui, pris isolément, ne prouveraient rien. Nous avons accordé que deux dialectes peuvent différer tellement de l'original commun que toute marque de parenté entre eux ait disparu. Ils peuvent abonder en matériaux provenant des mêmes racines ; mais s'ils en sont arrivés à faire d'un même mot *bishop* et *évêque*, le linguiste ne peut en tirer aucun parti. Des correspondances accidentelles peuvent quelquefois mettre sur la voie; mais si tout dans deux langues diffère autant que cet exemple, il n'y a rien à espérer d'un travail de comparaison.

Le caractère cumulatif des signes de parenté, la valeur problématique des exemples isolés et la nécessité d'avoir des témoignages historiques à l'appui, sont autant de limites mises à la certitude des recherches linguistiques. Jusqu'ici les familles reconnues pour telles, sont celles qui ont eu un développement commun. Il y en a même dans lesquelles le seul lien existant est un même genre de structure. Si l'on ne peut prouver la communauté des langues de l'Amérique que par leur polysynthétisme, et celles des langues de l'Asie orientale que par leur monosyllabisme, il est visiblement impossible de prouver par une similitude de racines la communauté d'origine entre l'Américain et le Chinois. Dans l'état actuel de la science linguistique, la comparaison des éléments radicaux entre les diverses langues est entourée de trop d'incertitudes et de dangers pour avoir la moindre valeur. Tout ce qui a été fait dans ce sens jusqu'à ce jour est non avenu. L'avenir saura si l'on peut mieux faire. Il est permis d'attendre beaucoup d'une science comme la science du langage, pourvu qu'on ne se laisse pas égarer au sujet de ce qui a déjà été fait, et qu'on ne prenne pas des inventions plausibles pour des faits établis. Celui qui sait combien est immense la difficulté d'arriver aux racines, même dans des langues aussi connues que celles de la famille indo-européenne, et cela malgré la conservation exceptionnelle de ses plus anciens dialectes, celui-là n'est point exposé à fonder son espoir sur la comparaison des racines.

La science linguistique ne prouvera donc jamais par la communauté des premiers germes du langage que la race humaine n'a formé à l'origine qu'une seule et même société. Lors même que le nombre des familles serait réduit par les recherches futures, ces familles ne seront jamais ramenées à une seule.

Mais ce qui est encore plus démontrable c'est que la science linguistique ne prouvera jamais non plus la variété des races et des origines humaines. Comme nous l'avons vu bien des fois, il n'y a point de limites à la diversité qui résulte des différents développements entre des langues originairement une. Étant donné un angle divergent et la loi de la divergence (p. 136), la distance entre les deux extrémités peut arriver à dépasser les quantités exprimables. En linguistique aussi, la distance entre deux lignes divergentes peut devenir infinie, du moins relativement au but pratique. La connaissance qu'on a acquise du mode de développement et de changement du langage a ôté au philologue toute possibilité de poser dogmatiquement la diversité d'origines des langues humaines. Si chaque langue possédait tout d'abord son appareil complet de structure et tous ses matériaux, l'histoire du langage serait celle de plusieurs courants parallèles sans indication de convergence ; mais les différences de l'anglais, de l'allemand et du danois, proviennent d'un développement différent, parti d'un même centre ; celles de l'anglais, du russe, de l'arménien et du perse, proviennent de même d'une divergence partie d'un centre plus éloigné ; et l'on ne peut dire si celles de l'anglais, du turc, du circassien et du japonais ne sont pas dues à la même cause. Le point de départ est, pour toutes les familles de langues, les racines simples sans modifications formelles, et l'on ne peut pas même indiquer dans la plupart des familles ce qu'ont d'abord été ces racines ; comment pourrait-on donc nier leur identité ? Nous pouvons établir des probabilités si nous voulons ; nous ne pouvons rien prouver contre l'unité originelle du langage.

Dire cela, c'est dire que la science linguistique ne peut point se porter garante de la diversité des races humaines. Mais il faut remarquer encore une autre difficulté qui s'oppose ici à toute probation. Si nous admettons, hypothétiquement, que les hommes ont créé les premiers éléments du langage, de même qu'ils en ont fait tous les développements subséquents, nous serons forcés de convenir qu'une période de temps assez longue a dû s'écouler avant qu'ils aient pu se former une somme de matériaux ; et pendant ce temps la race, fût-elle unique, a pu se répandre et se diviser de façon à ce que les germes primitifs de chaque langue aient été produits indépendamment, dans les unes et dans les autres. Conclusion générale : l'incompétence de la science linguistique pour décider de l'unité ou de la diversité des races humaines, paraît être complétement et irrévocablement démontrée.

Une autre question anthropologique très-importante, qui se trouve liée à notre classification des langues, c'est le rapport de cette même classification avec celle que la science ethnologique nous donne des races humaines. Et ici, nous devons commencer par avouer sans réserve que les deux ne s'accordent pas : des langues complétement différentes sont parlées par des peuples que l'ethnologiste ne sépare point, et des langues de la même famille sont parlées par des peuples complétement étrangers les uns aux autres.

Notre doctrine touchant la nature du langage s'arrange parfaitement de ce fait. Nous avons vu qu'il n'existe pas de lien nécessaire entre la race et la langue, et que tout homme parle indifféremment, de quelque sang qu'il soit né, la langue qu'on lui apprend dans son enfance. Or, de même que l'individu peut parler une langue différente de celle de ses parents ou de ses ancêtres, de même une société (qui n'est qu'une agglomération d'individus) peut acquérir une langue étrangère et ne pas garder le moindre souvenir de sa langue originelle. Le monde antique et le monde moderne est rempli d'exemples de ce genre et nous en avons remarqué quelques-uns en passant : comme, par exemple, les populations hétérogènes des États-Unis qui parlent maintenant l'anglais, les Celtes de la Gaule, les Normands de la France, les Celtes d'Irlande et de Cornouailles, les Etrusques d'Italie et tant d'autres peuples, dont les idiomes ont été détruits et remplacés par le latin, l'anglais, l'arabe. Il y a des langues conquérantes qui gagnent sans cesse du terrain, comme il y en a d'autres qui en perdent.

La langue ne peut donc rendre témoignage de la race et n'en est pas la caractéristique, mais elle n'a que la valeur d'une institution transmise, qui peut être abandonnée par ceux à qui elle appartenait et adoptée par des peuples d'un autre sang. Ce sont les circonstances extérieures qui en décident et rien autre. La souveraineté politique, la supériorité sociale, un degré plus avancé de civilisation, telles sont les causes principales qui produisent ce résultat. Ou plutôt, ce sont ces circonstances accessoires, qui, lorsque deux sociétés viennent à se mêler, décident laquelle des deux donnera principalement ou complétement sa langue à l'autre. S'il n'y avait pas mélange de sang, il y aurait peu de changements de langues. Il y aurait des emprunts faits, il n'y aurait point substitution.

C'est le mélange des peuples qui rend si compliqué le problème ethnologique, tant du côté de la langue que du côté du caractère physique, et qui fait qu'il est insoluble, si ce n'est par approximation ; c'est là aussi ce qui rend le secours du physiologiste aussi utile au linguiste que celui du linguiste au physiologiste. L'ethnologiste doit admettre, de même que le linguiste, les possibilités que nous avons posées à la fin du chapitre précédent. Pendant la longue période du passé, il y a eu des empiétements infinis, des mélanges, des déplacements, des destructions de races humaines (ou des branches de la race humaine), comme il y a eu empiétement, mélanges, déplacement, destructions des langues (ou des branches de la langue unitaire). Il n'est point probable que l'histoire linguistique, ni l'histoire ethnologique, arrive jamais à être complète, surtout après que l'antiquité de l'homme sur la terre a été généralement reconnue être si grande. L'opinion n'est pas encore unifiée sur ce point; mais l'incrédulité de quelques-uns ne persistera pas s'il est prouvé que l'existence de l'homme sur la terre remonte à des millions d'années. Cette question est du plus haut intérêt pour l'ethnologiste, mais un fait semblable lui enlève tout espoir de pénétrer dans les profondeurs de son sujet; c'est à l'anthropologiste qu'il appartient de le reprendre au point où il lui échappe, et de raconter l'histoire du développement de l'homme, soit comme race unique, soit comme collection de races indistinctes et non assez différenciées pour qu'on puisse les séparer les unes des autres; c'est enfin au zoologiste à faire connaître son origine.

Les monuments de la première période de l'activité humaine sont de deux sortes : les produits de l'art et de l'industrie sortis des mains de l'homme; les matériaux primitifs du langage sortis de son esprit; les premiers lui servant de moyens de subsister et de se défendre, les seconds d'instruments de sociabilité; les uns et les autres renfermant des germes d'éducation et d'outillement qui répondaient aux facultés supérieures de l'espèce et devaient la conduire à la possession d'elle-même, à la domination de la matière et à la civilisation. Ces deux espèces de monuments sont ardemment recherchés et curieusement examinés par l'historien, comme étant des témoignages historiques bien autrement anciens que les monuments écrits et les traditions légendaires. Mais les témoignages linguistiques sont de beaucoup les plus importants et les plus instructifs, et ce n'est guère que ceux-là qui peuvent servir à l'ethnologiste, puisque les autres se rapportent plutôt à une certaine période de développement qu'aux habitudes spéciales et aux dispositions congénitales d'une race. Le témoignage linguistique a l'avantage même sur le témoignage du caractère physique, parce qu'il est plus abondant et plus varié, et qu'on peut mieux, par conséquent, en tirer parti. La somme des différences que renferme le domaine du langage ne peut être comparée à celle qui existe entre une espèce animale et une autre espèce ; mais plutôt elle équivaut à la somme de différences qui se trouve comprise dans le règne animal tout entier. La linguistique est comme une image microscopique jetée sur un mur par des moyens d'optique et dans laquelle le plus ignorant peut étudier et mesurer toutes les parties d'un vaste tableau. L'ethnologie, fondée sur les caractères physiques, ne peut devenir une science féconde et certaine que par le secours de fortunes rares, de grands talents, de longues études. Quoique les langues soient des institutions traditionnelles, elles peuvent servir aux recherches ethnologiques beaucoup plus que toutes autres indications, parce qu'elles peuvent être considérées objectivement, et que, d'ailleurs, elles sont infiniment plus persistantes que les autres institutions.

Admettre que les langues ont été échangées par les peuples, ce n'est donc pas nier leur valeur comme monuments pouvant servir à l'histoire, et même à l'histoire de la race ; c'est seulement fonder cette valeur sur une base juste et avouer qu'il y a des bornes qu'on ne peut franchir et qu'il importe de reconnaître, si l'on veut pouvoir se servir utilement du témoignage linguistique. Il n'en reste pas moins vrai, d'une manière générale, que la langue et la race ne font qu'un, puisque tout être humain apprend ordinairement la langue de ses parents ou de ceux qui sont de même sang que lui, et que les exceptions marquées à cette règle ont lieu au grand jour de l'histoire. La civilisation facilite le mélange des races, comme elle facilite les communications. Ce ne sont point les races obscures et barbares qui ont mêlé leur sang et leurs langues, mais plutôt les races cultivées. Si une tribu barbare est victorieuse d'une autre tribu, à moins que le vainqueur n'absorbe le vaincu, les deux langues continuent à subsister ; mais des nations comme les Romains et les Arabes, qui se présentent avec une supériorité acquise en civilisation et en littérature, imposent leur idiome aux peuples conquis. Ainsi, là où les témoignages historiques font défaut et où l'on a le plus grand besoin de ceux du langage, il se trouve que ces derniers ont le mieux conservé leur valeur.

De là vient que, lorsqu'on veut établir les rapports ethnologiques d'une nation ou d'un groupe de nations, on commence par étudier les affinités de leurs langues. Ces affinités ne sont pas décisives dans la question ; le témoignage linguistique peut être contredit par un autre ; mais on ne saurait s'en passer, et il sert de base dans la discussion.

Nous n'avons besoin que d'en citer un ou deux exemples.

Les Basques sont une race blanche ou caucasienne ; il n'y a rien dans leurs caractères ethnologiques qui nous empêche de les comprendre dans l'une ou l'autre des divisions de cette race ; mais leur langue les en sépare, et nous nous rendons à cette preuve. De quels mélanges de races sont sortis les Ibères, nous ne le savons pas ; nous ne pouvons pas dire non plus que les Basques n'aient pas emprunté leur dialecte euskarien comme les Français ont emprunté leur dialecte roman. Il y a là cachées des possibilités sans fin ; mais la langue nous dit beaucoup, et probablement tout ce que nous pourrons jamais savoir. Les Etrusques nous ont laissé des monuments : dessins, peintures, caractères écrits, produits de l'art et de l'industrie ; mais, quand il s'agit d'établir la parenté de ce peuple, les ethnologistes en appellent d'une commune voix aux faibles restes de sa langue : une page suivie de texte étrusque, dont on entreverrait seulement le sens, réglerait tout d'un coup la question de savoir si la race à laquelle elle appartenait faisait partie d'une famille, ou si elle ne composait, comme les Basques, qu'un fragment isolé. Les races américaines nous présentent un problème vaste et compliqué, et là encore nous n'avons guère d'autre moyen de le résoudre que l'étude du langage. L'ethnologie américaine dépend d'abord et avant tout de la classification et des rapports des dialectes ; jusqu'à ce que ce fondement ait été posé, tout est incertain ; quoiqu'il y ait des points dont l'obscurité résistera même à ce moyen d'élucidation.

Nous ne devons point espérer que les résultats des deux grandes branches des études ethnologiques s'accorderont,

tant que les méthodes suivies par l'une et par l'autre ne seront pas mieux établies. Il est inutile de rien précipiter, ni
d'essayer une combinaison artificielle et prématurée. Tout
viendra à point à qui saura attendre. La linguistique et
l'ethnologie, fondée sur d'autres ordres de recherches, sont
toutes les deux souveraines dans leur domaine. Les classifications et les relations des langues sont ce qu'elles sont, et
ne s'embarrassent point des questions de races, quoique ces
questions ne puissent être dédaignées et ignorées du linguiste : son étude est trop historique, elle a trop de rapports
avec les races, surtout aux époques récentes, pour que cet
élément soit négligé. Comme branche importante de l'histoire, et comme science qui a la prétention de jeter un rayon
de lumière dans l'ombre du passé, la linguistique doit soumettre les résultats auxquels elle arrive à la critique de
l'ethnologie. Il serait inutile et nuisible d'exagérer ses droits
et de les faire reposer sur une base fausse. Si quelqu'un se
trouve trop à l'étroit dans la science du langage, enfermée
comme elle l'est dans les strictes limites qu'une critique
saine et impartiale lui assigne, il y a d'autres sciences qui
lui sont ouvertes et dans lesquelles il sera le bienvenu.

Il y a encore quelque chose à remarquer au sujet de notre
classification de toutes les langues du monde; cette classification étant fondée sur le genre, et chaque famille embrassant les langues que l'on pouvait, par des indices suffisants,
ramener à un type commun. Pour le linguiste-historien, profondément occupé à déterminer les relations et à tracer le
cours du développement structural des langues, ce point de
vue est de beaucoup le plus important; tous les autres à ses
yeux sont secondaires. La distinction sommaire des langues
en monosyllabiques, agglutinatives et à flexions, distinction
qui est devenue courante et familière, présente un moyen
commode, mais peu exact, de se rendre compte des caractères
de la structure linguistique. Les trois degrés se suivent, mais
se mêlent. Prendre ces caractères pour base d'une classification des langues, c'est comme si l'on faisait de la couleur des
cheveux ou de la peau la base d'une classification ethnologique, ou du nombre des pétales et des étamines, celle d'une
classification botanique ; c'est ignorer ou négliger d'autres

caractères d'une bien plus grande importance. Si le naturaliste avait la même certitude qu'a le linguiste de l'origine commune de plusieurs espèces du même genre, il se mettrait peu en peine de chercher d'autres moyens de classification, mais s'appliquerait tout entier à perfectionner l'emploi de celui-là. Il y a là, pour le linguiste, une tâche suffisante et, jusqu'à ce qu'elle soit remplie, le reste est pour lui secondaire.

CHAPITRE QUATORZIÈME

NATURE ET ORIGINE DU LANGAGE

Le langage est acquis et fait partie de la culture de l'homme. — Son universalité dans la race humaine. — Il appartient exclusivement à l'homme. — Le besoin de communiquer sa pensée est la cause directe qui produit le langage. — Les cris naturels sont le point de départ des langues : question touchant leur nature et leur portée; il n'est pas nécessaire d'admettre que le langage articulé soit instinctif chez l'homme. — Usage de la voix, comme du meilleur moyen de s'exprimer. — L'élément imitatif au commencement du langage. — Limites et portée de l'onomatopée. — La doctrine des racines. — Ce qui a été dit suffit à expliquer l'origine du langage; théorie du miracle qu'on oppose à cette explication. — Capacité que suppose la faculté de créer le langage. — Différence à cet égard entre l'homme et les autres animaux. — Rapports du langage avec le développement de l'homme. — Mesure et procédés de son développement.

L'examen que nous avons fait de l'histoire du langage, de son mode de transmission, de sa conservation, de son changement, a montré clairement ce que nous pensons de sa nature. Ce n'est pas une puissance, une faculté; ce n'est pas l'exercice immédiat de la pensée; c'est un produit médiat de cette pensée, c'est un instrument. Pour beaucoup de personnes qui étudient superficiellement ou à travers des préjugés, c'est là une vue peu satisfaisante et même peu élevée; mais cela vient de ce qu'elles confondent deux significations très-différentes du mot *langage*. L'homme possède, comme l'une de ses caractéristiques distinctives les plus marquées, la faculté du discours; ou, pour parler plus exactement, plusieurs facultés qui conduisent inévitablement à la production du discours; mais les facultés sont une chose, et leurs produits élaborés en sont une autre. Ainsi, l'homme a une capacité naturelle pour la plastique, pour l'invention des instruments, pour les mathématiques et pour plusieurs grandes et nobles choses; mais aucun homme n'est né artiste, ingénieur, mathématicien, pas plus qu'il n'a possédé, en naissant, une langue. Notre condition est la même à l'égard de ces divers exercices de notre activité. Dans les uns comme dans les autres, la race a, depuis l'origine, développé ses facultés pas à pas et chaque progrès a pris corps dans un produit. Le développement de l'art suppose une période de plastique grossière, et une série d'essais dont chacun était un progrès sur l'essai précédent. La mécanique raconte plus clairement encore la même histoire; c'est par l'usage d'instruments grossiers et par la dextérité acquise au moyen de cet usage que les hommes ont trouvé des perfectionnements successifs, qui les ont conduits jusqu'à la locomotive et aux machines motrices. Les mathématiques ont commencé par l'idée que un et un font deux, et leur développement a suivi la même voie que celui des autres sciences. Chaque individu recommence pour son compte le chemin qu'a fait la race tout entière. Seulement, il marche avec la rapidité de l'éclair comparé à l'humanité, parce qu'il est conduit par la main sur un terrain uni et battu. L'enfant est souvent maintenant plus fort mécanicien ou mathématicien, que le plus savant des anciens Grecs : non, parce que ses dons naturels sont supérieurs aux leurs, mais parce qu'il n'a qu'à recevoir et qu'à s'assimiler le fruit du travail des autres. Fût-il doué comme Homère et comme Démosthènes, aucun homme ne peut parler s'il n'a appris à parler, aussi véritablement appris, qu'il apprend la table de multiplication ou les démonstrations d'Euclide.

Or, ces produits accumulés des facultés humaines s'exerçant et se développant, produits qui s'accroissent et changent de jour en jour, sont ce que nous appelons les institutions, les éléments de la civilisation. Chaque section de l'humanité en possède quelque chose. Il n'y a point de membre d'une société si barbare qu'elle soit, qui ne se trouve élevé beaucoup plus haut qu'il ne s'élèverait de lui-même, par la transmission qui lui est faite des rudiments de connaissances, d'art et de langage, qui existent dans la société à laquelle il appartient. Certainement cette société, si inférieure qu'elle soit, en saura toujours plus que l'individu le mieux doué ne pourrait en apprendre dans tout le cours de sa vie, s'il était laissé à lui-même, et nul doute que cela ne soit vrai du langage. Chacun acquiert ce que l'accident du lieu de sa naissance a mis sur son chemin, et en fait le point de départ de l'exercice de ses propres facultés, se trouvant à la fois contraint et fortifié par le milieu, milieu que l'individu est destiné à agrandir lui-même. Cela est encore aussi vrai du langage que de toute autre chose. Le langage ne peut être séparé des autres acquisitions humaines; il ne ressemble pas aux autres sciences, mais ces autres sciences ne se ressemblent pas, non plus, entre elles. Que le langage soit ce qu'il y a dans l'homme de plus fondamentalement important, de plus hautement caractéristique, ce qui est le plus visiblement le produit et l'expression de la raison, cela ne constitue qu'une différence de degré.

Nous considérons donc chaque langue comme une institution, et une de celles qui, dans chaque société, constituent la civilisation. De même que tous les autres éléments de culture, elle varie chez chaque peuple et même chez chaque individu. Il y a des sociétés dans lesquelles la langue est enfermée dans les bornes de la race; d'autres, où elle a été partiellement ou entièrement empruntée aux races étrangères; car la langue peut, comme autre chose, être changée ou transférée. Les caractères physiques de la race ne peuvent se transmettre qu'avec le sang; mais les acquisitions de la race — langue, religion, science — peuvent être empruntées et prêtées.

L'universalité du langage, nous pouvons le remarquer en passant, n'est donc due à rien de plus profond et de plus mystérieux que ceci : c'est que l'humanité a vécu assez longtemps pour que chaque division de la race ait eu le temps de faire produire un résultat à ses facultés linguistiques. De même, il y a partout dans le monde un ensemble de moyens plus ou moins perfectionnés que l'homme s'est créé pour pourvoir à ses besoins. Cette universalité ne prouve point du tout que si nous voyons apparaître une nouvelle race, de quelque manière que cette race ait pu tout à coup surgir, nous la verrions en possession d'un corps d'instruments, ou d'un langage, appartenant à une période quelconque de l'humanité.

Mais, en l'état des choses, toute société humaine a une langue, tandis qu'aucun animal inférieur n'en possède, les moyens de communication des animaux étant d'un caractère si différent qu'ils n'ont pas droit au nom de langues. Ce n'est point l'affaire du linguiste d'expliquer le pourquoi de cette différence, pas plus que ce n'est celle de l'historien de l'art et de la mécanique de dire pourquoi les animaux inférieurs ne sont point artistes ou mécaniciens. Il lui suffit d'avoir montré que les dons naturels de l'homme étant ce qu'ils sont, ils ont produit invariablement les éléments de cette branche de culture ou de cette autre, tandis que pas une seule des races animales inférieures ne s'est montrée capable de produire les germes d'une civilisation, soit par la parole, soit par autre chose, la plus haute faculté de ces races consistant à pouvoir recevoir l'éducation des races supérieures et, par ce moyen, arriver à exécuter divers actes nouveaux, en partie mécaniquement, en partie avec un degré d'intelligence qu'il est difficile de fixer. Mais le sujet est un de ceux sur lesquels tant d'erreurs ont cours que nous ne pouvons nous empêcher de nous y arrêter au moins un moment.

La différence essentielle qui sépare les moyens de communication qu'ont les hommes, des moyens de communication qu'ont les animaux, c'est que chez les derniers ils sont instinctifs, tandis que chez les premiers ils sont tout entiers arbitraires et conventionnels. Notre exposé du sujet a suffisamment établi la vérité de ce dernier point. Il est assez prouvé par ce seul fait que pour chaque objet, chaque acte, chaque qualité, il existe autant de noms qu'il y a de langues dans le monde et que tous les noms se valent et peuvent être indifféremment substitués les uns aux autres. Il n'y a pas un seul mot dans aucune langue connue que l'on puisse dire exister, φύσει, *par nature*, mais chacun remplit son emploi, θέσει, *par attribution*, et en vertu des circonstances, des habitudes, des préférences et de la volonté des hommes. Même là où se montre le plus l'élément imitatif, l'onomatopée, comme dans *cukoo* (*coucou*), *crack* (*craquer*) et *whiz* (*bourdonner*), il n'y a point entre le nom et la chose, lien de nécessité, mais lien de convenance. S'il y avait nécessité, ces analogies de sons s'étendraient aux autres animaux et aux autres bruits, et cela dans toutes les langues; tandis que les mêmes idées sont représentées ailleurs par des mots différents. Personne ne peut se trouver en possession d'une langue s'il ne l'a point apprise; or, aucun animal (que nous connaissions) ne possède de mode d'expression autre que celui qu'il a reçu directement de la nature. Nous ne sommes pas moins généreusement traités, à cet égard, que les animaux; nous avons aussi nos modes naturels d'expression dans le geste, la pantomime, l'intonation, et nous nous en servons : d'un côté, comme moyens de communication quand les moyens ordinaires font défaut, comme il arrive entre hommes qui ne savent pas mutuellement leur langue, ou avec les sourds; et, d'un autre côté, pour donner plus de force, plus de grâce ou plus de clarté au langage ordinaire. Là, ces modes d'expression accessoires sont d'une valeur que le linguiste ne saurait négliger. Dans le domaine du sentiment et de la persuasion, et lorsqu'il s'agit de faire passer l'impression personnelle de celui qui parle chez celui qui écoute, ils sont de la première importance. Nous disons, et c'est parfaitement vrai, qu'un regard, une intonation, un geste, est souvent plus éloquent qu'un long discours. Ce qui nuit à la force du langage, c'est qu'il est trop conventionnel. Des mots de sympathie et d'affection sont répétés, comme par des perroquets, sur un ton qui leur enlève toute signification. Un discours prononcé comme par une machine parlante ne persuade pas. Et cela nous montre quelle est la vraie sphère de l'expression naturelle. L'expression naturelle indique le sentiment et rien que le sentiment. Depuis le cri, le gémissement, le rire, le sourire, jusqu'aux plus légères inflexions de la voix, jusqu'aux plus faibles mouvements des muscles du visage qu'emploie l'habile orateur, elle est tout émotionnelle et subjective. On n'a jamais apporté l'ombre d'une preuve à l'appui de la supposition qu'il existe une expression naturelle pour un concept, pour un jugement, pour une notion. C'est lorsque l'expression cesse d'être bornée à l'émotion qui est sa base naturelle, c'est lorsqu'elle est tournée à des usages intellectuels que commence l'histoire du langage.

La cause qui produit ce changement et qui contient en germe toute l'histoire du langage, c'est le désir de la communication. C'est là ce qui change l'instinct en intention. A mesure que cette intention devient plus distincte et acquiert la conscience d'elle-même, elle élève l'expression de toutes sortes au-dessus de sa base naturelle et la convertit en un instrument, capable, comme tel, d'extension et de perfectionnement indéfini. Celui qui ne tient pas compte de cette force (comme le font beaucoup de personnes) ne peut que s'égarer complétement dans la philosophie du langage. Là où manque le désir de la communication, il n'y a point production de langage. Et ici encore, le parallélisme entre le langage et les autres branches de la culture humaine est étroit et instructif. L'homme qui grandirait dans la solitude, ne ferait point un pas dans la voie de son développement. Il n'arriverait jamais à une connaissance supérieure, quoiqu'il en eût en lui-même la capacité. Ce fait est caractéristique de toute son histoire ; il n'a pas seulement besoin de la potentialité, il lui faut aussi l'occasion. Des races et des générations ont passé dans la barbarie et l'ignorance, qui étaient aussi capables de culture que la masse des nations aujourd'hui cultivées ; il y en a autour de nous qui passent encore dans cet état. Ce n'est pas pour nier la supériorité native de l'homme que nous attribuons l'acquisition du langage à des influences extérieures. Nous allons présenter une comparaison. Une pierre est demeurée immobile pendant des siècles sur le bord d'un précipice ; elle pourrait y demeurer encore pendant plusieurs autres siècles ; toute la force cosmique de l'attraction ne la tirerait pas de son immobilité ; un passant vient à la heurter, et elle tombe au fond de l'abîme. A quoi attribuerons-nous sa chute? à l'attraction ou au choc? à tous les deux, agissant chacun à sa manière. La grande force n'aurait pas accompli cet ouvrage sans le secours de la petite et nous ne rabaissons point, en le reconnaissant, l'importance de la loi de la gravitation. Il en est de même pour le langage. Les grandes et merveilleuses puissances de l'âme humaine n'agiraient point dans cette direction particulière, si elles n'y étaient incitées par le choc que leur donne le désir de la communication ; quand ce désir a ouvert la voie, tous les effets suivent et s'enchaînent

En reconnaissant que le désir de la communication est la force qui donne l'impulsion au développement du langage, nous ne prétendons point que le langage n'ait pas un autre et plus haut objet que l'échange de la pensée. Nous avons assez vu dans le chapitre XI que le langage concourt puissamment aux opérations de l'esprit et de l'âme, et qu'il possède une valeur fondamentale comme élément du progrès de la race. Mais il en est de cela comme d'autre chose : les hommes s'efforcent d'atteindre l'objet le plus rapproché, et ils trouvent beaucoup plus qu'ils n'attendaient. Quand ils ont taillé leurs premiers instruments, ils n'avaient en vue que ce qu'on peut appeler les usages bas de ces instruments : la commodité, la sûreté, la satisfaction des besoins naturels ; mais le résultat de ce travail a été de faire surgir les facultés puissantes de l'homme, ue lui asservir la nature, de l'affranchir assez pour qu'il puisse se livrer à de hautes recherches et, finalement, de lui faire découvrir des vérités physiques et morales en si grand nombre qu'il en est confondu d'étonnement. Un parallèle encore plus étroit s'offre de lui-même dans un art voisin du langage, celui de l'écriture, lequel multiplie et accroît tous les avantages de la parole, à tel point qu'il est aussi indispensable à la civilisation avancée, que le langage l'est à la civilisation primitive. De même que le discours, il est né du désir de la communication ; tous les usages élevés auxquels il a été appliqué s'en sont suivis, sans qu'on les eût prévus. Beaucoup de gens les ignorent encore, tout en en profitant. Et cela est, à un autre degré, vrai aussi, en ce qui regarde le langage parlé. Il n'y a pas une personne sur cent, sur mille, qui se rende compte de l'usage qu'elle fait du langage ; elle sait qu'elle parle, et voilà tout : cela veut dire que le langage est compris d'une façon générale comme un moyen de donner aux autres et de recevoir d'eux ; mais qu'il est bien peu de gens qui comprennent ce qu'il est pour l'âme individuelle, ce qu'il est pour la race. A plus forte raison, l'homme primitif n'a-t-il pu s'en douter : à celui-ci, il faut un but immédiat, visible et dont il reçoive sans cesse l'impulsion. Le désir de communiquer avec ses semblables est ce motif unique et suffisant. Il n'a pas de pensées qui se pressent dans son âme et qui demandent à s'exprimer. Il n'a point le pressentiment des hautes facultés auxquelles il ne faut que la culture pour qu'elles le rendent presque l'égal des anges. Il ne sent rien que ses besoins les plus matériels et les plus pressants. Si le langage éclatait tout à coup, comme chassé du dedans par les besoins de l'âme, ce phénomène se produirait surtout chez l'homme solitaire, puisque privé de tout autre moyen de perfectionnement, il serait réduit à cette seule ressource ; or, l'homme solitaire est aussi muet que les animaux inférieurs.

On pourrait mettre en question que le besoin de la communication eût donné la première impulsion à la parole si l'histoire du langage nous montrait que cette force se fût ensuite retirée. On n'accepte point, dans une explication scientifique, de *Deus ex machina* qui intervient à un moment et qui se retire à un autre. Mais le fait est, que le besoin de communication est toujours la principale force déterminante qui fait que l'homme parle. C'est pour qu'on nous communique des connaissances que nous apprenons notre langue, et c'est au moyen de la communication que nous l'apprenons. C'est encore au moyen de la communication que nous renouvelons nos idées. C'est la nécessité de conserver ce moyen qui met un frein au changement des dialectes, et c'est elle que, sciemment ou non sciemment, chacun reconnaît pour règle. On parle autant que possible pour être compris et l'on ne se sert point de mots et de phrases qui ne seraient intelligibles que pour soi-même.

S'il en est ainsi, nous avons virtuellement résolu, autant qu'il peut l'être, le problème de l'origine du langage. Nous avons découvert les fondements et vu le caractère de son développement. Le point de départ a été les cris naturels par lesquels les hommes expriment leurs sentiments et se comprennent mutuellement ; c'est-à-dire le point de départ

du langage audible; car nous ne pouvons affirmer que tel
a été le seul ou même le principal moyen d'expression primitive pour eux. Le geste et la pantomime sont tout aussi
naturels et aussi intelligibles que le cri, et, dans l'état primitif du langage, les moyens visibles peuvent avoir prévalu
longtemps sur les moyens audibles pour l'expression de la
passion. Mais il n'est pas possible que la nature, qui avait
donné la voix à l'homme, ne l'ait pas incité à s'en servir.

Ici, cependant, se présente une question sur laquelle les
opinions les plus récentes et même celles qui s'accordent
avec la nôtre, sur la nature du langage, sont divisées. Quelle
a été positivement la largeur de cette base, quel en a été le
caractère ? Etait-ce des sons articulés, distinctement liés à
certaines idées? Y avait-il un vocabulaire naturel restreint à
un petit nombre de véritables mots ou racines, de même
nature que le langage à venir, et qui n'avait besoin que
d'être étendu pour former ce langage ? Il y a des gens qui
répondent dans le sens affirmatif et qui sont d'avis que la
bonne manière d'étudier concrètement le problème de l'origine du langage, c'est d'étudier les cris des animaux, surtout de ceux que leur organisation rapproche le plus de
l'homme, et d'y chercher des analogies avec les racines des
langues. Mais cette opinion vient de ce qu'on ne peut pas
se défaire de l'idée qu'il existe un lien interne entre une
partie de nos mots et les idées qu'ils représentent, et qu'on
pourrait peut-être arriver à le découvrir. Si nous reconnaissons cette vérité que tout langage humain est, dans chacun
de ses éléments constituants, purement conventionnel, qu'il
l'a toujours été, aussi loin qu'on peut remonter dans le passé,
et qu'on n'a jamais pu prouver qu'un mot soit né en vertu
d'une affinité intrinsèque avec l'idée dont il est le signe,
nous serons mis en défiance contre une assertion de cette
espèce. Incontestablement, cette hypothèse n'est pas nécessaire : les intonations, expressives du sentiment, intonations dont personne ne peut nier l'existence, parce qu'elles
sont encore pour une part importante dans nos moyens
d'expression, peuvent parfaitement avoir servi de points de
départ au langage. Le langage audible a commencé, pouvons-nous dire, quand un cri de douleur, arraché par la

souffrance, compris et ressenti par la sympathie, a été répété, par voie d'imitation, non plus instinctivement mais intentionnellement et pour signifier *je souffre, j'ai souffert* ou *je souffrirai;* quand un grognement de colère, qui avait été d'abord produit directement par la passion, a été reproduit, par manière de désapprobation ou de menace ; et ainsi du reste. A l'édifice à venir, cette base suffisait.

Il faut ensuite considérer, en examinant ce point, qu'à mesure que nous nous approchons de l'espèce humaine la capacité générale s'accroît, mais que les instincts spécifiques décroissent. C'est chez les insectes que nous trouvons ces arts merveilleux qui sembleraient être les produits perfectionnés d'une intelligence bornée mais cultivée; c'est chez les oiseaux que nous voyons des modes spécifiques de construction pour les nids, et des chants presque artistiques. L'homme est capable de tout apprendre, mais il commence par ne rien savoir. Si ce n'est qu'il tette, on ne voit pas qu'il naisse avec un seul instinct. Sa longue et faible enfance, comparée à celle des poulets et des veaux qui courent et cherchent en naissant leur nourriture, est caractéristique de la façon dont la nature l'a traité. Il n'est point acceptable qu'il soit entré dans la vie sociale, avec des moyens tout formés de communiquer avec ses semblables, et pas plus par les mots que par les gestes. C'est une erreur, née de l'habitude, que de regarder la voix comme l'instrument spécifique du langage; c'est un instrument entre plusieurs autres. Nous pourrions aussi bien demander aux mœurs des animaux supérieurs l'idée première par laquelle nous en sommes venus à nous vêtir, à nous construire des maisons, à nous créer des instruments. Nous voyons assez clairement ce qu'ont dû être, en cela, les commencements de nos habitudes. Aucun animal, excepté l'homme, n'essaye de se vêtir, mais s'il le faisait, cela ne signifierait rien; car il y a des tribus dans lesquelles l'homme va nu ou presque nu, et personne ne niera que les premiers essais de vêtement ne consistent à faire servir pour la décence ou la commodité les matériaux que la nature met à notre portée. Les premiers abris ont été de la même sorte : il serait très-intéressant de voir les animaux placés le plus haut dans la série déployer la même espèce d'aptitude que l'homme pour mettre en œuvre librement, et seulement sous l'empire des circonstances, les ressources de la nature; mais il est probable que l'idée n'est jamais venue à personne que l'animal sauvage construirait une espèce d'abris particuliers (comme le castor, le loriot, l'abeille) et que de là viendraient, sans *saltus* ou lacune, les huttes, les palais et les temples des races supérieures. La même chose est vraie pour ce qui regarde les instruments : les pierres et les massues ont été les premiers mis en usage; mais par la seule raison que la nature les offrait d'elle-même aux êtres qu'elle avait doués d'une intelligence suffisante pour voir le parti qu'on en pouvait tirer.

Or, ce n'est qu'une idée fausse de la nature du langage qui peut nous empêcher de comprendre qu'il y a une parfaite analogie entre cet instrument et les autres, et qu'il est inutile et vain de chercher pour le langage la base imaginaire de signes articulés spécifiques, concordant d'une façon nécessaire avec les idées humaines. C'est certainement une étude intéressante et instructive que celle des moyens de communication que possèdent les animaux inférieurs, et de la portée de ces moyens; mais le point principal, c'est d'examiner jusqu'où l'intonation, le geste, l'attitude, le mouvement, qui concourent d'une façon secondaire et médiate à l'expression du sentiment, s'accordent avec ce que nous avons vu être, chez l'homme, le commencement du langage. Il ne faut point être surpris de voir souvent ces moyens de communication employés, mais d'une manière restreinte, à cause de l'incapacité qui existe chez les êtres qui les emploient d'en développer l'usage; ce seraient là les phénomènes véritablement analogues au phénomène du langage humain, le pont jeté sur le *saltus* dont quelques personnes ont peur. Si la théorie darwinienne est vraie, et si l'homme est sorti d'un animal inférieur à lui, on convient que du moins les formes transitoires ont disparu, les espèces qui les représentaient ayant pu être exterminées par lui, comme étant ses rivales spécifiques, dans la lutte pour l'existence. Si ces espèces pouvaient renaître, nous verrions que la forme transitoire du langage n'a point été une petite provision de signes articulés naturels, mais un système inférieur de signes conventionnels, du genre de l'intonation, de la pantomime et du geste.

Entre ces trois moyens naturels d'expression, le geste, la pantomime et l'intonation, moyens que nous avons eus sans cesse présents devant les yeux pendant tout le cours de la discussion, ce n'est que par un procédé de sélection naturelle et parce que le mieux adapté doit triompher, que la voix est devenue le plus prééminent, à tel point que nous avons donné à la communication de la pensée le nom de langage (jeu de la langue). Il n'existe point de lien mystérieux entre l'appareil de la pensée et l'appareil de l'articulation. A part les cris et les intonations naturels produits par l'émotion (et non articulés), les muscles du larynx et de la bouche ne sont pas plus près de l'âme que ceux des mouvements volontaires, auxquels les gestes appartiennent. Outre que rien dans le langage bien compris n'indique que ce lien existe, il y a un fait qui prouve positivement le contraire : c'est l'absence d'expression vocale chez les sourds, qui ont, comme les autres hommes, l'appareil de l'articulation, mais qui, par la seule raison que le nerf auditif est engourdi, échappent à la contagion du langage conventionnel. Il est cent fois plus intéressant d'étudier un sujet sourd de naissance, que tous les singes et tous les animaux gazouilleurs du monde.

Ici, l'analogie entre le geste et le langage est instructive au plus haut point. Les bras, les mains, sont des instruments musculaires mus par la même pensée qui produit des jugements et des images. Au milieu de nombreuses facultés, le sourd de naissance a celle de faire des gestes infiniment variés, lesquels sont transportés par les vibrations de l'éther lumineux, jusqu'à l'organe sensitif de la vue chez lui et chez les autres. Il existe une base naturelle de gesticulation instinctive qui suffit à suggérer à l'intelligence humaine tout un système de signes visibles pour l'expression volontaire de la pensée, système qui est journellement mis en œuvre par ceux que leur surdité prive des autres moyens de l'exprimer. De même, le larynx et la bouche sont des organes musculaires que la volonté fait mouvoir, comme elle fait mouvoir les bras et les mains. Ces organes remplissent d'autres fonctions que celles de l'articulation, et l'intonation que produisent les cordes vocales ne sert pas seulement au discours. Cependant, outre plusieurs autres choses, ces organes produisent une infinie variété de vibrations modifiées, transportées par les vibrations sympathiques de l'air, à un autre appareil sensitif, l'ouïe, chez celui qui parle et chez celui qui écoute, et les sons ainsi transportés sont susceptibles de combinaisons sans nombre. Il existe donc aussi une base naturelle d'expression tonique, et cela a suffi de même à suggérer à l'intelligence humaine plusieurs systèmes de signes audibles pour l'expression volontaire de la pensée, employés, les uns ou les autres, par la généralité des hommes.

Il n'y a rien ici qui demande la présence d'un lien particulier entre la pensée et la parole. On peut dire en un sens, il est vrai, que la voix nous a été donnée pour parler, mais c'est comme on dit que les mains nous ont été données pour écrire. Les organes de l'articulation nous servent aussi à goûter, à respirer, à manger. C'est ainsi que le fer nous a été donné pour faire des rails de chemin; ce qui veut dire que parmi les substances que la nature présente à l'homme pour son usage, le fer est celle qui s'adapte le mieux à cet emploi. Il ne fallait qu'une chose, c'est que les hommes eussent le temps de s'en apercevoir, pour qu'il y fût consacré. Les hommes ont appris par l'expérience que la voix est encore, en somme, et pour des raisons faciles à comprendre, le meilleur moyen de communication. L'usage de la voix exige peu d'effort musculaire; les mains, beaucoup moins agiles et faites pour de plus grossiers travaux, demeurent libres d'agir en même temps; la voix force l'attention d'un plus grand nombre de personnes et de personnes plus éloignées; le langage articulé ne met en œuvre qu'une petite partie des ressources de la voix, et entre tous les sons qu'elle peut produire il n'en faut que douze ou quinze pour parler une langue. La sélection de ces douze ou quinze sons n'est pas déterminée par des raisons ethnologiques. Ils ont été choisis accidentellement, comme les langues ont été faites, surtout les sons ouverts qui sont faciles à produire et se distinguent aisément les uns des autres.

Ces considérations déterminantes ont fait partout de l'articulation vocale le principal moyen d'expression, et ce moyen a été tellement développé que l'intonation et le geste sont devenus des accessoires. Et plus la condition intellectuelle de celui qui parle ou de celui à qui l'on parle est inférieure, plus le geste et l'intonation redeviennent parties importantes du discours. Il faut que l'homme soit hautement cultivé pour que le mot écrit et lu, ait pour lui la même valeur que le mot prononcé et entendu ; pour que la personnalité de l'écrivain, sa forme d'esprit, son émotion, se communiquent sympathiquement au lecteur. Et encore avons-nous vu, dans le chapitre XII, qu'il y a des langues (comme le chinois par exemple) dans lesquelles l'intonation et les inflexions de la voix sont employées d'une façon secondaire et conventionnelle, pour suppléer à l'insuffisance des mots.

Si nous tombons d'accord que le désir de la communication est la cause de la production du langage et que la voix en est le principal agent, il ne sera point difficile d'établir d'autres points relatifs à la première période de son histoire. Tout ce qui s'offrait de soi-même comme moyen pratique d'arriver à s'entendre, était aussitôt mis à profit. Nous avons dit que la reproduction intentionnelle des cris naturels, re - production qui avait pour but d'exprimer quelque chose d'analogue aux sensations ou sentiments qui avaient produit ces cris, a été le commencement du langage. Ceci n'est point l'articulation imitative, l'onomatopée, mais cela y mène et s'en rapproche tellement, que la distinction est ici plus théorique que réelle. La reproduction d'un cri est vraiment de la nature de l'onomatopée ; elle sert à intimer secondairement, ce que le cri a signifié directement. Aussitôt que les hommes eurent acquis la conscience du besoin de communication, et qu'ils commencèrent à s'y essayer, le domaine de l'imitation s'élargit. C'est là le corollaire immédiat du principe que nous venons de poser. L'intelligence mutuelle étant le but, et les sons articulés étant le moyen, les choses audibles seront les premières à être exprimées ; si le moyen eût été autre, les premières choses représentées eussent été autres aussi. Pour nous servir encore une fois d'un vieil mais heureux exemple, si nous voulions donner l'idée d'un chien et que notre instrument fût un pinceau, nous tracerions le portrait de l'animal ; si notre instrument était le geste, nous tâcherions d'imiter quelqu'un de ses actes visibles les plus caractéristiques, mordre ou remuer la queue ; si notre instrument était la voix nous dirions *bow-wow*. Voilà l'explication simple de l'importance qu'on doit attribuer à l'onomatopée dans la première période du langage. Nous n'avons pas besoin de recourir, pour en rendre compte, à une tendance spéciale de l'homme vers l'imitation. Nous pouvons certainement dire que l'homme est un animal imitateur, mais ce n'est pas d'une manière instinctive et mécanique. Il est imitateur, parce qu'il est capable de remarquer et d'apprécier ce qu'il voit dans les autres animaux ou dans la nature, et de le reproduire s'il y trouve quelque avantage, l'amusement, le plaisir, ou la communication. Il est imitateur comme il est artiste, et la seconde de ces facultés n'est que le développement de la première.

Le domaine de l'imitation n'est pas restreint aux sons qui se produisent dans la nature, quoique ceux-ci soient les plus commodes sujets de reproduction. On peut en juger par une revue des mots imitatifs dans toutes les langues connues. Il y a des moyens de combiner les sons qui apportent à l'esprit l'idée du mouvement rapide, lent, brusque, etc., par l'oreille, aussi bien qu'elle pourrait lui être apportée par la vue, et nous nous rendons très-bien compte qu'à l'époque où l'homme cherchait de ce côté des suggestions de mots, il devait se fixer beaucoup plus sur les analogies auxquelles il voulait donner corps que nous ne faisons aujourd'hui, où nous avons surabondance d'expressions pour rendre toutes les idées. Notre jugement est, sur des points comme celui-ci, extrêmement sujet à errer, parce que nous sommes tous les enfants de l'habitude et de la culture et que nous ne pouvons plus que très-difficilement nous mettre à la place des hommes qui pensaient d'une façon plus spontanée. Mais nous pourrons chercher, combiner, spéculer sans péril dans cette direction, si nous nous souvenons toujours que l'intelligence mutuelle est le but du langage et que tout ce qui mène à ce but est moyen acceptable. Nous ne risquerons pas, ainsi, de pencher du côté de cette absurde doctrine, la signification naturelle et absolue des sons articulés, et l'adjonction de ces éléments les uns aux autres, adjonction par laquelle on aurait réussi à exprimer des idées complexes.

Il y a encore un point ou deux qui sont liés à la théorie de l'origine initiative du langage et qui réclament quelques mots d'explication. D'abord, elle ne repose pas sur la découverte que l'onomatopée a formé l'élément prédominant du langage dans la première période des temps historiques. Cette période est encore trop éloignée de l'origine pour qu'on en puisse rien conclure. Le but a été d'abord de trouver des moyens de communication et, quand on les a eu trouvés, on s'est fort peu soucié de la manière dont ils étaient venus. Nous avons vu surabondamment que la tendance dominante dans le développement du langage, tendance qui existe toujours, est l'oubli et l'indifférence chez ceux qui parlent, à l'égard de l'origine des mots qu'ils emploient. Ils savent ce que ces mots signifient maintenant et voilà tout. Les plus savants ne pourraient raconter l'histoire que d'une minime partie de leur vocabulaire, et encore une courte histoire. Or, les plus anciens dialectes ne sont pas moins conventionnels que les plus nouveaux. Le sauvage ne connaît pas mieux que l'homme civilisé les étymologies des mots qu'il emploie. Rien n'a plus contribué à discréditer auprès des linguistes sérieux la théorie de l'imitation, que la manière dont on a franchi les bornes de la vraie science pour faire remonter nos vocabulaires à des reproductions mimiques. La théorie repose, sans doute, en partie sur la présence d'un élément imitatif considérable dans le discours et sur l'addition continue de nouveaux mots, faits par ce moyen au langage, pendant le cours de l'histoire ; elle élève l'onomatopée au rang de *vera causa*, attestée par des exemples familiers (condition sans laquelle aucune cause ne peut être reconnue pour telle) ; mais elle repose aussi, et surtout, sur la nécessité, nécessité qui ressort de toute l'histoire du langage dans ses rapports avec la pensée de l'homme, l'usage de la parole et la valeur de cet usage. C'est là le point d'appui dont la théorie a besoin. On n'a point donné une explication scientifique de l'origine du langage si l'on n'a point rejoint cette origine à la première période de son développement, et si l'on n'en a point fait un tout homogène et sans solution de continuité.

En second lieu on peut trouver, à première vue, que cette solution de continuité existe, et demander pourquoi nous ne continuons pas à faire un grand nombre de mots par onomatopée. Un moment de réflexion suffira à montrer que cette objection n'a point de base. L'onomatopée a servi à se procurer des mots au début, de la manière la plus praticable. A mesure qu'il est devenu plus facile, au moyen de ces premiers mots, de s'en procurer d'autres, par la différenciation et les nouvelles applications des signes déjà existants, la méthode primitive est tombée comparativement en désuétude, et cela a continué jusqu'à nos jours, quoiqu'elle n'ait jamais été complétement abandonnée.

Notre théorie fournit une solution satisfaisante à une difficulté qui a eu de l'influence sur quelques esprits. Pourquoi les germes du langage seraient-ils ce que nous avons appelé les racines, des signes indicatifs de choses abstraites comme les actes et les qualités? Certainement, dit-on, les objets concrets sont ceux que l'esprit saisit les premiers et le plus aisément. Sans nous arrêter à discuter philosophiquement ce point, et nous bornant à remarquer que nous saisissons seulement, non les objets en eux-mêmes, mais leurs qualités ou actes concrets, nous répondrons que le langage est un composé de signes, et que les qualités séparées des objets sont seules susceptibles d'être signifiées. Pour en revenir à notre exemple précédent, il pourrait y avoir un état d'esprit dans lequel on aurait l'impression concrète vague d'un chien, suffisante pour que l'on reconnût un chien semblable à celui qu'on aurait déjà vu, mais sans une perception distincte de chacun de ses attributs. Tant que cet état persisterait, toute production de signe ou de nom serait impossible. Ce n'est que lorsqu'on conçoit clairement sa forme qu'on peut la retracer par une peinture grossière, ou ses actes caractéristiques, qu'on peut reproduire l'action de mordre, de remuer la queue, d'aboyer, par voie d'imitation, et que l'on peut songer à faire un mot dont le chien sera le sujet. Il en est de même dans tous les autres cas. L'acte de comparer et d'abstraire précède et le signe suit ; cela se passe ainsi dans tout le cours de l'histoire du langage : le concept d'abord, ensuite l'acte nomenclatif. *Bow-wow* est le type, l'exemple normal de tout le genre *racine*. C'est un signe, une suggestion qui évoque devant l'esprit, convenablement préparé, une certaine conception ou série de conceptions : l'animal lui-même, l'acte de l'entendre, le temps où on l'a entendu et tout ce qui s'ensuit. Il ne signifie pas une de ces choses exclusivement, mais toutes ces choses ensemble. Ce n'est pas un verbe, car, si c'était un verbe, il s'y joindrait l'idée de prédication ; ce n'est pas un nom ; mais on peut l'employer au double usage de nom et de verbe. Ce qu'il signifie surtout, c'est *l'action d'aboyer* et c'est précisément là cette forme d'abstraction que nous attribuons aujourd'hui aux *racines*. Il en serait de même des trois manières de signifier le chien que nous avons supposées ; seulement, la peinture a un caractère plus concret que les deux autres et en est, à un certain égard, l'antithèse. C'est un fait curieux et qui montre combien le caractère du signe dépend de l'instrument qui y est employé, que les systèmes hiéroglyphiques pour la représentation de la pensée (qui étaient originairement des systèmes indépendants subsistant parallèlement avec le langage et qui ne lui devinrent asservis que plus tard) commencent par la représentation des objets concrets et arrivent secondairement à la désignation des actes et des qualités. En chinois, une combinaison hiéroglyphique de la lune et du soleil constitue le caractère qui exprime *lumière* et *briller*. Dans le langage parlé, les deux astres, au contraire, peuvent être désignés par le mot de *brillant* (voyez page 70). En égyptien, deux jambes dans l'attitude du mouvement signifient *marcher*, tandis qu'en anglais le *foot* (pied) a été ainsi nommé parce qu'il est le *marcheur*.

Qu'on ait pu par cette méthode arriver à se faire une provision de signes susceptibles d'être développés par les procédés dont nous suivons les traces à travers la période historique du langage, voilà ce qu'il semble impossible de nier raisonnablement. Si cela est vrai, et si cette méthode non-seulement n'est point contradictoire avec ce que nous voyons dans le cours de l'action humaine sur le langage jusqu'au point où ce cours est connu, mais s'accorde parfaitement avec lui, alors nous pouvons nous flatter d'avoir trouvé la solution de la partie du problème qui se trouve actuellement à notre portée. Une solution scientifique demande que l'on prenne l'homme tel qu'il est, sans autres dons que ceux qu'on le voit posséder, mais aussi avec toutes ses facultés, et qu'on examine si et comment il a pu acquérir des commencements de langage analogues à ceux que l'analyse historique nous montre avoir été les germes de développements subséquents, mais au delà desquels le fil de l'histoire nous échappe. Et comme, si besoin était, l'homme acquerrait aujourd'hui ces rudiments de langage, ainsi il peut et il doit les avoir acquis. Ce n'est point là une partie de la science historique du langage, mais c'en est le corollaire; c'est un sujet convenable pour l'anthropologiste qui, lui aussi, est un linguiste, et qui sait ce que le langage est pour l'homme et comment il est cela. Celui qui ne connaît que les faits des langues et non leur origine n'est point maître de son sujet.

Sans doute, un langage ainsi produit ne peut être que rudimentaire et grossier. Mais cela n'empêche point l'anthropologiste moderne d'accepter la théorie. Si nous nions que l'homme primitif ait été de prime abord en possession des autres éléments de la civilisation, si nous pensons qu'il les a graduellement fait sortir des faibles commencements créés par lui-même, il n'y a point de raison pour penser autrement au sujet du langage, qui n'est qu'un élément de civilisation comme un autre. Même dans les langues vivantes, la différence de degré est grande, comme dans toutes les parties de la culture humaine. On peut exprimer en anglais une infinité de choses qu'on ne pourrait dire en fijien ou en hottentot; et, certainement, on peut exprimer beaucoup de choses en fijien ou en hottentot qu'on n'aurait pu dire dans le premier langage des hommes. Car, nous avons dans la langue chinoise un brillant et surprenant exemple de ce qu'on peut faire en fait d'expression accompagnée de toutes les distinctions que réclame l'esprit, au moyen d'un petit nombre de racines toutes nues et dépourvues d'élément formel. Cette langue nous montre aussi comment on peut avec des racines faire des phrases, en laissant à l'esprit le soin de suppléer à l'expression des rapports. Le grec, l'allemand et l'anglais peuvent exprimer une idée en une phrase d'une demi-page, au moyen de conjonctions qui relient les membres de phrase, les incidentes, à l'idée principale, et ces membres et incidentes entre eux. C'est là une puissance que ne possèdent que les langues hautement cultivées et fortement inflectives. Beaucoup d'autres langues ne peuvent former que des phrases simples, parce qu'elles ne possèdent en fait de moyens connectifs que les équivalents de *et* et de *mais*, quoiqu'elles aient assez d'éléments formels pour construire une phrase de toutes pièces avec parties distinctes du discours. D'autres manquent même de ces parties distinctes; elles ne peuvent indiquer que le fait ou l'idée bruts, et c'est à l'esprit à en deviner les circonstances et à compléter le sens des mots; et ce n'est là qu'un pas de plus en arrière dans la voie qui nous ramène à une condition du langage dans laquelle un ou deux sons avaient à tenir la place d'une phrase. Les hommes n'ont donc point commencé par avoir des parties du discours qu'ils auraient ensuite appris à coudre ensemble; mais par articuler des sons ayant un sens général, et sous lesquels les parties du discours étaient cachées en germe, un mot unique suffisant à raconter tout un fait, toute une histoire, comme cela arrive encore quelquefois chez nous; seulement, on faisait alors par indigence ce que nous faisons aujourd'hui par économie. Demander que l'homme ait parlé dans la première période du langage au moyen de phrases, comme on l'entend aujourd'hui, c'est-à-dire de combinaisons de sujet, de prédicat, d'adjectifs, etc., c'est demander que ses premières demeures aient eu des caves et des étages, que ses premiers vêtements aient été pourvus de lacets et de boutons, et ses premiers instruments, de manches et d'écrous. Ces conditions dans les trois derniers cas ne seraient possibles que par un don miraculeux fait à l'humanité le jour de sa naissance, non le don des facultés, mais celui des résultats élaborés de ces mêmes facultés et d'une éducation toute faite.

Il en serait de même du langage. Supposer que l'homme a possédé tout d'abord une forme d'expression complexe, c'est se rapprocher de la théorie de l'origine miraculeuse du langage.

Le mot *miraculeux*, plutôt que le mot *divin*, est choisi à dessein par nous pour caractériser la théorie en question, parce qu'elle est une théorie purement descriptive. On peut parfaitement soutenir l'opinion que nous avons émise dans ce chapitre sans préjudice de la croyance à l'origine divine du langage, puisqu'on est libre de croire que les tendances qui poussent l'homme à acquérir le langage ont été mises en lui par le Créateur dans un but prévu et déterminé. Si le langage était en lui-même un don, une faculté, une capacité spéciale, on pourrait dire également que l'homme l'a reçu directement de Dieu. Mais comme il est un produit, un résultat historique, dire qu'il a surgi tout fait, et en même temps que l'homme, c'est affirmer un miracle. Une pareille doctrine n'a le droit de se produire qu'en compagnie du récit miraculeux de l'apparition de l'homme sur la terre. Au contraire, la doctrine de la vraie nature du langage telle qu'elle est établie par la science linguistique, détruit complétement, du moins dans son ancienne forme, le dogme de l'origine divine du langage.

La faculté humaine qui produit le plus directement le langage, c'est, comme nous l'avons vu, celle d'adapter intelligemment les moyens au but. Ce n'est point une faculté simple; mais, au contraire, une faculté très-complexe et très-compliquée; il n'appartient point au linguiste, pas plus qu'à l'historien, d'expliquer les secrets de l'esprit humain : c'est l'affaire du psychologue. Toutes les forces psychiques que le langage suppose et qui sont cachées au fond de cette faculté d'adapter le moyen au but, sont de son domaine. Il a un travail fort intéressant à faire, celui de découvrir les fondements de l'édifice et de montrer la base sur laquelle reposent le langage, la société, les arts plastiques, les arts mécaniques, etc. Puis, d'expliquer comment la puissance créatrice de l'homme se trouve ensuite décuplée par les effets qu'elle a produits. Le secours du psychologue est toujours précieux, et il l'est surtout dans l'étude du langage;

car le langage est plus que tout le reste le corps de la pensée. C'est parce que le langage est l'incarnation, la révélation directe des actes de l'âme, que l'on en est venu à regarder la science linguistique comme une branche de la psychologie, et qu'on a voulu lui appliquer les méthodes des études psychologiques. C'est là une erreur qui se trouve suffisamment réfutée par notre exposé de la nature et de l'histoire du langage, et à laquelle il n'est pas nécessaire de nous arrêter. Le langage est simplement le produit et l'instrument le plus direct et le plus complet des facultés intimes de l'homme. Il est le moyen qu'emploie la connaissance pour s'extérioriser à l'égard d'elle-même et à l'égard des autres.

Les rapports immédiats du langage avec la pensée ont donné lieu à cette erreur beaucoup plus grossière d'identifier la parole avec la pensée et la raison. Notre exposé suffit également à la réfuter. Il faut ne point comprendre la nature du langage pour faire fausse route à ce point. Il est vrai que le mot raison est employé d'une manière si vague et dans des acceptions si variées qu'un penseur peu lucide et un argumentateur peu exact s'y trompent; mais celui qui a entrepris d'éclairer ses semblables dans de pareilles questions n'est point excusable de se méprendre sur les principes fondamentaux. Le langage est, en somme, la manifestation la plus évidente des hautes facultés de l'homme, celle qui influe le plus sur les autres, et c'est cet ensemble de hautes facultés que l'on appelle vaguement la raison. Voilà tout le fondement de cette identité prétendue. Il y a beaucoup de facultés qui concourent à la production du langage et qui ont plusieurs modes de manifestation. Nous n'avons qu'à prendre l'être humain le plus normalement doué, et fermer l'avenue d'une seule classe d'impressions sensitives, l'ouïe, et il ne parlera jamais. Si le langage était la même chose que la raison, il faudrait donc définir celle-ci une fonction du nerf auditif.

Il appartient au psychologue de décider si, parmi les facultés qui concourent à la production du langage, il n'en est aucune qui n'appartienne point à un moindre degré à quelque espèce animale. Tout ce qu'on peut dire, c'est que jusqu'à présent ce fait n'a point été prouvé, et qu'il n'est point nécessaire qu'il le soit : la différence de degré entre les facultés de l'homme et celles de l'animal suffit parfaitement à expliquer que l'un soit capable et l'autre incapable de langage. Une plus grande puissance de comparaison, une perception plus générale des ressemblances et des différences, et, par conséquent, la faculté supérieure d'abstraire ou d'envisager les différences et les ressemblances caractéristiques, comme attributs des objets comparés; par-dessus toutes choses, la connaissance de soi-même, la faculté de se contempler, de se voir agir et sentir, tels sont, à ce qu'on croit, les traits distinctifs de la supériorité humaine. C'est une suprême injustice de nier que certains animaux ne soient très-près de posséder la somme de facultés nécessaires à la production du langage. Dans la résultante que nous appelons leur *intelligence*, nous voyons qu'il existe la puissance d'associer des idées aux signes, signes que nous créons pour eux, et par lesquels nous les guidons et les gouvernons; la limite est à cet endroit : l'animal comprend le signe, mais ne le crée pas. Il y a un long intervalle entre ses facultés et les nôtres qu'il ne peut franchir; et c'est une lâcheté que de chercher à agrandir cet intervalle et à le hérisser de barrières, par crainte de voir compromise la suprématie humaine.

Il y a encore un corollaire important à notre doctrine du langage, comme élément constituant de la civilisation humaine. Sa production n'a rien à voir, en tant que cause, avec l'évolution de l'homme sortant d'une espèce inférieure. Le langage prend l'homme tel qu'il est, et l'élève de l'état sauvage à la perfection qu'il est susceptible d'atteindre; il n'y a à tenir compte que de ce changement limité qui provient des effets de l'hérédité ordinaire : le fils de l'homme cultivé est plus cultivable que le fils de l'homme sauvage; la culture naît de la culture, et si un peuple barbare est subitement mis en présence d'institutions civilisées, ces institutions sont dégradées par lui. La puissance de l'intellect, l'activité de l'appareil cérébral est développée par la parole; mais l'homme à qui la parole est refusée n'est point, pour cela, séparé de l'homme qui la possède, par une différence semblable à celle qui sépare une espèce animale d'une autre. Pour le zoologiste, l'homme était, quand il a commencé à parler, ce qu'il est aujourd'hui; ce n'est que pour l'historien qu'il diffère du point de départ au point d'arrivée. « L'homme ne pouvait devenir homme que par le langage; mais, pour posséder le langage, il fallait qu'il fût déjà homme, » est un de ces proverbes orphiques, qui, si on les prend pour ce qu'ils sont, des expressions poétiques dont la physionomie paradoxale suscite l'attention et la réfle ··· chez ceux qui les écoutent, sont véritablement admirables; mais en faire la pierre de touche et le fondement d'une doctrine scientifique serait tout à fait ridicule. C'est comme si l'on disait : « Un cochon n'est un cochon que quand il est engraissé, mais afin d'être engraissé il faut d'abord qu'il soit un cochon. » Le jeu de mots dans l'aphorisme ci-dessus repose sur le double sens du mot *homme*; convenablement interprété, il revient à ceci : « L'homme ne pouvait s'élever de ce qu'il est par nature à ce qu'il était destiné à devenir, sans le secours de la parole; mais il n'eût jamais produit la parole s'il n'eût été doué dès l'origine de ces facultés que nous le voyons posséder et qui le rendent homme. » C'est là précisément notre doctrine.

Nous avons déjà dit que le linguiste était hors d'état de former même une conjecture plausible, sur le temps où les premiers germes du langage sont apparus, et sur la durée des périodes consacrées à leur développement. Les opinions diffèrent beaucoup sur ce point et ne sauraient, quant à présent, être réconciliées entre elles, puisqu'il n'y a point de *critérium* pour les juger. Tout ce que nous voyons depuis le commencement de la période historique, nous donne sujet de croire que le progrès a été lent, et quant à savoir quel a été ce degré de lenteur, cela est peu essentiel, et cette recherche peut être laissée à la science de l'avenir, si tant est qu'elle puisse aller jusque-là; mais ce dont il faut nous garder, c'est d'imaginer que la confection du langage a été une tâche que les hommes ont prise à cœur, sur laquelle ils ont porté leur attention, qui a absorbé une partie de leur énergie nerveuse, et les a détournés de travailler dans d'autres directions. La formation des langues est purement un incident de la vie sociale et du développement de la civilisation. Chaque pas fait dans cette voie est déterminé par une cause occasionnelle, qui est la génératrice de l'acte de nomenclature. Il est aussi faux de penser que les hommes ont fait provision de mots pour leur usage et celui de leurs descendants, qu'il le serait de supposer qu'ils ont fait provision de jugements et d'idées, pour que leurs successeurs revêtissent de mots ces idées et ces jugements. Dans chacune de ses périodes, l'humanité trouve ce dont elle a besoin et rien de plus. Une génération ou une époque peut, il est vrai, en donnant un corps d'une façon heureuse à une distinction particulièrement féconde, imprimer une impulsion plus forte au progrès du langage et jeter les fondements d'une nouvelle portion de l'édifice; ainsi en fut-il, par exemple, quand les premiers Indo-Européens introduisirent dans leur langue (comme nous avons cru le voir plus haut) une forme prédicative spéciale, un verbe; ce fait est analogue à ces heureuses inventions ou découvertes (la manipulation du fer, la domestication des animaux utiles, par exemple) qui ont fait prendre un nouveau tour à l'histoire d'une race et l'ont fait entrer dans une voie où il semble que toute autre race eût pu aussi bien entrer qu'elle; nous avons l'habitude d'appeler ces événements, accidentels, et ce mot est assez juste si nous entendons par là qu'ils sont le produit de forces et de circonstances si nombreuses, si indéterminables que nous n'eussions pu d'avance en prévoir le résultat; mais, soit que la formation du langage ait été lente ou rapide, le fait est qu'elle est continue. Le progrès peut être accéléré ou ralenti par les circonstances et, les habitudes d'une société, mais il ne cesse jamais ; et à aucune époque de l'histoire, le langage n'a marché comme aujourd'hui.

Le nom que nous donnerons au progrès du langage est de peu d'importance. Sera-ce invention, fabrication, conseil, production, génération? chacun de ces termes a ses partisans et ses détracteurs. Qu'importe, pourvu qu'on comprenne la chose telle qu'elle est; nous nous soucions peu de la phraséologie qu'on emploiera pour la caractériser. On peut, assez convenablement, comparer un mot à une invention ;

il a son lieu, son temps, son mode ; ses circonstances qui ont déterminé l'esprit ; il y a eu pour lui préparation dans les faits et dans les habitudes antérieures de langage ; il est appelé à exercer une influence sur le développement futur d'une langue ; tout cela fait qu'on peut dire que chaque mot est une invention. Mais l'ensemble du langage est une institution, une œuvre collective à laquelle ont mis la main des milliers de générations et des milliards d'ouvriers.

CHAPITRE QUINZIÈME

Caractère de l'étude du langage ; son analogie avec celle des sciences physiques. — Méthodes historiques de cette étude ; l'étymologie ; règles à suivre pour se livrer avec succès à cette recherche. — Philologie comparée et science linguistique. — Histoire de l'étude scientifique du langage.

Nos conclusions au sujet de l'étude du langage doivent être brèves et servir de corollaire à ce que nous avons dit déjà. Pour le lecteur qui accepte notre doctrine telle que nous l'avons exposée, le reste va de soi. Pour celui qui la rejette, le temps est passé d'argumenter.

D'abord, que l'on accorde ou qu'on refuse à l'étude du langage le nom de science, cela est d'un intérêt fort secondaire. Cette étude a son caractère, sa sphère, son importance à l'égard des autres départements de la connaissance générale. Que certaines personnes donnent du mot science une définition qui le rend inapplicable à la linguistique, c'est ce qui nous importe peu.

Ce qui importe au linguiste c'est qu'on ne travestisse point le caractère de son étude et qu'on ne rende pas son terrain changeant, comme il arriverait si on la déclarait science physique ou science naturelle, à une époque où ces sortes de sciences remplissent l'esprit de l'homme de stupeur par leurs merveilleuses découvertes et s'arrogent presque à elles seules le nom de sciences. C'est un signe qui sert à nous montrer que l'étude du langage est dans sa période de formation que cette différence d'opinion entre les linguistes sur la question de savoir si l'étude du langage est une branche de la physique ou de l'histoire. Le différend est à peu près réglé maintenant : certainement il est temps que les opinions fausses sur la nature du langage et par conséquent sur la nature de l'étude du langage soient renvoyées à l'école. Toute matière dans laquelle on voit les circonstances, les habitudes et les actes des hommes constituer un élément prédominant, ne peut être autre chose que le sujet d'une science historique ou morale. Pas un mot n'a jamais été prononcé dans aucune langue sans l'intervention de la volonté humaine. Cette même volonté a opéré tous les développements et tous les changements du langage, en vertu de préférences fondées sur les besoins ou sur la commodité de l'homme. Il n'y a qu'une méprise radicale sur la nature de ces phénomènes, qu'une perversion d'analogie avec les sciences naturelles, qui puisse faire classer la science linguistique parmi les sciences physiques.

Ces analogies sont frappantes et on les emploie souvent dans des comparaisons instructives. Il n'y a point de branche de l'histoire qui se rapproche tant des sciences naturelles que la linguistique ; il n'y en a point qui ait affaire à tant de faits séparés et susceptibles d'être combinés en tant de manières. Une agglomération de sons venant à former un mot est presque autant une entité objective qu'un polype ou qu'un fossile. On peut la déposer sur une feuille de papier, comme une plante dans un herbier, pour l'examiner à loisir. Quoiqu'elle soit le produit de l'action volontaire, elle n'est point une chose artificielle ; la volonté humaine ne constitue qu'une petite partie de son essence. Nous y cherchons les circonstances qui ont déterminé cette volonté sans que l'homme en ait eu conscience ; nous voyons dans un mot une partie d'un système, un anneau d'une chaîne historique, un terme d'une série, un signe de capacité, de culture, un lien ethnologique. Ainsi, un morceau de silex taillé, un dessin grossier de quelque animal, un ornement, est un produit de l'intention, mais nous le regardons, tout à indépendamment de cette circonstance, comme un pur souvenir historique, comme un fait aussi objectivement réel qu'un os fossile ou qu'une empreinte de pas. Les matériaux de l'archéologie sont plus physiques encore que ceux de la linguistique et, cependant, on n'a jamais songé à appeler l'archéologie une science naturelle.

Comme la linguistique est une science historique, ses preuves et ses méthodes de probation sont historiques aussi. Elles ne se démontrent point d'une façon absolue ; et elles se composent de probabilités comme celles des autres branches de l'histoire. Il n'y a point là de règles par l'application stricte desquelles on soit sûr d'arriver à d'infaillibles résultats. Il n'existe aucun moyen de se dispenser de chercher de tous côtés des témoignages, de les arranger, de les comparer et de juger entre eux quand ils sont contradictoires. Il faut savoir tirer des conclusions, mais se garder de les pousser trop loin ; il faut savoir aussi se tenir sur la réserve et ne point conclure, dans cette partie comme dans les autres de l'investigation historique.

Le procédé des recherches linguistiques repose sur l'étude des étymologies, et sur l'histoire individuelle des mots et de leurs éléments. Des mots, on s'élève aux classes de mots ; puis, aux parties du discours ; puis, aux langues tout entières. C'est donc de l'exactitude des recherches étymologiques que dépend le succès général, et le perfectionnement de la méthode appliquée à cette étude distingue le linguiste moderne de ses devanciers. Le linguiste d'autrefois prenait bien le même point de départ : la ressemblance ou l'analogie de forme ou de sens qui se trouve entre les mots ; mais son travail était irrémédiablement superficiel, c'est qu'il était guidé par des similitudes qui n'existaient qu'à la surface ; qu'il ne tenait point compte de la diversité essentielle, cachée sous ces apparentes ressemblances et qu'il faisait comme le naturaliste qui comparerait et classerait ensemble les feuilles vertes, le papier vert, les ailes vertes des insectes et les minéraux verts. Il ne prenait point garde aux sources d'où provenaient ses matériaux ; en un mot il ne possédait point son sujet assez bien pour avoir une méthode. Une connaissance plus étendue des faits et, par conséquent, une perception plus claire de leurs rapports, a changé tout cela. Surtout la séparation des langues en fa-

milles avec divisions et subdivisions, non-parenté, parenté,
et degrés de parenté, a causé une révolution, en établissant
un critérium pour juger de la valeur des analogies apparentes. On a compris que là où il y avait parenté entre deux
langues la ressemblance entre deux mots constituait une
probabilité en faveur de leur identité étymologique ; que là
où il n'y avait point parenté, la probabilité était en sens
contraire, et que pour réussir dans ses efforts, le chercheur
d'analogies de mots devait être guidé par les affinités dé-
montrées des langues entre elles. Jusqu'à ce que ces affinités
soient établies, les comparaisons ne peuvent être que des
tâtonnements, des essais faits avec prudence dans toutes les
directions et dont il faudrait se garder d'exagérer les résultats. Mais quand on est parvenu à constituer une famille
comme la famille indo-européenne, avec ses branches, ses
rameaux et ses dialectes, tous reconnus sur un vaste ensemble de témoignages et après un examen approfondi ; qu'on
voit à côté d'elle une autre famille comme la famille scythique ; et à côté d'elle encore, une autre famille comme la
famille sémitique ; alors, il y a lieu de subordonner la comparaison de détails entre les branches, à la comparaison des
branches et des familles entre elles. Sans doute la question
reste ouverte, de savoir si toutes les familles ne sont point, en
dernier ressort, parentes les unes des autres ; mais elle est,
comme nous l'avons dit dans les chapitres précédents, extrêmement difficile à résoudre et ce n'est que lorsqu'on aura
compris à fond la structure de chaque famille que l'on pourra
attribuer quelque valeur aux ressemblances apparentes de
mots qui peuvent se trouver entre elles. Il ne suffit pas que
l'œuvre ait été faite sur un point et qu'on ait analysé la
structure d'une famille. Il faut qu'on ait réduit à l'analyse
complète chacun des termes de la comparaison pour que le
sujet puisse être regardé comme commensurable.

Enfin, il y a deux règles fondamentales dont on ne doit
jamais s'écarter dans l'étude comparée des langues : 1° tenir
compte des classifications génétiques établies ; 2° se rendre
complétement maître des deux langues que l'on veut comparer. Faute d'y être fidèle, on fait encore tous les jours
paraître des volumes remplis de décombres linguistiques

jetés en désordre, et de conclusions vagues ou fausses tirées de prémisses insuffisantes. Mais si l'on s'attache à ces deux règles, il n'y a point de limites aux progrès de l'étude comparée et aux résultats qu'elle peut produire. Nous avons déjà remarqué qu'aucun fait de langue ne saurait être compris, si on ne le met pas en regard d'un fait analogue et, certainement, tant qu'il restera un coin du monde inexploré par la science, quelques-unes des opinions que nous professons aujourd'hui avec confiance, seront exposées à être renversées.

La méthode comparée n'appartient pas plus en réalité à l'étude du langage qu'à aucune autre branche de la science moderne; mais elle a suffisamment marqué le nouveau mouvement scientifique, au commencement du siècle, pour que le nom de *philologie comparée* ait, comme auparavant celui d'*anatomie comparée* et, ensuite, celui de *mythologie comparée*, trouvé faveur auprès des contemporains. Ce titre est assez exact, aussi longtemps qu'il s'agit de collectionner les matériaux et de les choisir, afin de déterminer les relations des langues entre elles, et de pénétrer dans les secrets de leur structure et de leur développement; mais il devient insuffisant, si on l'applique à la science linguistique tout entière, à la *glottologie*. La philologie comparée et la science linguistique sont les deux côtés d'une même étude. La première embrasse d'abord les faits isolés d'un certain corps de langues, les classe, indique leurs rapports, et arrive aux conclusions que ces rapports suggèrent. La seconde, fait des lois et des principes généraux du langage son principal objet, et ne se sert des faits que comme d'exemples à l'appui. L'une est la phase du labeur, l'autre la phase de la critique et de l'enseignement dogmatique; l'une sème et l'autre moissonne; l'une est plus importante comme éducation scientifique, l'autre, comme élément de culture générale. Mais il est bien inutile d'établir entre ces deux branches d'une même science une question de prééminence, puisqu'elles sont toutes les deux également indispensables au linguiste sérieux.

Cependant, ces deux parties d'une même étude diffèrent assez entre elles pour qu'on puisse exceller dans l'une et point dans l'autre. La philologie comparée est compliquée d'une infinité de détails, comme le sont la chimie ou la zoologie, et l'on sait qu'on peut être un admirable manipulateur sans être versé dans les grandes généralisations de la chimie ; ou être habile dans l'anatomie comparée sans avoir, pour cela, de saines notions en biologie. On pourrait citer pour preuves, des hommes de notre temps qui jouissent d'une haute réputation comme maîtres de la philologie comparée et qui, lorsqu'ils essayent de raisonner sur les grandes vérités de la linguistique, tombent dans des bévues grossières et des absurdités, et, même sur les points secondaires, laissent voir une complète absence de théories défendables. Le travail de comparaison a été fait et continue de se faire sur une grande échelle et avec des résultats d'un grand prix ; mais la science du langage proprement dite est dans l'enfance et ses principes sont le sujet d'une grande diversité d'opinions et d'une vive controverse. Il est grand temps que cet état de choses, tolérable au début d'une science, cesse, et qu'en linguistique, comme dans les autres sciences d'observation et de déduction — par exemple la chimie, la zoologie, la géologie — il y ait un corps, nonseulement de faits reconnus, mais de vérités établies, qui s'impose à tous ceux qui prétendent au nom de savant.

Faire ici l'histoire de la science linguistique ne nous semble pas nécessaire. L'espace nous manquerait et d'ailleurs, c'est là un sujet qui mérite d'être traité séparément comme il l'a été déjà [1]. Les commencements de la science remontent aux premiers regards qu'ont jetés les hommes sur les faits qui se passaient en eux-mêmes et hors d'eux-mêmes. Les germes de toutes les doctrines modernes importantes se trouvent dans les réflexions des philosophes grecs par

---

1. Les principales autorités sont : L. Lersch, *Sprachphilosophie der Alten* (1840) ; H. Steinthal, *Geschichte der Sprachwissenschaft bei den Griechen und Römern* (1862-3) ; F. Benfey, *Geschichte der Sprachwissenschaft und orientalischen Philologie in Deutschland* (1869). Le docteur J. Jolly a ajouté une esquisse du sujet en deux chapitres à sa traduction de *Language and Study of Language*, par l'auteur de cet ouvrage (Munich, 1874); et l'on trouve beaucoup de détails intéressants sur la matière dans les *Conférences sur la science du langage*, par Max Muller, première série.

exemple, mais obscurs et mêlés à beaucoup de notions fausses. Ils ne connaissaient guères que leur propre langue et ne pouvaient par conséquent arriver aux généralisations vraies. Dans le grand mouvement du dernier siècle, il était impossible que la science linguistique ne participât point à la rénovation de toutes les autres sciences, c'est ce qui a eu lieu. L'impulsion lui a été donné par les spéculations et les déductions d'hommes comme Leibnitz et Herder, par les classifications de langues faites en Russie sous le règne de Catherine par Adelung et Vater, etc.; par l'introduction du sanscrit dans la science de l'Europe et par ce fait que Jones et Colebrooke surent en comprendre les rapports avec les langues européennes et signaler l'importance de ces rapports. Ce fut là la cause décisive du rapide succès des études linguistiques. Les faits rassemblés mais confus se rangèrent d'eux-mêmes à leur place et, sur la base de la philologie indo-européenne, s'éleva l'édifice de la philologie comparée. Frederick Schlegel fut un des précurseurs de cette science et Franz Bopp en fut le fondateur. En même temps que la grande grammaire comparée des langues indo-européennes de Bopp, parut la grammaire comparée des langues de la branche germanique par Jacob Grimm, deux chef-d'œuvre qui élevèrent la linguistique au rang de la science.

On remarquera que presque tous ces noms sont allemands; c'est qu'en effet, à l'Allemagne appartient presque tout entière la gloire d'avoir créé la philologie comparée; les autres pays n'y ont contribué que pour une part secondaire. Parmi les contemporains allemands, les noms de George Curtius, Pott, Benfey, Schleicher, Kuhn, Leo Meyer, sont les plus en évidence; mais ces savants ont des compatriotes qui leur sont presque égaux en éminence, et en si grand nombre qu'il serait trop long de les nommer tous. En dehors de l'Allemagne, il y a Rask, en Danemark, Burnouf, en France, Ascoli, en Italie, qui ont droit d'être nommés à côté des grands maîtres allemands.

Mais pendant que l'Allemagne est l'école de la philologie comparée, les savants de ce pays se sont beaucoup moins distingués dans ce que nous avons appelé la science du langage. Il y a chez eux (tout autant qu'ailleurs) une telle discordance d'opinions sur des points de la plus fondamentale importance, une telle incertitude de doctrine, une telle indifférence à cet égard, et une telle inconséquence, qu'on peut dire que la science du langage n'est pas encore née parmi eux. Accoutumés comme on l'est, à tourner les yeux vers l'Allemagne pour se guider dans toutes les matières linguistiques, on ne croira point posséder dans le monde une science du langage, tant qu'elle-même n'en possèdera pas une. Cependant, au point de vue où en sont arrivées, d'un côté la philologie, et de l'autre l'anthropologie, la période du chaos ne saurait durer plus longtemps ; si l'on veut commencer par étudier, pour apprendre à connaître la vie et le développement du langage, les faits qui sont le plus à notre portée, on arrivera à des doctrines coordonnées et sensées sur la nature, l'origine et l'histoire de cette plus ancienne et plus précieuse des institutions humaines.

FIN.

TABLE DES MATIÈRES

FIN DE LA TABLE DES MATIÈRES.

COULOMMIERS. — Typ. A. MOUSSIN

LIBRAIRIE
GERMER BAILLIÈRE

—

CATALOGUE
DES
LIVRES DE FONDS

(N° 2)

OUVRAGES HISTORIQUES
ET PHILOSOPHIQUES

—

JUILLET 1875

—

PARIS
17, RUE DE L'ÉCOLE-DE-MÉDECINE, 17

Bost.
LE PROTESTANTISME LIBÉRAL. 1 v.
Francisque Bouillier.
DU PLAISIR ET DE LA DOULEUR. 1 v.
DE LA CONSCIENCE. 1 vol.
Ed. Auber.
PHILOSOPHIE DE LA MÉDECINE. 1 vol.
Leblais.
MATÉRIALISME ET SPIRITUALISME,
précédé d'une Préface par
M. E. Littré. 1 vol.
Ad. Garnier.
DE LA MORALE DANS L'ANTIQUITÉ,
précédé d'une Introduction par
M. Prévost-Paradol. 1 vol.
Schœbel.
PHILOSOPHIE DE LA RAISON PURE.
1 vol.
Tissandier.
DES SCIENCES OCCULTES ET DU
SPIRITISME. 1 vol.
J. Moleschott.
LA CIRCULATION DE LA VIE. Lettres
sur la physiologie, en réponse
aux Lettres sur la chimie de
Liebig, trad. de l'allem. 2 vol.
Ath. Coquerel fils.
ORIGINES ET TRANSFORMATIONS DU
CHRISTIANISME. 1 vol.
LA CONSCIENCE ET LA FOI. 1 vol.
HISTOIRE DU CREDO. 1 vol.
Jules Levallois.
DÉISME ET CHRISTIANISME. 1 vol.
Camille Selden.
LA MUSIQUE EN ALLEMAGNE. Étude
sur Mendelssohn. 1 vol.
Fontanès.
LE CHRISTIANISME MODERNE. Étude
sur Lessing. 1 vol.
Saigey.
LA PHYSIQUE MODERNE. 1 vol.
Mariano.
LA PHILOSOPHIE CONTEMPORAINE
EN ITALIE. 1 vol.
Letourneau.
PHYSIOLOGIE DES PASSIONS. 1 vol

Faivre.
DE LA VARIABILITÉ DES ESPÈCES.
1 vol.
Stuart Mill.
AUGUSTE COMTE ET LA PHILOSOPHIE
POSITIVE, trad. de l'angl. 1 vol.
Ernest Bersot.
LIBRE PHILOSOPHIE. 1 vol.
A. Réville.
HISTOIRE DU DOGME DE LA DIVINITÉ
DE JÉSUS-CHRIST. 1 vol.
W. de Fonvielle.
L'ASTRONOMIE MODERNE. 1 vol.
C. Coignet.
LA MORALE INDÉPENDANTE. 1 vol.
E. Boutmy.
PHILOSOPHIE DE L'ARCHITECTURE
EN GRÈCE. 1 vol.
Et. Vacherot.
LA SCIENCE ET LA CONSCIENCE.
1 vol.
Ém. de Laveleye.
DES FORMES DE GOUVERNEMENT.
1 vol.
Herbert Spencer.
CLASSIFICATION DES SCIENCES. 1 v.
Gauckler.
LE BEAU ET SON HISTOIRE.
Max Müller.
LA SCIENCE DE LA RELIGION. 1 v.
Léon Dumont.
HAECKEL ET LA THÉORIE DE L'É-
VOLUTION EN ALLEMAGNE. 1 vol.
Bertauld.
L'ORDRE SOCIAL ET L'ORDRE MO-
RAL. 1 vol.
Th. Ribot.
PHILOSOPHIE DE SCHOPENHAUER.
1 vol.
Al. Herzen.
PHYSIOLOGIE DE LA VOLONTÉ.
1 vol.
Bentham et Grote.
LA RELIGION NATURELLE 1 vol.
Liard.
LES GENRES ET LES ESPÈCES.
(*Sous presse.*) 1 vol.

BIBLIOTHÈQUE D'HISTOIRE CONTEMPORAINE

Volumes in-18, à 3 fr. 50 c. — Cartonnés, 4 fr.

Carlyle.
HISTOIRE DE LA RÉVOLUTION FRANÇAISE, traduite de l'angl. 3 vol.

Victor Meunier.
SCIENCE ET DÉMOCRATIE. 2 vol.

Jules Barni.
HISTOIRE DES IDÉES MORALES ET POLITIQUES EN FRANCE AU XVIII° SIÈCLE. 2 vol.
NAPOLÉON I⁰ʳ ET SON HISTORIEN M. THIERS. 1 vol.
LES MORALISTES FRANÇAIS AU XVIII° SIÈCLE. 1 vol.

Auguste Laugel.
LES ÉTATS - UNIS PENDANT LA GUERRE (1861 -1865). Souvenirs personnels. 1 vol.

De Rochau.
HISTOIRE DE LA RESTAURATION, traduite de l'allemand. 1 vol.

Eug. Véron.
HISTOIRE DE LA PRUSSE depuis la mort de Frédéric II jusqu'à la bataille de Sadowa. 1 vol.
HISTOIRE DE L'ALLEMAGNE depuis la bataille de Sadowa jusqu'à nos jours, 1 vol.

Hillebrand.
LA PRUSSE CONTEMPORAINE ET SES INSTITUTIONS. 1 vol.

Eug. Despois.
LE VANDALISME RÉVOLUTIONNAIRE. Fondations litt., scientif. et artist. de la Convention. 1 vol.

Bagehot.
LA CONSTITUTION ANGLAISE, trad. de l'anglais. 1 vol.
LOMBARD STREET, le marché financier en Angl., tr. de l'angl. 1 v.

Thackeray.
LES QUATRE GEORGE, trad. de l'anglais par M. Lefoyer. 1 vol.

Émile Montégut.
LES PAYS-BAS. Impressions de voyage et d'art. 1 vol.

Émile Beaussire.
LA GUERRE ÉTRANGÈRE ET LA GUERRE CIVILE. 1 vol.

Édouard Sayous.
HISTOIRE DES HONGROIS et de leur littérature politique de 1790 à 1815. 1 vol.

Éd. Bourloton.
L'ALLEMAGNE CONTEMPORAINE. 1 v

Boert.
LA GUERRE DE 1870-71 d'après le colonel féd. suisse Rustow. 1 v.

Herbert Barry.
LA RUSSIE CONTEMPORAINE, traduit de l'anglais. 1 vol.

H. Dixon.
LA SUISSE CONTEMPORAINE, traduit de l'anglais. 1 vol.

Louis Teste.
L'ESPAGNE CONTEMPORAINE, journal d'un voyageur. 1 vol.

J. Clamageran.
LA FRANCE RÉPUBLICAINE. 1 vol.

E. Duvergier de Hauranne.
LA RÉPUBLIQUE CONSERVATRICE. 1 v.

H. Reynald.
HISTOIRE DE L'ESPAGNE, depuis la mort de Charles III jusqu'à nos jours. 1 vol.
HISTOIRE DE L'ANGLETERRE, depuis la mort de la reine Anne jusqu'à nos jours. 1 vol.

L. Asseline.
HISTOIRE DE L'AUTRICHE, depuis la mort de Marie-Thérèse jusqu'à nos jours.

Élie Sorin.
HISTOIRE DE L'ITALIE depuis 1815 jusqu'à nos jours. 1 vol.

FORMAT IN-8.

Sir G. Cornewall Lewis.
HISTOIRE GOUVERNEMENTALE DE L'ANGLETERRE DE 1770 JUSQU'A 1830, trad. de l'anglais. 1 vol. 7 fr.

De Sybel.
HISTOIRE DE L'EUROPE PENDANT LA RÉVOLUTION FRANÇAISE. 2 vol. in-8. 14 fr.

Taxile Delord.
HISTOIRE DU SECOND EMPIRE, 1848-1870.
1869. Tome I⁰ʳ, 1 vol. in-8. 7 fr.
1870. Tome II, 1 vol. in-8. 7 fr.
1872. Tome III, 1 vol. in-8 7 fr.
1874. Tome IV, 1 vol. in-8. 7 fr.
1874. Tome V, 1 vol. in-8. 7 fr.
1875. Tome VI et dernier. 7 fr.

REVUE
Politique et Littéraire

(Revue des cours littéraires, 2ᵉ série.)

REVUE
Scientifique

(Revue des cours scientifiques, 2ᵉ série.)

Directeurs : MM. Eug. YUNG et Ém. ALGLAVE

La septième année de la **Revue des Cours littéraires** et de la **Revue des Cours scientifiques**, terminée à la fin de juin 1871, clôt la première série de cette publication.

La deuxième série a commencé le 1ᵉʳ juillet 1871, et depuis cette époque chacune des années de la collection commence à cette date. Des modifications importantes ont été introduites dans ces deux publications.

REVUE POLITIQUE ET LITTÉRAIRE

La *Revue politique* continue à donner une place aussi large à la littérature, à l'histoire, à la philosophie, etc., mais elle a agrandi son cadre, afin de pouvoir aborder en même temps la politique et les questions sociales. En conséquence, elle a augmenté de moitié le nombre des colonnes de chaque numéro (48 colonnes au lieu de 32).

Chacun des numéros, paraissant le samedi, contient régulièrement :

Une *Semaine politique* et une *Causerie politique* où sont appréciés, à un point de vue plus général que ne peuvent le faire les journaux quotidiens, les faits qui se produisent dans la politique intérieure de la France, discussions de l'Assemblée, etc.

Une *Causerie littéraire* où sont annoncés, analysés et jugés les ouvrages récemment parus : livres, brochures, pièces de théâtre importantes, etc.

Tous les mois la *Revue politique* publie un *Bulletin géographique* qui expose les découvertes les plus récentes et apprécie les ouvrages géographiques nouveaux de la France et de l'étranger. Nous n'avons pas besoin d'insister sur l'importance extrême qu'a prise la géographie depuis que les Allemands en ont fait un instrument de conquête et de domination.

De temps en temps une *Revue diplomatique* explique au point de vue français les événements importants survenus dans les autres pays.

On accusait avec raison les Français de ne pas observer

avec assez d'attention ce qui se passe à l'étranger. La *Revue* remédie à ce défaut. Elle analyse et traduit les livres, articles, discours ou conférences qui ont pour auteurs les hommes les plus éminents des divers pays.

Comme au temps où ce recueil s'appelait *la Revue des cours littéraires* (1864-1870), il continue à publier les principales leçons du Collège de France, de la Sorbonne et des Facultés des départements.

Les ouvrages importants sont analysés, avec citations et extraits, dès le lendemain de leur apparition. En outre, la *Revue politique* publie des articles spéciaux sur toute question que recommandent à l'attention des lecteurs, soit un intérêt public, soit des recherches nouvelles.

Parmi les collaborateurs, nous citerons :

Articles politiques. — MM. de Pressensé, Ernest Duvergier de Hauranne, H. Aron, Anat. Dunoyer, Clamageran.

Diplomatie et pays étrangers. — MM. Van den Berg, Albert Sorel, Reynald, Léo Quesnel, Louis Leger.

Philosophie. — MM. Janet, Caro, Ch. Lévêque, Véra, Léon Dumont, Th. Ribot, Huxley.

Morale. — MM. Ad. Franck, Laboulaye, Jules Barni, Legouvé, Ath. Coquerel, Bluntschli.

Philologie et archéologie. — MM. Max Müller, Eugène Benoist, L. Havet, E. Ritter, Maspéro, George Smith.

Littérature ancienne. — MM. Egger, Havet, George Perrot, Gaston Boissier, Geffroy, Martha.

Littérature française. — MM. Ch. Nisard, Lenient, L. de Loménie, Édouard Fournier, Bersier, Gidel, Jules Claretie, Paul Albert.

Littérature étrangère. — MM. Mézières, Büchner.

Histoire. — MM. Alf. Maury, Littré, Alf. Rambaud, G. Monod.

Géographie, Economie politique. — MM. Levasseur, Himly, Gaidoz, Alglave.

Instruction publique. — Madame C. Coignet, M. Buisson, Em. Beaussire.

Beaux-arts. — MM. Gebhart, C. Selden, Justi, Schnaase, Vischer. Ch. Bigot.

Critique littéraire. — MM. Eugène Despois, Maxime Gaucher, Paul Albert.

Ainsi la *Revue politique* embrasse tous les sujets. Elle consacre à chacun une place proportionnée à son importance. Elle est, pour ainsi dire, une image vivante, animée et fidèle de tout le mouvement contemporain.

REVUE SCIENTIFIQUE

Mettre la science à la portée de tous les gens éclairés sans l'abaisser ni la fausser, et, pour cela, exposer les grandes découvertes et les grandes théories scientifiques par leurs auteurs mêmes ;

Suivre le mouvement des idées philosophiques dans le monde savant de tous les pays :

Tel est le double but que la *Revue scientifique* poursuit depuis dix ans avec un succès qui l'a placée au premier rang des publications scientifiques d'Europe et d'Amérique.

Pour réaliser ce programme, elle devait s'adresser d'abord aux Facultés françaises et aux Universités étrangères qui comptent dans leur sein presque tous les hommes de science éminents. Mais, depuis deux années déjà, elle a élargi son cadre afin d'y faire entrer de nouvelles matières.

En laissant toujours la première place à l'enseignement supérieur proprement dit, la *Revue scientifique* ne se restreint plus désormais aux leçons et aux conférences. Elle poursuit tous les développements de la science sur le terrain économique, industriel, militaire et politique.

Elle publie les principales leçons faites au Collége de France, au Muséum d'histoire naturelle de Paris, à la Sorbonne, à l'Institution royale de Londres, dans les Facultés de France, les universités d'Allemagne, d'Angleterre, d'Italie, de Suisse, d'Amérique, et les institutions libres de tous les pays.

Elle analyse les travaux des Sociétés savantes d'Europe et d'Amérique, des Académies des sciences de Paris, Vienne, Berlin, Munich, etc., des Sociétés royales de Londres et d'Édimbourg, des Sociétés d'anthropologie, de géographie, de chimie, de botanique, de géologie, d'astronomie, de médecine, etc.

Elle expose les travaux des grands congrès scientifiques, les Associations *française, britannique* et *américaine*, le congrès des naturalistes allemands, la Société helvétique des sciences naturelles, les congrès internationaux d'anthropologie préhistorique, etc.

Enfin, elle publie des articles sur les grandes questions de philosophie naturelle, les rapports de la science avec la politique, l'industrie et l'économie sociale, l'organisation scientifique des divers pays, les sciences économiques et militaires, etc.

Parmi les collaborateurs nous citerons :

Astronomie, météorologie. — MM. Leverrier, Faye, Balfour-Stewart, Janssen, Normann Lockyer, Vogel, Wolf, Miller, Laussedat, Thomson, Rayet, Secchi, Briot, Herschell, etc.

Physique. — MM. Helmholtz, Tyndall, Jamin, Dessains, Carpenter, Gladstone, Grad, Boutan, Becquerel, Cazin, Fernet, Onimus, Berlin.

Chimie. — MM. Wurtz, Berthelot, H. Sainte-Claire Deville, Bouchardat, Grimaux, Jungfleisch, Mascart, Odling, Dumas, Troost, Peligot, Cahours, Graham, Friedel, Pasteur.

Géologie. — MM. Hébert, Bleicher, Fouqué, Gaudry, Ramsay, Sterry-Hunt, Contejean, Zittel, Wallace, Lory, Lyell, Daubrée.

Zoologie. — MM. Agassiz, Darwin, Haeckel, Milne Edwards, Perrier, P. Bert, Van Beneden, Lacaze-Duthiers, Pasteur, Pouchet, Joly, De Quatrefages, Faivre, A. Moreau, E. Blanchard, Marey.

Anthropologie. — MM. Broca, De Quatrefages, Darwin, De Mortillet, Virchow, Lubbock, K. Vogt.

Botanique. — MM. Baillon, Brongniart, Cornu, Faivre, Spring, Chatin, Van Tieghem, Duchartre.

Physiologie, anatomie. — MM. Claude Bernard, Chauveau, Fraser, Gréhant, Lereboullet, Moleschott, Onimus, Ritter, Rosenthal, Wundt, Pouchet, Ch. Robin, Vulpian, Virchow, P. Bert, du Bois-Reymond, Helmholtz, Frankland, Brücke.

Médecine. — MM. Chauffard, Chauveau, Cornil, Gubler, Le Fort, Verneuil, Broca, Liebreich, Lorain, Axenfeld, Lasègue, G. Sée, Bouley, Giraud-Teulon, Bouchardat.

Sciences militaires. — MM. Laussedat, Le Fort, Abel, Jervois, Morin, Noble, Reed, Usquin.

Philosophie scientifique. — MM. Alglave, Bagehot, Carpenter, Léon Dumont, Hartmann, Herbert Spencer, Laycock, Lubbock, Tyndall, Gavarret, Ludwig, Ribot.

Prix d'abonnement :

Une seule revue séparément	Six mois.	Un an.	Les deux revues ensemble	Six mois.	Un an.
Paris	12ᶠ	20ᶠ	Paris	20ᶠ	36ᶠ
Départements.	15	25	Départements.	25	42
Étranger....	18	30	Étranger....	30	50

L'abonnement part du 1ᵉʳ juillet, du 1ᵉʳ octobre, du 1ᵉʳ janvier et du 1ᵉʳ avril de chaque année.

Chaque volume de la première série se vend : broché ...... 15 fr.
relié .... 20 fr.
Chaque année de la 2ᵉ série, formant 2 vol., se vend : broché .. 20 fr.
relié .... 25 fr.

Prix de la collection de la première série :

Prix de la collection complète de la *Revue des cours littéraires* (1864-1870), 7 vol. in-4 .... 105 fr.

Prix de la collection complète des deux *Revues* prises en même temps, 14 vol. in-4 .... 182 fr.

Prix de la collection complète des deux séries :

Revue des cours littéraires et *Revue politique et littéraire* (décembre 1863 — juillet 1875), 15 vol. in-4................... 185 fr.

— Avec la *Revue des cours scientifiques* et la *Revue scientifique*, 30 vol. in-4 .... 325 fr.

BIBLIOTHÈQUE SCIENTIFIQUE
INTERNATIONALE

Le premier besoin de la science contemporaine, — on pourrait même dire d'une manière plus générale des sociétés modernes, — c'est l'échange rapide des idées entre les savants, les penseurs, les classes éclairées de tous les pays. Mais ce besoin n'obtient encore aujourd'hui qu'une satisfaction fort imparfaite. Chaque peuple a sa langue particulière, ses livres, ses revues, ses manières spéciales de raisonner et d'écrire, ses sujets de prédilection. Il lit fort peu ce qui se publie au delà de ses frontières, et la grande masse des classes éclairées, surtout en France, manque de la première condition nécessaire pour cela, la connaissance des langues étrangères. On traduit bien un certain nombre de livres anglais ou allemands ; mais il faut presque toujours que l'auteur ait à l'étranger des amis soucieux de répandre ses travaux, ou que l'ouvrage présente un caractère pratique qui en fait une bonne entreprise de librairie. Les plus remarquables sont loin d'être toujours dans ce cas, et il en résulte que les idées neuves restent longtemps confinées, au grand détriment des progrès de l'esprit humain, dans le pays qui les a vues naître. Le libre échange industriel règne aujourd'hui presque partout ; le libre échange intellectuel n'a pas encore la même fortune, et cependant il ne peut rencontrer aucun adversaire ni inquiéter aucun préjugé.

Ces considérations avaient frappé depuis longtemps un certain nombre de savants anglais. Au congrès de l'Association britannique à Édimbourg, ils tracèrent le plan d'une *Bibliothèque scientifique internationale*, paraissant à la fois en anglais, en français et en allemand, publiée en Angleterre, en France, aux États-Unis, en Allemagne, et réunissant des ouvrages écrits par les savants les plus distingués de tous les pays. En venant en France pour chercher à réaliser cette idée, ils devaient naturellement s'adresser à la *Revue scientifique*, qui marchait dans la même voie, et qui projetait au même moment, après les désastres de la guerre, une entreprise semblable destinée à étendre en quelque sorte son cadre et à faire connaître plus rapidement en France les livres et les idées des peuples voisins.

La *Bibliothèque scientifique internationale* n'est donc pas une entreprise de librairie ordinaire. C'est une œuvre dirigée par les auteurs mêmes, en vue des intérêts de la science, pour la populariser sous toutes ses formes, et faire connaître immédiatement dans le monde entier les idées originales, les directions nouvelles, les découvertes importantes qui se font chaque jour dans tous les pays. Chaque savant exposera les idées qu'il a introduites dans la science et condensera pour ainsi dire ses doctrines les plus originales.

On pourra ainsi, sans quitter la France, assister et participer au mouvement des esprits en Angleterre, en Allemagne, en Amérique, en Italie, tout aussi bien que les savants mêmes de chacun de ces pays.

La *Bibliothèque scientifique internationale* ne comprend pas seulement des ouvrages consacrés aux sciences physiques et naturelles, elle aborde aussi les sciences morales comme la philosophie, l'histoire, la politique et l'économie sociale, la haute législation, etc.; mais les livres traitant des sujets de ce genre se rattacheront encore aux sciences naturelles, en leur empruntant les méthodes d'observation et d'expérience qui les ont rendues si fécondes depuis deux siècles.

Cette collection paraît à la fois en français, en anglais, en allemand, en russe et en italien : à Paris, chez Germer Baillière; à Londres, chez Henry S. King et Cᵉ; à New-York, chez Appleton; à Leipzig, chez Brockaus; à Saint-Pétersbourg, chez Koropchevski et Goldsmith, et à Milan, chez Dumolard frères.

EN VENTE :
VOLUMES IN-8, CARTONNÉS A L'ANGLAISE

J. TYNDALL. **Les glaciers et les transformations de l'eau**, avec figures. 1 vol. in-8. 6 fr.

MAREY. **La machine animale**, locomotion terrestre et aérienne, avec de nombreuses figures. 1 vol. in-8. 6 fr.

BAGEHOT. **Lois scientifiques du développement des nations** dans leurs rapports avec les principes de la sélection naturelle et de l'hérédité. 1 vol. in-8. 6 fr.

BAIN. **L'esprit et le corps.** 1 vol. in-8. 6 fr.

PETTIGREW. **La locomotion chez les animaux**, marche, natation, vol. 1 vol. in-8 avec figures. 6 fr.

HERBERT SPENCER. **La science sociale.** 1 vol. 6 fr.

VAN BENEDEN. **Les commensaux et les parasites dans le règne animal**, 1 vol. in-8, avec figures. 6 fr.

O. SCHMIDT. **La descendance de l'homme et le darwinisme.** 1 vol. in-8 avec figures. 6 fr.

MAUDSLEY. **Le Crime et la Folle.** 1 vol. in-8 6 fr.

BALFOUR STEWART. **La conservation de l'énergie.** 1 vol. in-8, avec figures. 6 fr.

DRAPER. **Les conflits de la science et de la religion.** 1 v. in-8. 6 fr.

SCHUTZENBERGER. **Les fermentations.** 1 vol. in-8, avec fig. 6 fr.

L. DUMONT. **Théorie scientifique de la sensibilité.** 1 v. in-8. 6 fr.

COOKE ET BERKELEY. **Les champignons.** 1 v. in-8, avec fig. 6 fr.

W. D. WITHNEY. **La vie du langage.** 1 vol. in-8. 6 fr.

OUVRAGES SUR LE POINT DE PARAITRE :

VOGEL. **La photographie et la chimie de la lumière**, avec 100 fig.

BERNSTEIN. **Les organes des sens.** 6 fr.

LUYS. **Le cerveau et ses fonctions**, avec figures. 6 fr.

CLAUDE BERNARD. **Histoire des théories de la vie.** 6 fr.

É. ALGLAVE. **Les principes des constitutions politiques.** 6 fr.

FRIEDEL. **Les fonctions en chimie organique.** 6 fr.

DE QUATREFAGES. **L'espèce humaine.** 6 fr.

BERTHELOT. **La synthèse chimique.** 6 fr.

Liste des principaux ouvrages qui sont en préparation :

AUTEURS FRANÇAIS

CLAUDE BERNARD. Phénomènes physiques et Phénomènes métaphysiques de la vie.

HENRI SAINTE-CLAIRE DEVILLE. Introduction à la chimie générale.

A. WURTZ. Atomes et atomicité.

C. VOGT. Physiologie du parasitisme. — Les animaux fossiles.

H. DE LACAZE-DUTHIERS. La zoologie depuis Cuvier.

TAINE. Les émotions et la volonté.

Général FAIDHERBE. Le Sénégal.

ALFRED GRANDIDIER. Madagascar.

A. GIARD. L'embryogénie générale

DEBRAY. Les métaux précieux.

P. BERT. Les êtres vivants et les milieux cosmiques.

LORAIN. Les épidémies modernes.

AUTEURS ANGLAIS

HUXLEY, Mouvement et conscience.
W. B. CARPENTER, Géographie physique des mers.
RAMSAY, Structure de la terre.
SIR J. LUBBOCK, Premiers âges de l'humanité.
CHARLTON BASTIAN, Le cerveau comme organe de la pensée.
NORMAN LOCKYER, L'analyse spectrale.
W. ODLING, La chimie nouvelle.

LAWSON LINDSAY, L'intelligence chez les animaux inférieurs.
STANLEY JEVONS, La monnaie et le mécanisme de l'échange.
MICHAEL FOSTER, Protoplasma et physiologie cellulaire.
ED. SMITH, Aliments et alimentation.
AMOS, La science des lois.
THISELTON DYER, Les inflorescences.
K. CLIFFORD, Les fondements des sciences exactes.

AUTEURS ALLEMANDS

VIRCHOW, Physiologie des maladies.
HERMANN, La respiration.
LEUCKART, L'organisation des animaux.
O. LIEBREICH, La toxicologie.
KERN, Les plantes parasites.
ROSENTHAL, Physiologie des 'nerfs et des muscles.

LOMMEL, L'optique.
STEINTHAL, La science du langage.
WUNDT, L'acoustique.
F. COHN, Les Thallophytes.
PETERS, Le bassin du Danube au point de vue géologique.
FUCHS, Les volcans.

AUTEURS AMÉRICAINS

J. DANA, L'échelle et les progrès de la vie.
S. W. JOHNSON, La nutrition des plantes.
J. COOKE, La chimie nouvelle.

A. FLINT, Les fonctions du système nerveux.

AUTEURS RUSSES

KOSTOMAROV, Les chansons populaires et leur rôle dans l'histoire de Russie.
MAÏNOF, Les hérésies socialistes en Russie.
POUCOWINA, Histoire de la morale.

LOUTCHITZKI, Le développement de la philosophie de l'histoire.
JACOBY, L'hygiène publique.
KAPOUSTINE, Les relations internationales.

OUVRAGES
De M. le professeur VÉRA
Professeur à l'université de Naples.

Introduction à la philosophie de Hégel. 1 vol. in-8, 1864, 2ᵉ édition.   6 fr. 50

Logique de Hégel, traduite pour la première fois, et accompagnée d'une introduction et d'un commentaire perpétuel. 2 vol. in-8, 1874, 2ᵉ édition.   14 fr.

Philosophie de la nature, de Hégel, traduite pour la première fois, et accompagnée d'une introduction et d'un commentaire perpétuel. 3 vol. in-8. 1864-1866.   25 fr.
    Prix du tome II.   8 fr. 50
    Prix du tome III.   8 fr. 50

Philosophie de l'esprit, de Hégel, traduite pour la première fois, et accompagnée d'une introduction et d'un commentaire perpétuel. tome 1ᵉʳ, 1 vol. in-8, 1867.   9 fr.
    tome 2ᵉ, 1 vol. in-8, 1870.   9 fr.

Philosophie de la Religion de Hégel. 2 vol. in-8. (*Sous presse.*)

L'Hégélianisme et la philosophie. 1 vol. in-18. 1861. 3 fr. 50

Mélanges philosophiques. 1 vol. in-8. 1862.   5 fr.

Essais de philosophie hégélienne (de la *Bibliothèque de philosophie contemporaine*). 1 vol.   2 fr. 50

Platonis, Aristotelis et Hegelii de medio termino doctrina. 1 vol. in-8. 1845.   1 fr. 50

Strauss. L'ancienne et la nouvelle foi. 1873, in-8.   6 fr.

Cavour et l'église libre dans l'État libre. 1 vol. in-8, 1874.   3 fr. 50

RÉCENTES PUBLICATIONS

HISTORIQUES ET PHILOSOPHIQUES

Qui ne se trouvent pas dans les deux Bibliothèques.

ACOLLAS (Émile). **L'enfant né hors mariage**. 3ᵉ édition. 1872, 1 vol. in-18 de x-165 pages. 2 fr.

ACOLLAS (Émile). **Manuel de droit civil**, commentaire philosophique et critique du code Napoléon, contenant l'exposé complet des systèmes juridiques. 3 vol. in-8; chaque volume séparément. 12 fr.

ACOLLAS (Émile). **Trois leçons sur le mariage**. In-8. 1 fr. 50

ACOLLAS (Émile). **L'idée du droit**. In-8. 1 fr. 50

ACOLLAS (Émile). **Nécessité de refondre l'ensemble de nos codes**, et notamment le code Napoléon, au point de vue de l'idée démocratique. 1866, 1 vol. in-8. 3 fr.

Administration départementale et communale, Lois — Décrets — Jurisprudence, conseil d'État, cour de Cassation, décisions et circulaires ministérielles, in-4. 2ᵉ éd. 15 fr.

ALAUX. **La religion progressive**. 1869, 1 vol. in-18. 3 fr. 50

ARISTOTE. **Rhétorique** traduite en français et accompagnée de notes par J. Barthélemy Saint-Hilaire. 1870, 2 vol. in-8. 16 fr.

ARISTOTE. **Psychologie** (opuscules) traduite en français et accompagnée de notes par J. Barthélemy Saint-Hilaire. 1 vol. in-8. 10 fr.

ARISTOTE. **Politique**, trad. par Barthélemy Saint-Hilaire, 1868. 1 fort vol. in-8. 10 fr.

ARISTOTE. **Physique**, ou leçons sur les principes généraux de la nature, traduit par M. Barthélemy Saint-Hilaire. 2 forts vol. gr. in-8. 1872. 20 fr.

ARISTOTE. **Traité du Ciel**. 1866, traduit en français pour la première fois par M. Barthélemy Saint-Hilaire. 1 fort vol. gr. in-8. 10 fr.

ARISTOTE. **Météorologie**, avec le petit traité apocryphe : *Du Monde*, traduit par M. Barthélemy Saint-Hilaire, 1863. 1 fort vol. gr. in-8. 10 fr.

ARISTOTE. **Morale**, traduit par M. Barthélemy Saint-Hilaire. 1856, 3 vol gr. in-8. 24 fr.

ARISTOTE. **Poétique**, traduite par M. Barthélemy Saint-Hilaire, 1858. 1 vol. in-8. 5 fr.

ARISTOTE. **Traité de la production et de la destruction des choses**, traduit en français et accompagné de notes perpétuelles, par M. Barthélemy Saint-Hilaire, 1866. 1 vol. gr. in-8. 10 fr

AUDIFFRET-PASQUIER. **Discours devant les commissions de la réorganisation de l'armée et des marchés**. In-4. 2 fr. 50

L'art et la vie. 1867, 2 vol. in-8, 7 r.

L'art et la vie de Stendhal. 1869, 1 fort vol. in-8. 6 fr.

BAGEHOT. Lois scientifiques du développement des nations dans leurs rapports avec les principes de l'hérédité et de la sélection naturelle. 1873, 1 vol. in-8 de la *Bibliothèque scientifique internationale*, cartonné à l'anglaise. 6 fr.

BARNI (Jules). Napoléon Ier, édition populaire. 1 vol in-18. 1 fr.

BARNI (Jules). Manuel républicain. 1872, 1 vol. in-18. 1 fr. 50

BARNI (Jules). Les martyrs de la libre pensée, cours professé à Genève. 1862, 1 vol. in-18. 3 fr. 50

BARNI (Jules). Voy. KANT.

BARTHÉLEMY SAINT-HILAIRE. Voyez Aristote.

BARTHÉLEMY SAINT-HILAIRE. De la Logique d'Aristote. 2 vol. gr. in-8. 10 fr.

BARTHÉLEMY SAINT-HILAIRE. L'École d'Alexandrie. 1 vol. in-8. 6 fr.

BAUTAIN. La philosophie morale. 2 vol. in-8, 12 fr.

CH. BENARD. L'Esthétique de Hégel, traduit de l'allemand. 2 vol. in-8. 16 fr.

CH. BENARD. De la Philosophie dans l'éducation classique. 1862. 1 fort vol. in-8. 6 fr.

CH. BENARD. La Poétique, par W. F. Hégel, précédée d'une préface et suivie d'un examen critique. Extraits de Schiller, Goëthe, Jean Paul, etc., et sur divers sujets relatifs à la poésie. 2 vol. in-8. 12 fr.

BLANCHARD. Les métamorphoses, les mœurs et les instincts des insectes, par M. Émile BLANCHARD, de l'Institut, professeur au Muséum d'histoire naturelle. 1868, 1 magnifique volume in-8 jésus, avec 100 figures intercalées dans le texte et 40 grandes planches hors texte. Prix, broché. 30 fr.
Relié en demi-maroquin. 35 fr.

BLANQUI. L'éternité par les astres, hypothèse astronomique. 1872, in-8. 2 fr.

BORELY (J.) Nouveau système électoral, représentation proportionnelle de la majorité et des minorités. 1870, 1 vol. in-18 de XVIII-194 pages. 2 fr. 50

BORELY. De la justice et des juges, projet de réforme judiciaire. 1871, 2 vol. in-8. 12 fr.

BOUCHARDAT. Le travail, son influence sur la santé (conférences faites aux ouvriers). 1863, 1 vol. in-18. 2 fr. 50

BOUCHARDAT et H. JUNOD. L'eau-de-vie et ses dangers, conférences populaires. 1 vol. in-18. 1 fr.

BERSOT. La philosophie de Voltaire. 1 vol in-12. 2 fr. 50

ÉD. BOURLOTON et E. ROBERT. La Commune et ses idées à travers l'histoire. 1872, 1 vol. in-18. 3 fr. 50

BOUCHUT. Histoire de la médecine et des doctrines médicales. 1873, 2 forts vol. in-8. 16 fr.

BOUCHUT et DESPRÈS. Dictionnaire de médecine et de thérapeutique médicale et chirurgicale, comprenant le résumé de la médecine et de la chirurgie, les indications thérapeutiques de chaque maladie, la médecine opératoire, les accouchements, l'oculistique, l'odontechnie, l'électrisation, la matière médicale, les eaux minérales, et *un formulaire spécial pour chaque maladie*. 1873. 2ᵉ édit. très-augmentée. 1 magnifique vol. in-4, avec 750 fig. dans le texte. 25 fr.

BOUILLET (ADOLPHE). **L'armée d'Henri V. — Les bourgeois gentilshommes de 1871.** 1 vol. in-12. 3 fr. 50

BOUILLET (ADOLPHE). **L'armée d'Henri V. — Les bourgeois gentilshommes.** Types nouveaux et inédits. 1 vol. in-18. 2 fr. 50

BOUILLET (ADOLPHE). **L'armée d'Henri V. — Bourgeois gentilshommes.** — Arrière-ban de l'ordre moral, 1873-1874. 1 vol. in-18. 3 fr. 50

BOUTROUX. **De la contingence des lois de la nature,** in-8, 1874. 4 fr.

BOUTROUX. **De veritatibus æternis apud cartesium, hæc** apud facultatem litterarum parisiensem disputabat, in-8. 2 fr.

BRIERRE DE BOISMONT. **Des maladies mentales,** 1867, brochure in-8 extraite de la *Pathologie médicale* du professeur Requin. 2 fr.

BRIERRE DE BOISMONT. **Des hallucinations, ou Histoire raisonnée des apparitions,** des visions, des songes, de l'extase, du magnétisme et du somnambulisme. 1862, 3ᵉ édition très-augmentée. 7 fr.

BRIERRE DE BOISMONT. **Du suicide et de la folie suicide.** 1865, 2ᵉ édition, 1 vol. in-8. 7 fr.

CHASLES (PHILARÈTE). **Questions du temps et problèmes d'autrefois.** Pensées sur l'histoire, la vie sociale, la littérature. 1 vol. in-18, édition de luxe. 3 fr.

CHASSERIAU. **Du principe autoritaire et du principe rationnel.** 1873, 1 vol. in-18. 3 fr. 50

CLAMAGERAN. **L'Algérie.** Impressions de voyage, 1874. 1 vol. in-18 avec carte. 3 fr. 50

CLAVEL. **La morale positive.** 1873, 1 vol. in-18. 3 fr.

Conférences historiques de la Faculté de médecine faites pendant l'année 1865. (*Les Chirurgiens érudits*, par M. Verneuil. — *Gui de Chauliac*, par M. Follin. — *Celse*, par M. Broca. — *Wurtzius*, par M. Trélat. — *Riolan*, par M. Le Fort. — *Levret*, par M. Tarnier. — *Harvey*, par M. Béclard. — *Stahl*, par M. Lasègue. — *Jenner*, par M. Lorain. — *Jean de Vier et les sorciers*, par M. Axenfeld. — *Laennec*, par M. Chauffard. — *Sylvius*, par M. Grbler. — *Stoll*, par M. Parrot.) 1 vol. in-8. 6 fr.

COQUEREL (Charles). **Lettres d'un marin à sa famille.** 1870, 1 vol. in-18. 3 fr. 50

COQUEREL (Athanase). Voyez *Bibliothèque de philosophie contemporaine*.

COQUEREL fils (Athanase). **Libres études** (religion, critique, histoire, beaux-arts). 1867, 1 vol. in-8. 5 fr.

COQUEREL fils (Athanase). **Pourquoi la France n'est-elle pas protestante?** Discours prononcé à Neuilly le 1ᵉʳ novembre 1866. 2ᵉ édition, in-8. 1 fr.

COQUEREL fils (Athanase). **La charité sans peur**, sermon en faveur des victimes des inondations, prêché à Paris le 18 novembre 1866. In-8. 75 c.

COQUEREL fils (Athanase). **Évangile et liberté**, discours d'ouverture des prédications protestantes libérales, prononcé le 8 avril 1868. In-8 50 c.

COQUEREL fils (Athanase). **De l'éducation des filles**, réponse à Mgr l'évêque d'Orléans, discours prononcé le 3 mai 1868. In-8. 1 fr.

CORLIEU. **La mort des rois de France** depuis François Ier jusqu'à la Révolution française, 1 vol. in-18 en caractères elzéviriens, 1874. 3 fr. 50

Conférences de la Porte-Saint-Martin pendant le siége de Paris. Discours de MM. *Desmarets* et *de Pressensé*. — Discours de M. *Coquerel*, sur les moyens de faire durer la République. — Discours de M. *Le Berquier*, sur la Commune. — Discours de M. *E. Bersier*, sur la Commune. — Discours de M. *H. Cernuschi*, sur la Légion d'honneur. In-8. 1 fr. 25

CORNIL. **Leçons élémentaires d'hygiène**, rédigées pour l'enseignement des lycées d'après le programme de l'Académie de médecine. 1873, 1 vol. in-18 avec figures intercalées dans le texte. 2 fr. 50

Sir G. CORNEWALL LEWIS. **Histoire gouvernementale de l'Angleterre de 1770 jusqu'à 1830**, trad. de l'anglais et précédée de la vie de l'auteur, par M. Mervoyer. 1867, 1 vol. in-8 de la *Bibliothèque d'histoire contemporaine*. 7 fr.

Sir G. CORNEWALL LEWIS. **Quelle est la meilleure forme de gouvernement?** Ouvrage traduit de l'anglais; précédé d'une Étude sur la vie et les travaux de l'auteur, par M. Mervoyer, docteur ès lettres. 1867, 1 vol. in-8. 3 fr. 50

CORTAMBERT (Louis). **La religion du progrès**. 1874, 1 vol. in-18. 3 fr. 50

DAMIRON. **Mémoires pour servir à l'histoire de la philosophie au XVIIIe siècle**. 3 vol. in-8. 12 fr.

DELAVILLE. **Cours pratique d'arboriculture fruitière** pour la région du nord de la France, avec 269 fig. In-8. 6 fr.

DELEUZE. **Instruction pratique sur le magnétisme animal**, précédée d'une Notice sur la vie de l'auteur. 1853. 1 vol. in-12. 3 fr. 50

DELORD (Taxile). **Histoire du second empire, 1848-1870.**
1869. Tome Ier, 1 fort vol. in-8. 7 fr.
1870. Tome II, 1 fort vol. in-8. 7 fr.
1873. Tome III, 1 fort vol. in-8. 7 fr.
1874. Tome IV, 1 fort vol. in-8. 7 fr.
1874. Tome V, 1 fort vol. in-8. 7 fr.
1875. Tome VI et dernier. 1 fort vol. in-8. 7 fr.

DENFERT (colonel). **Des droits politiques des militaires**. 1874, in-8. 75 c.

DIARD (H). **Études sur le système pénitentiaire**. 1875, 1 vol. in-8. 1 fr. 50

DOLLFUS (Charles). **De la nature humaine.** 1868, 1 vol. in-8. 5 fr.

DOLLFUS (Charles). **Lettres philosophiques.** 3° édition. 1869, 1 vol. in-18. 3 fr. 50

DOLLFUS (Charles). **Considérations sur l'histoire.** Le monde antique. 1872, 1 vol. in-8. 7 fr. 50

DUBOST (Antonin). **Des conditions de gouvernement en France.** 1 vol. in-8. 7 fr. 50

DUGALD-STEWART. **Éléments de la philosophie de l'esprit humain,** traduit de l'anglais par Louis Peisse, 3 vol. in-12. 9 fr

DU POTET. **Manuel de l'étudiant magnétiseur.** Nouvelle édition. 1868, 1 vol. in-18. 3 fr. 50

DU POTET. **Traité complet de magnétisme,** cours en douze leçons. 1856, 3° édition, 1 vol. de 634 pages. 7 fr.

DUPUY (Paul). **Études politiques,** 1874, 1 v. in-8 de 236 pages. 3 fr. 50

DUVAL-JOUVE. **Traité de Logique,** ou essai sur la théorie de la science, 1855. 1 vol. in-8. 6 fr.

Éléments de science sociale. Religion physique, sexuelle et naturelle, ouvrage traduit sur la 7° édition anglaise. 1 fort vol. in-18, cartonné. 4 fr.

ÉLIPHAS LÉVI. **Dogme et rituel de la haute magie.** 1861, 2° édit., 2 vol. in-8, avec 24 fig. 18 fr.

ÉLIPHAS LÉVI. **Histoire de la magie,** avec une exposition claire et précise de ses procédés, de ses rites et de ses mystères. 1860, 1 vol. in-8, avec 90 fig. 12 fr.

ÉLIPHAS LÉVI. **La science des esprits,** révélation du dogme secret des Kabbalistes, esprit occulte de l'Évangile, appréciation des doctrines et des phénomènes spirites. 1865, 1 v. in-8. 7 fr.

ÉLIPHAS LÉVI. **Philosophie occulte.** Fables et symboles, avec leur explication où sont révélés les grands secrets de la direction du magnétisme universel et des principes fondamentaux du grand œuvre. 1863, 1 vol. in-8. 7 fr.

FAU. **Anatomie des formes du corps humain,** à l'usage des peintres et des sculpteurs. 1866, 1 vol. in-8 et atlas de 25 planches. 2° édition. Prix, fig. noires. 20 fr.
   Prix, figures coloriées. 35 fr.

FERRON (de). **Théorie du progrès** (Histoire de l'idée du progrès. — Vico. — Herder. — Turgot. — Condorcet. — Saint-Simon. — Réfutation du césarisme). 1867, 2 vol. in-18. 7 fr.

FERRON (de). **La question des deux Chambres.** 1872, in-8 de 45 pages. 1 fr.

Em. FERRIÈRE. **Le darwinisme.** 1872, 1 vol. in-18. 4 fr. 50

FICHTE. **Méthode pour arriver à la vie bienheureuse,** traduit par Francisque Bouillier. 1 vol. in-8. 8 fr.

FICHTE. **Destination du savant et de l'homme de lettres,** traduit par M. Nicolas. 1 vol. in-8. 3 fr.

FICHTE. **Doctrines de la science.** Principes fondamentaux de la science de la connaissance, trad. par Grimblot. 1 vol. in-8. 9 fr.

FLEURY (Amédée). **Saint Paul et Sénèque**, recherches sur les rapports du philosophe avec l'apôtre et sur l'infiltration du christianisme naissant à travers le paganisme. 2 vol. in-8. 15 fr.

FOUCHER DE CAREIL. **Leibniz, Descartes, Spinoza.** In-8. 4 fr.

FOUCHER DE CAREIL. **Lettres et opuscules de Leibniz.** 1 vol. in-8. 3 fr. 50

FOUCHER DE CAREIL. **Leibniz et Pierre le Grand.** 1 vol. in-8. 1874. 2 fr.

FOUILLÉE (Alfred). **La philosophie de Socrate.** 2 vol. in-8. 16 fr.

FOUILLÉE (Alfred). **La philosophie de Platon.** 2 vol. in-8 16 fr

FOUILLÉE (Alfred). **La liberté et le déterminisme.** 1 fort vol. in-8. 7 fr. 50

FOUILLÉE (Alfred). **Platonis hippias minor sive Socra'ca,** 1 vol. in-8. 2 fr.

FRÉDÉRIQ. **Hygiène populaire.** 1 vol. in-12. 4 fr.

FRIBOURG. **Du paupérisme parisien, de ses progrès depuis vingt-cinq ans.** 1 fr. 25

HAMILTON (William). **Fragments de Philosophie,** traduits de l'anglais par Louis Peisse. 7 fr. 50

HEGEL. Voy. p. 13.

HERZEN. **Œuvres complètes.** Tome Ier. *Récits et nouvelles.* 1874, 1 vol. in-18. 3 fr. 50

HERZEN. **De l'autre Rive.** 4° édition, traduit du russe par M. Herzen fils. 1 vol. in-18. 3 fr. 50

HERZEN. **Lettres de France et d'Italie.** 1871, in-18. 3 fr. 50

HUMBOLDT (G. de). **Essai sur les limites de l'action de l'État,** traduit de l'allemand, et précédé d'une Étude sur la vie et les travaux de l'auteur, par M. Chrétien, docteur en droit. 1867, in-18. 3 fr. 50

ISSAURAT. **Moments perdus de Pierre-Jean,** observations, pensées, rêveries antipolitiques, antimorales, antiphilosophiques, antimétaphysiques, anti tout ce qu'on voudra. 1868, 1 v. in-18. 3 fr.

ISSAURAT. **Les alarmes d'un père de famille,** suscitées, expliquées, justifiées et confirmées par lesdits faits et gestes de Mgr. Dupanloup et autres. 1868, in-8. 1 fr.

JANET (Paul). **Histoire de la science politique dans ses rapports avec la morale.** 2 vol. in-8. 20 fr.

JANET (Paul). **Études sur la dialectique dans Platon et dans Hegel.** 1 vol. in-8. 6 fr.

JANET (Paul). **Œuvres philosophiques de Leibniz.** 2 vol. in-8. 10 fr.

JANET (Paul). **Essai sur le médiateur plastique de Cudworth.** 1 vol. in-8. 1 fr.

KANT. **Critique de la raison pure,** précédé d'une préface par M. Jules Barni. 1870, 2 vol. in-8. 16 fr.

KANT. **Critique de la raison pure**, traduit par M. Tissot. 2 vol. in-8   16 fr.

KANT. **Éléments métaphysiques de la doctrine du droit**, suivis d'un Essai philosophique sur la paix perpétuelle, traduits de l'allemand par M. Jules BARNI. 1854, 1 vol. in-8.   8 fr.

KANT. **Principes métaphysiques du droit** suivi du *projet de paix perpétuelle*, traduction par M. Tissot. 1 vol. in-8.   8 fr.

KANT. **Éléments métaphysiques de la doctrine de la vertu**, suivi d'un Traité de pédagogie, etc. ; traduit de l'allemand par M. Jules BARNI, avec une introduction analytique. 1855, 1 vol. in-8.   8 fr.

KANT. **Principes métaphysiques de la morale**, augmenté des *fondements de la métaphysique des mœurs*, traduction par M. Tissot. 1 vol. in-8.   8 fr.

KANT. **La logique**, traduction de M. Tissot. 1 vol. in-8.   4 fr.

KANT. **Mélanges de logique**, traduction par M. Tissot, 1 vol. in-8.   6 fr.

KANT. **Prolégomènes à toute métaphysique future** qui se présentera comme science, traduction de M. Tissot, 1 vol. in-8   6 fr.

KANT. **Anthropologie**, suivie de divers fragments relatifs aux rapports du physique et du moral de l'homme et du commerce des esprits d'un monde à l'autre, traduction par M. Tissot. 1 vol. in-8.   6 fr.

KANT. **Examen de la critique de la raison pratique**, traduit par J. Barni. 1 vol. in-8.   6 fr.

KANT. **Éclaircissements sur la critique de la raison pure**, traduit par J. Tissot. 1 vol. in-8.   6 fr.

KANT. **Critique du jugement**, suivie des *observations sur les sentiments du beau et du sublime*, traduit par J. Barni. 2 vol. in-8.   12 fr.

LABORDE. **Les hommes et les actes de l'insurrection de Paris** devant la psychologie morbide. Lettres à M. le docteur Moreau (de Tours). 1 vol. in-18.   2 fr. 50

LACHELIER. **Le fondement de l'induction.**   3 fr. 50

LACHELIER. **De natura syllogismi** apud facultatem litterarum Parisiensem, hæc disputabat.   1 fr. 50

LACOMBE. **Mes droits.** 1849, 1 vol. in-12.   2 fr. 50

LAMBERT. **Hygiène de l'Égypte.** 1873. 1 vol. in-18.   2 fr. 50

LANGLOIS. **L'homme et la Révolution.** Huit études dédiées à P.-J. Proudhon. 1867, 2 vol. in-18.   7 fr.

LAUSSEDAT. **La Suisse.** Études médicales et sociales. 2e édit., 1875. 1 vol. in-18.   3 fr. 50

LE BERQUIER. **Le barreau moderne.** 1871, 2e édition, 1 vol. in-18.   3 fr. 50

LE FORT. **La chirurgie militaire** et les Sociétés de secours en France et à l'étranger. 1873, 1 vol. gr. in-8. avec fig.   10 fr.

LE FORT. **Étude sur l'organisation de la Médecine** en France et à l'étranger. 1874, gr. in-8."   3 fr.

LEIBNIZ. **Œuvres philosophiques**, avec une Introduction et des notes par M. Paul Janet, 2 vol. in-8.   16 fr.

LITTRÉ. **Auguste Comte et Stuart Mill**, suivi de *Stuart Mill et la philosophie positive*, par M. G. Wyrouboff, 1867, in-8 de 80 pages.   2 fr.

LITTRÉ. **Application de la philosophie positive au gouvernement des Sociétés.** In-8.   3 fr. 50

LORAIN (P.). **Jenner et la vaccine.** Conférence historique. 1870, broch. in-8 de 48 pages.   1 fr. 50

LORAIN (P.). **L'assistance publique.** 1871, in-4 de 56 p.   1 fr.

LUBBOCK. **L'homme avant l'histoire**, étudié d'après les monuments et les costumes retrouvés dans les différents pays de l'Europe, suivi d'une Description comparée des mœurs des sauvages modernes, traduit de l'anglais par M. Ed. BARBIER, avec 156 figures intercalées dans le texte. 1867, 1 beau vol. in-8, prix broché.   15 fr.
   Relié en demi-maroquin avec nerfs.   18 fr.

LUBBOCK. **Les origines de la civilisation.** État primitif de l'homme et mœurs des sauvages modernes. 1873, 1 vol. grand in-8 avec figures et planches hors texte. Traduit de l'anglais par M. Ed. BARBIER.   15 fr.
   Relié en demi-maroquin avec nerfs.   18 fr.

MAGY. **De la science et de la nature**, essai de philosophie première. 1 vol. in-8.   6 fr.

MARAIS (Aug.). **Garibaldi et l'armée des Vosges.** 1872, 1 vol. in-18.   1 fr. 50

MAURY (Alfred). **Histoire des religions de la Grèce antique.** 3 vol. in-8.   24 fr.

MAX MÜLLER. **Amour allemand.** Traduit de l'allemand. 1 vol. in-18 imprimé en caractères elzéviriens.   3 fr. 50

MAZZINI. **Lettres à Daniel Stern** (1864-1872), avec une lettre autographiée. 1 v. in-18 imprimé en caractères elzéviriens. 3 fr. 50

MENIÈRE. **Cicéron médecin**, étude médico-littéraire. 1862, 1 vol. in-18.   4 fr. 50

MENIÈRE. **Les consultations de madame de Sévigné**, étude médico-littéraire. 1864, 1 vol. in-8.   3 fr.

MERVOYER. **Étude sur l'association des idées.** 1864, 1 vol. in-8.   6 fr.

MEUNIER (Victor). **La science et les savants.**
   1re année, 1864. 1 vol. in-18.   3 fr. 50
   2e année, 1865. 1er semestre, 1 vol. in-18.   3 fr. 50
   2e année, 1865. 2e semestre, 1 vol. in-18.   3 fr. 50
   3e année, 1866. 1 vol. in-18.   3 fr. 50
   4e année, 1867. 1 vol. in-18.   3 fr. 50

MILSAND. **Les études classiques** et l'enseignement public. 1873, 1 vol. in-18. 3 fr. 50

MILSAND. **Le code et la liberté**. Liberté du mariage, liberté des testaments. 1865, in-8. 2 fr.

MIRON. **De la séparation du temporel et du spirituel.** 1866, in-8. 3 fr. 50

MORER. **Projet d'organisation de ﹃colléges cantonaux,** in-8 de 64 pages. 1 fr. 50

MORIN. **Du magnétisme et des sciences occultes.** 1860, 1 vol. in-8. 6 fr.

MUNARET. **Le médecin des villes et des campagnes.** 4e édition, 1862, 1 vol. grand in-18. 4 fr. 50

MUNARET. **Causeries et miscellanées.** Science, littérature, philosophie, esthétique, histoire de mon temps, boutades, etc. 1875. 1 vol. in-8. 5 fr.

NAQUET (A.). **La république radicale.** 1873, 1 vol. in-18. 3 fr. 50

NOURRISSON. **Essai sur la philosophie de Bossuet.** 1 vol. in-8. 4 fr.

OGER. **Les Bonaparte** et les frontières de la France. In-18. 50 c.

OGER. **La République.** 1871, brochure in-8. 50 c.

OLLÉ-LAPRUNE. **La philosophie de Mallebranche.** 2 vol. in-8. 16 fr.

PARIS (comte de). **Les associations ouvrières en Angleterre** (trades-unions). 1869, 1 vol. gr. in-8. 2 fr. 50
Édition sur papier de Chine : broché. 12 fr.
— reliure de luxe. 20 fr.

PETROZ (P.). **L'art et la critique en France** depuis 1822. 1 vol. in-18. 3 fr. 50

PUISSANT (Adolphe). **Erreurs et préjugés populaires.** 1873, 1 vol. in-18. 3 fr. 50

REYMOND (William). **Histoire de l'art.** 1874, 1 vol. in-8. 5 fr.

RIBOT (Paul). **Matérialisme et spiritualisme.** 1873, in-8. 6 fr.

RIBOT (Th.). **La psychologie anglaise contemporaine** (James Mill, Stuart Mill, Herbert Spencer, A. Bain, G. Lewes, S. Bailey, J.-D. Morell, J. Murphy). 1870, 1 vol. in-18. 3 fr. 50

RIBOT (Th.). **De l'hérédité.** 1873, 1 vol. in-8. 10 fr.

RITTER (Henri). **Histoire de la philosophie moderne,** traduction française précédée d'une introduction par P. Challemel-Lacour. 3 vol. in-8, 20 fr.

RITTER (Henri). **Histoire de la philosophie ancienne**, trad. par Tissot. 4 vol. 30 fr.

SAINT-MARC GIRARDIN. **La chute du second Empire.** In-4. 4 fr. 50

SALETTA. **Principe de logique positive**, ou traité de scepticisme positif. Première partie (de la connaissance en général). 1 vol. gr. in-8. 3 fr. 50

SARCHI. **Examen de la doctrine de Kant.** 1872, gr. in-8. 4 fr.

SCHELLING. **Écrits philosophiques** et morceaux propres à donner une idée de son système, traduit par Ch. Bénard. In-8. 9 fr.

SCHELLING. **Bruno** ou du principe divin, trad. par Husson. 1 vol. in-8. 3 fr. 50

SCHELLING. **Idéalisme trancendantal**, traduit par Grimblot. 1 vol. in-8. 7 fr. 50

SIÈREBOIS. **Autopsie de l'âme.** Identité du matérialisme et du vrai spiritualisme. 2º édit. 1873, 1 vol. in-18. 2 fr. 50

SIÈREBOIS. **La morale** fouillée dans ses fondements. Essai d'anthropodicée. 1867, 1 vol. in-8. 6 fr.

SOREL (Albert). **Le traité de Paris du 30 novembre 1815.** Leçons professées à l'École libre des sciences politiques pa r M. Albert Sorel, professeur d'histoire diplomatique. 1873, 1 vol. in-8. 4 fr. 50

SPENCER (Herbert). Voyez p. 3.

STUART MILL. Voyez page 3.

THULIÉ. **La folie et la loi.** 1867, 2º édit., 1 vol. in-8. 3 fr. 50

THULIÉ. **La manie raisonnante du docteur Campagne.** 1870, broch. in-8 de 132 pages. 2 fr.

TIBERGHIEN. **Les commandements de l'humanité.** 1872, 1 vol. in-18. 3 fr.

TIBERGHIEN. **Enseignement et philosophie.** 1873, 1 vol. in-18. 4 fr.

TISSANDIER. **Études de Théodicée.** 1869, in-8 de 270 p. 4 fr.

TISSOT. Voyez Kant.

TISSOT. **Principes de morale**, leur caractère rationnel et universel, leur application. Ouvrage couronné par l'Institut. 1 vol. in-8. 6 fr.

VACHEROT. **Histoire de l'école d'Alexandrie.** 3 vol. in-8.
24 fr.

VALETTE. **Cours de Code civil** professé à la Faculté de droit de Paris. Tome 1, première année (Titre préliminaire — Livre premier). 1873, 1 fort vol. in-18.
8 fr.

VALMONT. **L'espion prussien.** 1872, roman traduit de l'anglais. 1 vol. in-18.
3 fr. 50

VÉRA. **Strauss. L'ancienne et la nouvelle foi.** 1873, in-8.
6 fr.

VÉRA. **Cavour et l'Église libre dans l'État libre,** 1874, in-8.
3 fr. 50

VÉRA. **Traduction de Hégel.** Voy. page 13.

VILLIAUMÉ. **La politique moderne,** traité complet de politique. 1873, 1 beau vol. in-8.
6 fr.

WEBER. **Histoire de la philosophie européenne.** 1871, 1 vol. in-8.
10 fr.

YUNG (Eugène). **Henri IV, écrivain.** 1 vol. in-8. 1855. 5 fr.

ZIMMERMANN. **De la solitude,** des causes qui en font naitre le goût, de ses inconvénients, de ses avantages, et son influence sur les passions, l'imagination, l'esprit et le cœur, traduit de l'allemand par N. Jourdan. Nouvelle édition. 1840, in-8. 3 fr. 50

L'Europe orientale. Son état présent, sa réorganisation, avec deux tableaux ethnographiques, 1873. 1 vol. in-18. 3 fr. 50

Le Pays Jougo-Slave (Croatie-Serbie). Son état physique et politique, 1874. in-18. 3 fr. 50

Annales de l'Assemblée nationale. Compte rendu *in extenso* des séances, annexes, rapports, projets de loi, propositions, etc. Prix de chaque volume. 15 fr.
Trente volumes sont en vente.

Loi de recrutement des armées de terre et de mer, promulguée le 16 août 1872. Compte rendu *in extenso* des trois délibérations. — Lois des 10 mars 1818, 21 mars 1832, 21 avril 1855, 1er février 1868. 1 vol. gr. in-4 à 3 colonnes.
12 fr.

ENQUÊTE PARLEMENTAIRE SUR LES ACTES DU GOUVERNEMENT
DE LA DÉFENSE NATIONALE

DÉPOSITIONS DES TÉMOINS :

TOME PREMIER. Dépositions de MM. Thiers, maréchal Mac-Mahon, maréchal Le Bœuf, Benedetti, duc de Gramont, de Talhouët, amiral Rigault de Genouilly, baron Jérôme David, général de Palikao, Jules Brame, Clément Duvernois, Dréolle, Rouher, Piétri, Chevreau, général Trochu, J. Favre, J. Ferry, Garnier-Pagès, Emmanuel Arago, Pelletan, Ernest Picard, J. Simon, Magnin, Dorian, Ét. Arago, Gambetta, Crémieux, Glais-Bizoin, général Le Flô, amiral Fourichon, de Kératry,

TOME DEUXIÈME. Dépositions de MM. de Chaudordy, Laurier, Cresson, Dréo, Ranc, Rampont, Steenackers, Fernique, Robert, Schneider, Buffet, Lebreton et Hébert, Bellangé, colonel Alavoine, Gervais, Bécherelle, Robin, Muller, Boutefoy, Meyer, Clément et Simonneau, Fontaine, Jacob, Lemaire, Patetin, Guyot-Montpayroux, général Soumain, de Legge, colonel Vabre, de Crisenoy, colonel Ihos, Hémar, Frère, Road, Kergall, général Schmitz, Johnston, colonel Danvergne, Didier, de Lareinty, Arnaud de l'Ariège, général Tamisier, Baudouin de Mortemart, Ernault, colonel Chaper, général Mazure, Béranger, Le Royer, Ducarre, Chalemel-Lacour, Rouvier, Antran, Esquiros, Gent, Naquet, Thourel, Gatien-Arnoult, Fourcand.

TOME TROISIÈME. Dépositions militaires de MM. de Freycinet, de Serres, le général Lefort, le général Ducrot, le général Vinoy, le lieutenant de vaisseau Farcy, le commandant Amet, l'amiral Pothuau, Jean Brunet, le général de Beaufort-d'Hautpoul, le général de Valdan, le général d'Aurelle de Paladines, le général Chanzy, le général Martin des Pallières, le général de Sonis, le général Cronzat, le général de la Motterouge, le général Fiereck, l'amiral Jauréguiberry, le général Faidherbe, le général Paulze d'Ivoy, Testelin, le général Bourbaki, le général Clinchant, le colonel Leperche, le général Pallu de la Barrière, Rolland, Keller, le général Billot, le général Borel, le général Pellissier, l'intendant Friant, le général Cremer, le comte de Chaudordy.

TOME QUATRIÈME. Dépositions de MM. le général Bordone, Mathieu, de Laborie, Luce-Villiard, Castillon, Debusschère, Darcy, Chenet, de La Taille, Baillehache, de Grancey, L'Hermite, Pradier, Middleton, Frédéric Morin, Thovot, le maréchal Bazaine, le général Boyer, le maréchal Canrobert, le général Ladmirault, Prost, le général Brossoles, Josseau, Spuller, Corbon, Dalloz, Henri Martin, Vacherot, Marc Dufraisse, Raoul Duval, Dolillo, du Laubespin, frère Dagobertus, frère Aleas, l'abbé d'Hulst, Bourgoin, Eschassériaux, Silvy, Le Nordez, Gréard, Guibert, Périn; errata et note à l'appui de la déposition de M. Darcy, annexe à la déposition de M. Testelin, note de M. le colonel Denfert, note de la Commission.

RAPPORTS :

TOME PREMIER Rapport de M. *Chaper* sur les procès-verbaux des séances du Gouvernement de la Défense nationale. — Rapport de M. *de Sugny* sur les événements de Lyon sous le Gouvernement de la Défense nationale. — Rapport de M. *de Rességuier* sur les actes du Gouvernement de la Défense nationale dans le sud-ouest de la France.

TOME DEUXIÈME. Rapport de M. *Saint-Marc Girardin* sur la chute du second Empire. — Rapport de M. *de Sugny* sur les événements de Marseille sous le Gouvernement de la Défense nationale.

TOME TROISIÈME. Rapport de M. le comte *Daru*, sur la politique du Gouvernement de la Défense nationale à Paris.

TOME QUATRIÈME. Rapport de M. *Chaper*, sur l'examen au point de vue militaire des actes du Gouvernement de la Défense nationale à Paris.

TOME CINQUIÈME. Rapport de M. *Borcau-Lajanadie*, sur l'emprunt Morgan. — Rapport de M. *de la Borderie*, sur le camp de Conlie et l'armée de Bretagne. — Rapport de M. *de la Sicotière*, sur l'affaire de Dreux.

TOME SIXIÈME. Rapport de M. *de Rainneville* sur les actes diplomatiques du Gouvernement de la Défense nationale. — Rapport de M. *A. Lallié* sur les postes et les télégraphes pendant la guerre. — Rapport de M. *Delsol* sur la ligne du Sud-Ouest. — Rapport de M. *Perrot* sur la défense nationale en province. (1ʳᵉ *partie*.)

TOME SEPTIÈME. Rapport de M. *Perrot* sur les actes militaires du Gouvernement de la Défense nationale en province (2ᵉ *partie* : Expédition de l'Est).

TOME HUITIÈME. Rapport de M. *de la Sicotière* sur l'Algérie.

TOME NEUVIÈME. Algérie, dépositions des témoins. Table générale et analytique des dépositions des témoins avec renvoi aux rapports des membres de la commission (10 fr.).

PIÈCES JUSTIFICATIVES :

TOME PREMIER. Dépêches télégraphiques officielles, première partie.
TOME DEUXIÈME. Dépêches télégraphiques officielles, deuxième partie. Pièces justificatives du rapport de M. Saint-Marc Girardin.

Prix de chaque volume... **15 fr.**

Rapports se vendant séparément :

DE RESSÉGUIER. Les événements de Toulouse sous le Gouvernement de la Défense nationale. In-4. **2 fr. 50**
SAINT-MARC GIRARDIN. — La chute du second Empire. In-4. **4 fr. 50**
DE SUGNY. — Les événements de Marseille sous le Gouvernement de la Défense nationale. In-4. **10 fr.**
DE SUGNY. — Les événements de Lyon sous le Gouvernement de la Défense nationale. In-4. **7 fr.**
DARU. — La politique du Gouvernement de la Défense nationale à Paris. In-4. **15 fr.**
CHAPER. — Examen au point de vue militaire des actes du Gouvernement de la Défense à Paris. In-4. **15 fr.**
CHAPER. — Les procès-verbaux des séances du Gouvernement de la Défense nationale. In-4. **5 fr.**
BOREAU-LAJANADIE. — L'emprunt Morgan. In-4. **4 fr. 50**
DE LA BORDERIE. — Le camp de Conlie et l'armée de Bretagne. in-4. **10 fr.**
DE LA SICOTIÈRE. — L'affaire de Dreux. In-4. **2 fr. 50**
DE LA SICOTIÈRE L'Algérie sous le gouvernement de la Défense nationale. 2 vol. in-4. **22 fr.**
DE RAINNEVILLE. Les actes diplomatiques du gouvernement de la Défense nationale. 1 vol. in-4. **3 fr. 50**
LALLIÉ. Les postes et les télégraphes pendant la guerre. 1 vol. in-4. **1 fr. 50**
DELSOL. La ligne du sud-ouest. 1 vol. in-4. **1 fr. 50**
PERROT. Le gouvernement de la Défense nationale en province. 2 vol. in-4. **25 fr.**
Table générale et analytique des dépositions des témoins. **3 fr. 50**

ENQUÊTE PARLEMENTAIRE
SUR
L'INSURRECTION DU 18 MARS

édition contenant *in-extenso* les trois volumes distribués à l'Assemblée nationale.

1° RAPPORTS. Rapport général de M. Martial Delpit. Rapports de MM. *de Meaux*, sur les mouvements insurrectionnels en province ; *de Massy*, sur le mouvement insurrectionnel à Marseille ; *Meplain*, sur le mouvement insurrectionnel à Toulouse ; *de Chamaillard*, sur les mouvements insurrectionnels à Bordeaux et à Tours ; *Delille*, sur le mouvement insurrectionnel à Limoges ; *Vacherot*, sur le rôle des municipalités ; *Ducarre*, sur le rôle de l'Internationale ; *Boreau-Lajanadie*, sur le rôle de la presse révolutionnaire à Paris ; *de Cumont*, sur le rôle de la presse révolutionnaire en province ; *de Saint-Pierre*, sur la garde nationale de Paris pendant l'insurrection ; *de Larochetheulon*, sur l'armée et la garde nationale de Paris avant le 18 mars. — Rapports de MM. *les premiers présidents des Cours d'appel*. — Rapports de MM. les *préfets* de l'Ardèche, des Ardennes, de l'Aude, du Gers, de l'Isère, de la Haute-Loire, du Loiret, de la Nièvre, du Nord, des Pyrénées-Orientales, de la Sarthe, de Seine-et-Marne, de Seine-et-Oise de la Seine-Inférieure, de Vaucluse. — Rapports de MM. les chefs de légion de gendarmerie.

2° DÉPOSITIONS de MM. Thiers, maréchal Mac-Mahon, général Trochu, J. Favre, Ernest Picard. J. Ferry, général Le Flô, général Vinoy, colonel Lambert, colonel Gaillard, général Appert, Floquet, général Cremer, amiral Saisset, Schœlcher, Tirard, Vautrain, Vacherot, général d'Aurelle de Paladines, Turquet, de Ploeuc, amiral Pothuau, colonel Langlois, colonel Le Mains, colonel Vabre, Héligon, Tolain, Fribourg, Corbon, Ducarre, etc.

3° PIÈCES JUSTIFICATIVES. Déposition de M. le général Ducrot. Procès-verbaux du Comité central, du Comité de salut public, de l'Internationale, de la délégation des vingt arrondissements, de l'Alliance républicaine, de la Commune. — Lettre du prince Czartoryski sur les Polonais. — Réclamations et errata.

Édition populaire contenant *in extenso* les trois volumes distribués aux membres de l'Assemblée nationale.

Prix : 10 francs.

BAGEHOT. **Lois scientifiques du développement des nations.** 1873, 1 vol. in-4, cartonné.   6 fr.

BÉRAUD (B.-J.). **Atlas complet d'anatomie chirurgicale topographique,** pouvant servir de complément à tous les ouvrages d'anatomie chirurgicale, composé de 109 planches représentant plus de 200 gravures dessinées d'après nature par M. Bion, et avec texte explicatif. 1865, 1 fort vol. in-4.

>Prix : fig. noires, relié.   60 fr.
>— fig. coloriées, relié.   120 fr.

Ce bel ouvrage, auquel on a travaillé pendant sept ans, est le plus complet qui ait été publié sur ce sujet. Toutes les pièces disséquées dans l'amphithéâtre des hôpitaux ont été reproduites d'après nature par M. Bion, et ensuite gravées sur acier par les meilleurs artistes. Après l'explication de chaque planche, l'auteur a ajouté les applications à la pathologie chirurgicale, à la médecine opératoire, se rapportant à la région représentée.

BERNARD (Claude). **Leçons sur les propriétés des tissus vivants** faites à la Sorbonne, rédigées par Emile ALGLAVE, avec 94 fig. dans le texte. 1866, 1 vol. in-8.   8 fr.

BLANCHARD. **Les Métamorphoses, les Mœurs et les Instincts des insectes,** par M. Emile Blanchard, de l'Institut. professeur au Muséum d'histoire naturelle. 1868, 1 magnifique volume in-8 jésus, avec 160 figures intercalées dans le texte et 40 grandes planches hors texte. Prix, broché.   30 fr.
Relié en demi-maroquin.   35 fr.

BLANQUI. **L'éternité par les astres,** hypothèse astronomique, 1872, in-8.   2 fr.

BOCQUILLON. **Manuel d'histoire naturelle médicale.** 1871, 1 vol. in-18, avec 415 fig. dans le texte.   14 fr.

BOUCHARDAT. **Manuel de matière médicale,** de thérapeutique comparée et de pharmacie. 1873, 5e édition, 2 vol. gr. in-18.   16 fr.

BOUCHUT. **Histoire de la médecine et des doctrines médicales.** 1873, 2 vol. in-8.   16 fr.

BUCHNER (Louis). **Science et Nature,** traduit de l'allemand par A. Delondre. 1866, 2 vol. in-18 de la *Bibliothèque de philosophie contemporaine.*   5 fr.

CLÉMENCEAU. **De la génération des éléments anatomiques,** précédé d'une Introduction par M. le professeur Robin. 1867, in-8.   5 fr.

Conférences historiques de la Faculté de médecine faites pendant l'année 1865 (*les Chirurgiens érudits*, par M. Verneuil.—*Guy de Chauliac*, par M. Follin.—*Celse*, par M. Broca. — *Wurtzius*, par M. Trélat. — *Rioland*, par M. Le Fort. — *Leuret*, par M. Tarnier. — *Harvey*, par M. Béclard. — *Stahl*, par M. Lasègue. — *Jenner*, par M. Lorain. — *Jean de Vier*, par M. Axenfeld. — *Laennec*, par M. Chauffard. — *Sylvius*, par M. Gubler. — *Stoll*, par M. Parot). 1 vol. in-8. 6 fr.

DELVAILLE. **Lettres médicales sur l'Angleterre.** 1874, in-8. 1 fr. 50

DUMONT (L.-A.). **Hæckel et la théorie de l'évolution en Allemagne.** 1873, 1 vol. in-18. 2 fr. 50

DURAND (de Gros). **Essais de physiologie philosophique.** 1866, 1 vol. in-8. 8 fr.

DURAND (de Gros). **Ontologie** et psychologie physiologique. Études critiques. 1871, 1 vol. in-18. 3 fr. 50

DURAND (de Gros). **Origines animales de l'homme**, éclairées par la physiologie et l'anatomie comparative. Grand in-8, 1871, avec fig. 5 fr.

DURAND-FARDEL. **Traité thérapeutique des eaux minérales** de la France, de l'étranger et de leur emploi dans les maladies chroniques. 2ᵉ édition, 1 vol. in-8 de 780 p. avec cartes coloriées. 9 fr.

FAIVRE. **De la variabilité de l'espèce.** 1868, 1 vol. in-18 de la *Bibliothèque de philosophie contemporaine*. 2 fr. 50

FAU. **Anatomie des formes du corps humain**, à l'usage des peintres et des sculpteurs. 1866, 1 vol. in-8 avec atlas in-folio de 25 planches.

   Prix : fig. noires. 20 fr.
   — fig. coloriées. 5 fr.

W. DE FONVIELLE. **L'Astronomie moderne.** 1869, 1 vol. de la *Bibliothèque de philosophie contemporaine*. 2 fr. 50

GARNIER. **Dictionnaire annuel des progrès des sciences et institutions médicales**, suite et complément de tous les dictionnaires. 1 vol. in-12 de 600 pages. 7 fr.

GRÉHANT. **Manuel de physique médicale.** 1869, 1 volume in-18, avec 469 figures dans le texte. 7 fr.

GRÉHANT. **Tableaux d'analyse chimique** conduisant à la détermination de la base et de l'acide d'un sel inorganique isolé, avec les couleurs caractéristiques des précipités. 1862, in-4, cart. 3 fr. 50

GRIMAUX. Chimie organique élémentaire, leçons professées à la Faculté de médecine. 1872, 1 vol. in-18 avec figures.

4 fr. 50

GRIMAUX. Chimie inorganique élémentaire. Leçons professées à la Faculté de médecine, 1874, 1 vol. in-8 avec fig. 5 fr.

GROVE. Corrélation des forces physiques, traduit par M. l'abbé Moigno, avec des notes par M. Séguin aîné. 1 vol. in-8.

7 fr. 50

HERZEN. Physiologie de la Volonté, 1874. 1 vol. de la *Bibliothèque de Philosophie contemporaine.*

2 fr. 50

JAMAIN. Nouveau Traité élémentaire d'anatomie descriptive et de préparations anatomiques. 3e édition, 1867, 1 vol. grand in-18 de 900 pages, avec 223 fig. intercalées dans le texte.

12 fr.

JANET (Paul). Le Cerveau et la Pensée. 1867, 1 vol. in-18 de la *Bibliothèque de philosophie contemporaine.*

2 fr. 50

LAUGEL. Les Problèmes (problèmes de la nature, problèmes de la vie, problèmes de l'âme), 1873, 2e édition, 1 fort vol. in-8.

7 fr. 50

LAUGEL. La Voix, l'Oreille et la Musique. 1 vol. in-18 de la *Bibliothèque de philosophie contemporaine.*

2 fr. 50

LAUGEL. L'Optique et les Arts. 1 vol. in-18 de la *Bibliothèque de philosophie contemporaine.*

2 fr. 50

LE FORT. La chirurgie militaire et les sociétés de secours en France et à l'étranger. 1873, 1 vol. gr. in-8 avec figures dans le texte.

10 fr.

LEMOINE (Albert). Le Vitalisme et l'Animisme de Stahl. 1864, 1 vol. in-18 de la *Bibliothèque de philosophie contemporaine.*

2 fr. 50

LEMOINE (Albert). De la physionomie et de la parole. 1865. 1 vol. in-18 de la *Bibliothèque de philosophie contemporaine.*

2 fr. 50

LEMOINE (Albert). L'habitude et l'instinct, études de psychologie comparée. 1875, 1 vol. in-18 de la *Bibliothèque de philosophie contemporaine.*

2 fr. 50

LEYDIG. Traité d'histologie comparée de l'homme et des animaux, traduit de l'allemand par M. le docteur LAHILLONNE. 1 fort vol. in-8 avec 200 figures dans le texte. 1866.

15 fr

LONGET. Traité de physiologie. 3e édition, 1873, 3 vol. gr. in-8.

36 fr.

LONGET. **Tableaux de Physiologie**. Mouvement circulaire de la matière dans les trois règnes, avec figures. 2ᵉ édition, 1874.   7 fr.

LUBBOCK. **L'Homme avant l'histoire**, étudié d'après les monuments et les costumes retrouvés dans les différents pays de l'Europe, suivi d'une description comparée des mœurs des sauvages modernes, traduit de l'anglais par M. Ed. BARBIER, avec 156 figures intercalées dans le texte. 1867. 1 beau vol. in-8, broché.   15 fr.
    Relié en demi-maroquin avec nerfs.   18 fr.

LUBBOCK. **Les origines de la civilisation**, état primitif de l'homme et mœurs des sauvages modernes, traduit de l'anglais sur la seconde édition. 1873, 1 vol. in-8 avec figures et planches hors texte.   15 fr.
    Relié en demi-maroquin.   18 fr.

MAREY. **Du mouvement dans les fonctions de la vie.** 1868, 1 vol. in-8, avec 200 figures dans le texte.   10 fr.

MAREY. **La machine animale**, 1873, 1 vol. in-8 avec 200 fig. cartonné à l'anglaise.   6 fr.

MOLESCHOTT (J.). **La Circulation de la vie**, Lettres sur la physiologie en réponse aux Lettres sur la chimie de Liebig, traduit de l'allemand par M. le docteur CAZELLES. 2 vol. in-18 de la *Bibliothèque de philosophie contemporaine*.   5 fr.

MUNARET. **Le médecin des villes et des campagnes**, 4ᵉ édition, 1862. 1 vol. gr. in-18.   4 fr. 50

ONIMUS. **De la théorie dynamique de la chaleur dans les sciences biologiques**. 1866.   3 fr.

QUATREFAGES (de). **Charles Darwin et ses précurseurs français**. Étude sur le transformisme. 1870, 1 vol. in-8. 5 fr.

RICHE. **Manuel de chimie médicale**. 1874, 2ᵉ édition, 1 vol. in-18 avec 200 fig. dans le texte.   8 fr.

ROBIN (Ch.). **Journal de l'anatomie et de la physiologie** normales et pathologiques de l'homme et des animaux, dirigé par M. le professeur Ch. Robin (de l'Institut), paraissant tous les deux mois par livraison de 7 feuilles gr. in-8 avec planches.
    Prix de l'abonnement, pour la France.   20 fr.
    —   pour l'étranger.   24 fr.

ROISEL. **Les Atlantes**. 1874, 1 vol. in-8.   7 fr.

SAIGEY (Émile). **Les sciences au XVIIIᵉ siècle**. La physique de Voltaire. 1873, 1 vol. in-8.   5 fr.

SAIGEY (Émile). **La Physique moderne**. Essai sur l'unité des phénomènes naturels. 1868, 1 vol. in-18 de la *Bibliothèque de philosophie contemporaine*.   2 fr. 50

SCHIFF. **Leçons sur la physiologie de la digestion**, faites au Muséum d'histoire naturelle de Florence. 2 vol. gr. in-8.   20 fr.

SPENCER (Herbert). **Classification des sciences.** 1872, 1 vol. in-18.   2 fr. 50

SPENCER (Herbert). **Principes de psychologie,** trad. de l'anglais. Tome Ier. 1 vol. in-8.   10 fr.

TAULE. **Notions sur la nature et les propriétés de la matière organisée.** 1866.   3 fr. 50

TYNDALL. **Les glaciers et les transformations de l'eau.** 1873, 1 vol. in-18 avec figures cartonné.   6 fr.

VULPIAN. **Leçons de physiologie générale et comparée du système nerveux,** faites au Muséum d'histoire naturelle, recueillies et rédigées par M. Ernest Brémond. 1866, 1 fort vol. in-8.   10 fr.

VULPIAN. **Leçons sur l'appareil vaso-moteur** (physiologie et pathologie). 2 vol. in-8. 1875.   18 fr.

ZABOROWSKI. **De l'ancienneté de l'homme,** résumé populaire de la préhistoire. 1re partie. 1 vol. in-8.   3 fr. 50

— Deuxième partie. 1 vol. in-8.   5 fr. 50

Pour paraître le 1er janvier 1876

REVUE HISTORIQUE

DIRIGÉE PAR

MM. Gabriel MONOD et Gustave FAGNIEZ

Une livraison in-8,
de 16 à 20 feuilles, paraissant tous les trois mois.

REVUE PHILOSOPHIQUE

DIRIGÉE PAR

M. Théodore RIBOT

Une livraison grand in-8, de 6 à 7 feuilles, tous les mois.

PRIX DE L'ABONNEMENT POUR CHAQUE REVUE :

Pour Paris.................................... 30 fr.
Pour les départements........................ 33 fr.
Pour l'étranger, le port en sus.

PARIS. — IMPRIMERIE DE E. MARTINEZ, RUE MIGNON, 2

9 782016 204726